해커스변호사

헌법

명품 **2024년 상반기**
중요판례

해커스

서문

Ⅰ. 이 책의 기획의도

변호사시험, 법원행정고시, 공무원시험 등 국가고시의 가장 큰 특징은 최근 판례의 대거 출제라 할 수 있습니다. 이러한 경향은 향후 시험에서도 유지되리라 생각합니다.

따라서 수험생들은 출제 경향에 맞추어 2024년 판례에 대해서 철저히 준비해야 합니다. 이런 점을 고려하여 수험생들이 2024년 상반기 판례를 효율적으로 공부할 수 있도록 이 책을 기획하게 되었습니다.

Ⅱ. 이 책의 특징과 활용법

1. 2024년 1월 ~ 6월 판례의 게재

2023년 12월 판례까지는 이미 4월에 출간된 저의 『2025 해커스변호사 헌법 최근 3개년 중요판례』 책에 이미 실려 있고, 또한 2024년 판례는 각 교과서에 소개되지 않는 낯선 것일 수밖에 없으므로 (이미 교과서에 소개된 2023년까지의 판례 보다) 더 상세히 정리할 필요가 있는 점 등을 고려하여 예년과 마찬가지로 '헌법 2024년 상반기 중요판례' 책을 7월 말경 별도로 출간한 것입니다. 그리고 수험생들의 부담을 덜고자 '2024년 상반기 헌법 중요판례'에 대해서는 매년 해온 것처럼 7월 말경 무료특강을 진행하겠습니다.

2. 중요판례 및 기타요약판례의 선정

2024년 상반기 헌재판례 중 시험에 출제될 가능성이 있는 판례를 선정하였고, 특히 전문을 살펴 볼 필요가 있는 판례를 중요판례로 선정하였습니다. 그 외 출제가능성이 있는 판례는 요약판례로 소개하였습니다.

3. 판시사항의 정리 및 중요부분 밑줄처리

모든 판례의 판시사항을 정리하였는데, 이는 선택형(객관식) 시험에서는 O·X를 결정하는 결론 부분에 해당하고, 논술형(사례형·기록형) 시험에서는 '논점의 정리(쟁점의 정리, 문제의 소재, 문제의 제기)'에 해당하는 정말 중요한 부분입니다. 그리고 본문에서 판시내용 중 컬러음영 처리한 부분은 특정 사건에 관계없이 일반적으로 통용되는 헌법이론(판례법리)에 관한 것으로서 그 자체 그대로 시험에 출제될 수 있으며, 판시내용 중 밑줄 친 부분은 당해 사건의 판시이유 중 중요부분에 해당합니다. 따라서 수험생들은 이 책을 처음 공부할 때에는 컬러음영 처리한 부분 및 밑줄 친 부분 위주로 하여 판시내용 전체적으로, 2회독 때부터는 판시사항과 컬러음영 처리한 부분 및 밑줄 친 부분 위주로, 최종정리 때에는 판시사항 위주로 각 정리하는 방법이 효율적입니다. 2~3회독 때부터는 판시사항을 읽고 판결내용이 떠오르면 판결내용 및 결정의 의의를 간단히 확인만 하거나 읽지 않고 생략하셔도 무방합니다.

4. 중요한 반대의견의 소개

비록 법정의견은 아니지만, 그에 못지않게 중요한 의미가 있는 반대의견을 소개하였습니다. 객관식시험에서는 법정의견을 정답으로 하기 때문에 **선택형시험을 준비하는 독자는 이 부분을 생략하셔도 됩니다.** 그러나 논술형시험에서는 반드시 법정의견을 따를 필요가 없고, 경우에 따라서는 반대의견이 더 논리적이라 할 수 있으므로 **논술형시험을 준비하는 독자는 이 부분을 참고하여 공부하기를 바랍니다.**

5. 무료강의의 활용

헌법판례는 일견 판시내용이 어렵지 않아 보이므로 강의의 도움이 불요할 것 같지만 실제로는 판시내용의 방대성·추상성 등으로 인하여 단시간에 그 내용을 정확히 이해하고 정리하기가 결코 쉽지 않습니다. 특히 시험이 임박한 시기에 공부해야만하는 최신판례에 대한 강의의 필요성은 아무리 강조해도 지나치지 않다고 생각합니다. 따라서 **혼자서 정리하려다가 불필요한 시간낭비를 하는 낭패를 방지하고 효율적인 공부를 위해서 반드시 7월말에 진행되는 최신판례 무료특강(동영상 포함)을 이용하시기 바랍니다.**

Ⅲ. 부탁의 변

시험이 다가올수록 절대로 분량을 늘리는 방식이 아닌 분량을 줄이는 방식의 공부를 하셔야 합니다. 그러나 최신판례에 있어서만큼은 상황이 다르므로 지나치게 분량을 줄이는 방식의 공부는 오히려 위험하다고 생각합니다. 다시 한 번 말씀드리지만 **최신판례 특성상 한번이라도 확인하고 시험장에 들어가는 것과 그렇지 않은 것은 천양지차이므로 아무리 시간이 없다하더라도 무료특강을 이용하여 반드시 숙지하고 시험에 임하시기 바랍니다.**

Ⅳ. 마무리 인사

마지막으로 이 책과 제 강의가 수험생 여러분들의 꿈을 이루는데 도움이 되기를 진심으로 기원합니다.

2024. 7. 15.

도헌(道憲) 공법연구소에서

김유향

목차

제2편 요약판례

목차

제1편

중요판례

01 태아의 성별 고지 32주 제한 사건

2024.2.28. 2022헌마356 [의료법 제20조 제2항 위헌확인]   [위헌]

1. 사건의 개요

청구인들(변호사들)은 태아를 임신한 임부 및 임부의 배우자들이다. 의료인은 임신 32주 이전에 태아의 성별을 임부, 임부의 가족 등에게 고지할 수 없다는 의료법 제20조 제2항으로 인해 청구인들은 임신 32주 이전에는 태아의 성별을 알 수 없었다. 이에 청구인들은 위 의료법 조항이 청구인들의 헌법 제10조로 보호되는 부모의 태아 성별 정보 접근권을 침해하였다고 주장하면서, 이 사건 헌법소원심판을 청구하였다.

2. 심판의 대상

의료법(2009. 12. 31. 법률 제9906호로 개정된 것)

제20조(태아 성 감별 행위 등 금지) ② 의료인은 임신 32주 이전에 태아나 임부를 진찰하거나 검사하면서 알게 된 태아의 성(性)을 임부, 임부의 가족, 그 밖의 다른 사람이 알게 하여서는 아니 된다.

[관련조항]

의료법(2007. 4. 11. 법률 제8366호로 전부개정된 것)

제20조(태아 성 감별 행위 등 금지) ① 의료인은 태아 성 감별을 목적으로 임부를 진찰하거나 검사하여서는 아니 되며, 같은 목적을 위한 다른 사람의 행위를 도와서도 아니 된다.

구 의료법(2010. 1. 18. 법률 제9932호로 개정되고, 2023. 5. 19. 법률 제19421호로 개정되기 전의 것)

제66조(자격정지 등) ① 보건복지부장관은 의료인이 다음 각 호의 어느 하나에 해당하면 1년의 범위에서 면허자격을 정지시킬 수 있다. 이 경우 의료기술과 관련한 판단이 필요한 사항에 관하여는 관계 전문가의 의견을 들어 결정할 수 있다.

  4. 제20조를 위반한 경우

의료법(2020. 3. 4. 법률 제17069호로 개정된 것)

제88조의2(벌칙) 다음 각 호의 어느 하나에 해당하는 자는 2년 이하의 징역이나 2천만 원 이하의 벌금에 처한다.

  1. 제20조를 위반한 자

3. 주 문

의료법(2009. 12. 31. 법률 제9906호로 개정된 것) 제20조 제2항은 헌법에 위반된다.

Ⅰ. 판시사항

임신 32주 이전에 태아의 성별 고지를 금지하는 의료법 제20조 제2항(이하 '심판대상조항'이라 한다)이 헌법 제10조 일반적 인격권에서 나오는 부모가 태아의 성별 정보에 대한 접근을 방해받지 않을 권리를 침해하는지 여부(적극)

Ⅱ. 판단

1. 심판대상조항에 대한 판단

(1) 제한되는 기본권

장래 태어날 아기가 여아인지 남아인지는 임부나 그 가족에게 중요한 태아의 인격 정보이고, 태아의 부모가 이를 미리 알고자 하는 것은 본능적이고 자연스러운 욕구라 할 수 있다. 따라서 부모가 태아의 성별을 비롯하여 태아에 대한 모든 정보에 접근을 방해받지 않을 권리는 부모로서 당연히 누리는 천부적이고 본질적인 권리에 해당한다.

헌법 제10조로부터 도출되는 일반적 인격권에는 각 개인이 그 삶을 사적으로 형성할 수 있는 자율영역에 대한 보장이 포함되어 있음을 감안할 때, 장래 가족의 구성원이 될 태아의 성별 정보에 대한 접근을 국가로부터 방해받지 않을 부모의 권리는 이와 같은 일반적 인격권에 의하여 보호된다고 보아야 할 것이다.

따라서 심판대상조항은 일반적 인격권으로부터 나오는 부모가 태아의 성별 정보에 대한 접근을 방해받지 않을 권리를 제한하고 있다(헌재 2008. 7. 31. 2004헌마1010등 참조).

(2) 입법목적의 정당성

심판대상조항은 의료인에게 임신 32주 이전에 태아의 성별고지를 금지하여 낙태, 특히 성별을 이유로 한 낙태를 방지함으로써 성비의 불균형을 해소하고 태아의 생명을 보호하기 위해 입법된 것이므로 그 목적의 정당성을 수긍할 수 있다.

(3) 수단의 적합성 및 침해의 최소성

심판대상조항으로 개정되기 전 구 의료법의 태아성별고지금지 조항은 태아의 성별고지를 전면적으로 금지하였다. 이러한 규정이 입법된 배경은 당시 우리 사회에 존재하던 남아선호사상에 따라 태아의 성을 선별하여 출산하는 경향으로 인해 여아에 대한 낙태가 조장되고, 인구 성비에 심각한 불균형을 초래하였기 때문이다. 이후 헌법재판소의 헌법불합치 결정에 따라, 의료법이 2009. 12. 31. 법률 제9906호로 개정되면서 임신 32주 후에는 태아의 성별을 알 수 있게 되었으나 그 이전에는 여전히 의사에게 그 고지를 금지하여 지금도 임신 32주 이전에는 태아의 성별을 알 수 없다.

그렇다면 심판대상조항으로 개정된 이후 15년이 지난 오늘날에도 태아의 성별고지를 제한해야 할 만큼 남아선호사상이 계속 유지되고 있는지, 출생성비는 어떻게 변화하였는지, 태아의 성별이 낙태의 원인이 되고 있는지, 심판대상조항이 행위규제규범으로서 역할을 하고 있는지 여부에 대하여 살펴볼 필요가 있다.

1) 남아선호사상의 존속 여부

한국보건사회연구원에서 발행하는 '2018년 전국 출산력 및 가족보건·복지 실태조사'에 따르면, 희망 자녀의 성별에 대한 조사에서 미혼 남녀(20-44세) 중 희망하는 자녀수가 1명 이상이라고 응답한 대상 중 '딸·아들에 대한 구별이 없다'고 응답한 비율은 미혼 남성은 67.1%, 미혼 여성은 65.6%이었다. 딸·아들 구별 선호에 응답한 미혼 남녀에 대하여 아들 몇 명, 딸 몇 명을 원하는지 추가 분석을 한 결과, 딸에 대한 수만 응답한 비율은 19.3%, 아들에 대한 수만 응답한 비율은 2.4%, 딸과 아들의 수는 다르지만 딸과 아들 모두에 대한 수를 응답한 경우는 78.3%로 나타났다.

최근 여론조사기관인 한국리서치의 2023. 7. 5. '2023 자녀·육아인식조사' 주간리포트 조사에 따르더라도, 전체 응답자의 59%가 '딸이 하나는 있어야 한다'고 답했고, '아들이 하나는 있어야 한다'의 응답은 34%에 그쳤다. 그리고 모든 연령대에서 '딸이 하나는 있어야 한다'는 응답이 높았다.

또한 과거에는 대를 잇기 위해서 남아를 입양하는 경우가 있었는데, 보건복지부의 국내 입양아 수 통계표에 따르면 2013년부터 2022년까지 국내 입양아동의 성별은 여아가 확연히 높았고, 남아는 국외로 입양되는 경향을 보이고 있다.

이러한 자료에서 살펴볼 수 있듯이, 현재 우리나라는 여성의 사회경제적 지위 향상과 함께 양성평등의식이 상당히 자리를 잡아가고 있고, 국민의 가치관 및 의식의 변화로 전통 유교사회의 영향인 남아선호사상이 확연히 쇠퇴하고 있다.

2) 출생성비의 변화

출생성비는 여아 100명당 남아 수를 뜻하고, 의료적 개입이 없을 때 달성되는 생물학적인 정상 출생성비인 자연성비는 일반적으로 105명을 기준으로 103명-107명을 정상범위로 본다.

통계청 발표에 따르면 2022년도 출생성비는 104.7명이고, 출산 순위별 출생성비는 첫째아는 104.9, 둘째아는 104.8, 셋째아 이상은 103.9로 모두 자연성비의 정상범위 내이다. 통계청 자료를 통해 과거 출산 순위별 출생성비를 확인해 보면, 첫째아 성비는 1991년 이후부터 꾸준히 정상범위를 유지하였으나, 둘째아 성비는 2003년부터 정상범위를 유지하고 있고, 총 출생성비는 2007년 이후부터 정상범위에 도달하였다. 한편, 1993년 209.7이라는 자연적으로 불가능한 수치에 달하기도 했던 셋째아 이상의 성비도 꾸준히 감소하여 위 헌법재판소의 선례 결정이 있었던 2008년 116.6이었다가, 2014년 106.7로 정상범위에 도달한 이후로는 2016년에 107.4, 2020년에 107.2로 근소하게 넘었을 뿐 2022년까지 정상범위를 유지하였다.

이러한 통계자료를 종합하면, 과거에는 특히 둘째나 셋째아의 경우 딸보다는 아들을 선호하는 분위기가 출생성비에 반영되었고, 성별과 관련하여 인위적인 개입이 있었다고 볼 수 있다. 하지만 셋째아 이상도 자연성비의 정상범위에 도달한 2014년부터는 성별과 관련하여 인위적인 개입이 있다는 뚜렷한 징표가 보이지 않는다.

3) 태아의 성별과 낙태와의 관련성

현재에는 전통 유교사회의 영향인 남아선호사상이 쇠퇴하고 있지만, 앞서 살펴본 조사에 따르면 부모로서 자녀의 성별에 대한 선호를 가지는 경우가 있다. 그렇다면 남아선호로 한정짓지 않고, 자녀의 특정 성별에 대한 선호가 낙태라는 결과를 초래하고 있지는 않은지에 대하여 살펴볼 필요가 있다.

2021년 보고서에 따르면, 수술을 통한 인공임신중절을 한 시기는 평균 임신 6.74주인데, 인공임신중절 수술을 한 임신주수의 누적 비율을 보면 임신주수가 4주 이하는 27%, 8주 이하는 81.7%, 10주 이하는 89.8%, 12주 이하는 94.5%, 16주 이하는 97.7%로 나타났다.

일반적으로 초음파를 이용한 태아성감별이 가능한 최소 임신주수는 16주이고, 고위험군 산모로 산전 기형아 검사를 하여 태아의 유전정보를 확인하는 경우 의료인이 태아의 성별을 알 수 있는 최소 임신주수는 10주 이후이므로, 16주를 기준으로 하면 97.7%, 10주를 기준으로 하더라도 89.8%로, 90% 이상은 태아의 성별을 모른 채 인공임신중절을 한 것으로 볼 수 있다.

결론적으로 과거에는 남아선호사상과 이에 따른 사회구조적 압력으로 여성이 자녀의 성별에 따라 낙태를 선택하는 결과가 발생하였지만, 현재에는 부모가 남아 또는 여아 등 자녀의 성별에 대한 선호가 있다고 하더라도 이것이 바로 낙태를 선택하도록 하는 강한 동기라고 보이지 않고, 태아의 성별과 낙태 사이에는 큰 관련성이 있다고 보기는 어렵다.

4) 심판대상조항의 규범력

가) 심판대상조항에도 불구하고 현실에서는 의료인으로부터 직·간접적으로 임신 32주 이전에 태아의 성별정보를 얻는 경우가 많다. 그러나 검찰총장의 2023. 12. 6.자 사실조회회신에 따르면, 심판대상조항을 위반하여 의료법 제88조의2 제1호에 따라 검찰 고발 또는 송치된 건수 및 기소 건수는 10년간 한 건도 없다. 이는 심판대상조항이 행위규제규범으로서 역할을 다하지 못하고 있다는 점을 보여준다.

나) 태아의 생명은 존엄한 인간 존재의 근원이므로 태아의 생명을 보호하고자 하는 공익은 중대하다. 따라서 국가는 태아의 생명을 보호할 책임을 가지고 있고, 필요하다면 태아의 성별을 이유로 한 낙태를 규제할 필요성이 있다(헌재 2008. 7. 31. 2004헌마1010등).

그러나 오늘날에는 전통 유교사회의 영향인 남아선호사상이 확연히 쇠퇴하고 있고, 국민의식의 변화로 출생성비는 자연성비의 정상범위에 도달하여 성별에 인위적인 개입이 있다고 보기 어려우며, 태아의 성별과 낙태 사이에 유의미한 관련성이 있다고 보이지도 않는다. 따라서 심판대상조항이, 임신 32주 이전 태아의 성별을 알려주는 행위를 태아의 생명을 직접적으로 위협하는 행위로 보고, 태아의 생명을 박탈하는 낙태 행위의 전 단계로 취급하여 이를 제한하는 것은 더 이상 타당하지 않다고 할 것이다.

부모가 태아의 성별을 알고자 하는 것은 본능적이고 자연스러운 욕구로, 태아의 성별을 비롯하여 태아에 대한 모든 정보에 접근을 방해받지 않을 권리는 부모로서 누려야 할 마땅한 권리이다. 태아의 성별고지 행위는 그 자체로서 태아를 포함하여 누구에게도 해가 되는 행위가 아니므로, 보다 풍요롭고 행복한 가족생활을 영위하도록 하기 위해 진료과정에서 알게 된 태아에 대한 성별 정보를 굳이 임신 32주 이전에는 고지하지 못하도록 금지하여야 할 이유는 없는 것이다(헌재 2008. 7. 31. 2004헌마1010등 중 단순위헌의견 참조).

그럼에도 심판대상조항은 낙태를 유발시킨다는 인과관계조차 명확치 않은 태아의 성별고지 행위를 규제함으로써, 성별을 이유로 낙태를 하려는 의도가 전혀 없이 단지 태아의 성별 정보를 알고 싶을 뿐인 부모에게 임신 32주 이전에는 태아의 성별 정보에 대한 접근을 금지하고 있다. 이는 태아의 생명 보호라는 목적을 달성하기 위하여 효과적이거나 적합하지 않을 뿐만 아니라, 입법수단으로서 현저하게 불합리하고 불공정하다고 할 것이다.

다) 물론 앞서 본 바와 같이 태아의 성별과 낙태 간의 유의미한 관련성이 보이지 않고, 출생성비가 균형을 이루었다고 하더라도, 의료인의 임신 32주 이전 태아의 성별고지 행위로 인해 태아의 성별을 알게 된 부모가 성별을 이유로 낙태에 이르게 되는 경우가 있을 수도 있다.

그러나 이 경우 태아의 생명을 박탈하는 행위는 성별고지 행위가 아니라 성별을 이유로 한 낙태 행위이므로, 태아의 생명 보호를 위해 국가가 개입하여 규제해야 할 단계는 성별고지가 아니라 성별을 이유로 한 낙태행위가 발생하는 단계라고 할 것이다.

현재 인공임신중절은 모자보건법에서 규제하고 있고, 낙태를 처벌하는 형법의 낙태죄 조항은 헌재 2019. 4. 11. 2017헌바127 결정의 헌법불합치결정 이후 입법시한인 2020. 12. 31.까지 개선입법이 이루어지지 않아 2021. 1. 1.부터 효력이 상실되었다. 국회에서 낙태죄 관련 형법 개정안 및 모자보건법 개정안이 논의되고 있으므로, 결국 성선별 낙태 방지를 통한 태아의 생명 보호는 태아의 성별고지 제한이 아닌 낙태와 관련된 국회의 개선입법으로 해결하여야 할 것이다.

그런데 심판대상조항은 성별을 이유로 한 낙태가 있을 수 있다는 아주 예외적인 사정만으로, 태아의 성별고지 행위를 낙태의 사전 준비행위로 전제하여 임신 32주 이전에 모든 부모에게 태아의 성별 정보를 알 수 없게 하고 있다. 즉, 태아의 성별을 이유로 한 낙태 방지라는 입법목적을 내세우면서 실제로는 낙태로 나아갈 의도가 없는 부모까지도 규제하고 있는 것이다. 이는 규제의 필요성과 범위를 넘은 과도한 입법으로서, 필요최소한도를 넘어 부모의 기본권을 제한한다고 할 것이다.

라) 따라서 심판대상조항은 태아의 생명 보호라는 입법목적을 달성하기 위한 수단으로서 적합하지 아니하고, 부모가 태아의 성별 정보에 대한 접근을 방해받지 않을 권리를 필요 이상으로 제약하여 침해의 최소성에 반한다.

(4) 법익의 균형성

앞서 살펴본 바와 같이 현재 우리 사회는 성비불균형 문제가 해소되었고, 태아의 생명 보호라는 공익이 심판대상조항을 통해서는 실효적으로 달성된다고 보기 어렵다. 심판대상조항은 임신 32주 이전에는 모든 부모에게 태아의 성별 정보에 접근을 방해받지 않을 권리를 지나치게 제한하고 있으므로, 결국 심판대상조항은 법익의 균형성도 상실하였다.

(5) 소결

따라서 심판대상조항은 과잉금지원칙을 위반하여 부모가 태아의 성별 정보에 대한 접근을 방해받지 않을 권리를 침해한다.

Ⅲ. 결론

그렇다면 심판대상조항은 헌법에 위반되므로, 주문과 같이 결정한다. 이 결정에는 재판관 이종석, 재판관 이은애, 재판관 김형두의 헌법불합치의견이 있는 외에는 관여 재판관들의 의견이 일치되었다.

결정의 의의

과거 우리 사회에서 존재하던 남아선호사상에 따라 태아의 성을 선별하여 출산하는 경향이 발생하였고, 그 결과 남녀 간의 성비에 심한 불균형이 초래되어, 1987년 의료법에서 의료인에게 태아의 성별고지 행위를 금지하는 규정을 도입하였다. 이후 구 의료법 조항에 대하여 헌재 2008. 7. 31. 2004헌마1010등 결정에서 헌법불합치결정을 하고, 2009년 의료법이 개정되면서 임신 32주 이전에는 태아의 성별고지 행위를 금지하는 심판대상조항을 규정하게 되었다.

이처럼 우리나라에서는 37년간 태아의 성별 고지를 제한하였지만, 그 사이 국민의 가치관과 의식의 변화로 남아선호사상은 확연히 쇠퇴하고 있고, 성비불균형은 해결되어 출생성비는 출산 순위와 관계없이 모두 자연성비에 도달하였으므로, 성별을 이유로 한 낙태는 더 이상 사회적으로 문제되지 않는다. 현실에서 태아의 부모는 의료인으로부터 성별을 고지받는 등 심판대상조항은 거의 사문화되었다.

헌법재판소는 성별을 원인으로 한 낙태를 방지하기 위해 낙태를 유발시킨다는 인과관계조차 명확치 않은 태아의 성별고지 행위를 규제하는 것은 태아의 생명 보호라는 입법목적을 달성하기 위한 수단으로 적합하지 않고, 낙태로 나아갈 의도가 없이 부모로서 가지는 권리에 따라 태아의 성별을 알고 싶은 부모에게도 임신 32주 이전에 태아의 성별을 알게 하지 못하게 금지하는 것은 과잉금지원칙에 위반하여, 부모가 태아의 성별 정보에 대한 접근을 방해받지 않을 권리를 침해한다고 보아 위헌 결정을 하였다.

02 난민인정자 긴급재난지원금 지급대상 제외 사건

2024.3.28. 2020헌마1079 [긴급재난지원금 세부시행계획 등 위헌확인]　　　　　**[인용(위헌확인)]**

1. 사건의 개요

청구인은 ○○ 국적자로서, 2018. 3. 21. 난민법 제18조 제1항에 따라 난민 인정 결정을 받았다. 청구인은 2016. 6. 16. 외국인등록을 하였고, 체류자격은 '거주(F-2)'이며, 청구인의 배우자와 딸도 모두 외국인등록을 한 외국인이다.

청구인은 2020. 5. 13. 거주지 인근 주민센터에서 긴급재난지원금을 신청하였으나, 직원으로부터 내부 지침에 따라 청구인은 지급대상에 포함될 수 없다는 답변을 들었고, 2020. 6. 18. 서울 관악구 서원동 주민센터에서 긴급재난지원금 신청서를 작성하여 제출하였으나, 위 주민센터 직원은 <u>외국인의 경우 영주권자 및 결혼이민자의 경우에만 긴급재난지원금의 지급대상으로 포함되어 있어, 난민인정자의 경우 지급대상이 될 수 없다고 하면서 그 신청을 반려하였다.</u>

이에 청구인은 '외국인만으로 구성된 가구'는 영주권자 및 결혼이민자만 긴급재난지원금의 지급대상에 포함시키고, 그 이외의 외국인은 지급대상에서 제외한 것은 난민인정자인 청구인의 평등권 및 인간다운 생활을 할 권리를 침해한다고 주장하면서, 2020. 8. 11. 주위적으로 행정안전부의 '긴급재난지원금 세부시행계획(안)', 예비적으로 관계부처합동 '긴급재난지원금 가구구성 및 이의신청 처리기준(2차)'에 대한 이 사건 헌법소원심판을 청구하였다.

2. 심판의 대상

[이 사건 처리기준]
관계부처합동 '긴급재난지원금 가구구성 및 이의신청 처리기준(2차)'
I. 가구구성 관련 기준
② 가구구성 세부기준
○ (재외국민·외국인) 세대별 주민등록표에 등재된 재외국민과 국민이 1인 이상 포함된 세대에 등재된 외국인이 내국인과 동일한 (후납)건강보험 가입자, 피부양자, 의료급여 수급자인 경우 ⇒ 지급대상 포함
– 단, 외국인만으로 구성된 가구에 해당하더라도 영주권자(F5), 결혼이민자(F6)가 내국인과 동일한 (후납)건강보험 가입자, 피부양자, 의료급여 수급자인 경우* ⇒ 지급대상 포함
* [예] 영주권자 혹은 결혼이민자인 외국인 특례 적용 기초생활보장 수급자가 가정폭력 등으로 인해 시설 거주 중인 경우

[관련조항]

난민법(2012. 2. 10. 법률 제11298호로 제정된 것)
제30조(난민인정자의 처우) ① 대한민국에 체류하는 난민인정자는 다른 법률에도 불구하고 난민협약에 따른 처우를 받는다.
② 국가와 지방자치단체는 난민의 처우에 관한 정책의 수립·시행, 관계 법령의 정비, 관계 부처 등에 대한 지원, 그 밖에 필요한 조치를 하여야 한다.
제31조(사회보장) 난민으로 인정되어 국내에 체류하는 외국인은 「사회보장기본법」 제8조 등에도 불구하고 대한민국 국민과 같은 수준의 사회보장을 받는다.

재한외국인 처우 기본법
제12조(결혼이민자 및 그 자녀의 처우) ① 국가 및 지방자치단체는 결혼이민자에 대한 국어교육, 대한민국의 제도·문화에 대한 교육, 결혼이민자의 자녀에 대한 보육 및 교육 지원, 의료 지원 등을 통하여 결혼이민자 및 그 자녀가 대한민국 사회에 빨리 적응하도록 지원할 수 있다.

제13조(영주권자의 처우) ① 국가 및 지방자치단체는 대한민국에 영구적으로 거주할 수 있는 법적 지위를 가진 외국인(이하 "영주권자"라 한다)에 대하여 대한민국의 안전보장·질서유지·공공복리, 그 밖에 대한민국의 이익을 해치지 아니하는 범위 안에서 대한민국으로의 입국·체류 또는 대한민국 안에서의 경제활동 등을 보장할 수 있다.

② 제12조 제1항은 영주권자에 대하여 준용한다.

제14조(난민의 처우) ① 「난민법」에 따른 난민인정자가 대한민국에서 거주하기를 원하는 경우에는 제12조 제1항을 준용하여 지원할 수 있다.

3. 주 문

2020. 5. 13.자 관계부처합동 '긴급재난지원금 가구구성 및 이의신청 처리기준(2차)' 중 'I. 가구구성 관련 기준, ② 가구구성 세부기준' 가운데 '외국인만으로 구성된 가구'에 관한 부분은 헌법에 위반된다.

I. 판시사항

외국인만으로 구성된 가구 중 영주권자 및 결혼이민자만을 긴급재난지원금 지급대상에 포함시키고 난민인정자를 제외한 관계부처합동 '긴급재난지원금 가구구성 및 이의신청 처리기준(2차)' 중 'I. 가구구성 관련 기준, ⊠ 가구구성 세부기준' 가운데 '외국인만으로 구성된 가구'에 관한 부분(이하, '이 사건 처리기준'이라 한다)이 난민인정자인 청구인의 평등권을 침해하는지 여부(적극)

II. 판단

1. 쟁점의 정리

(1) 영주권자 및 결혼이민자만을 재난지원금 지급대상에 포함시키고 난민인정자를 제외하고 있는 이 사건 처리기준이 영주권자 및 결혼이민자와의 관계에서 청구인의 평등권을 침해하는지 여부를 살펴본다.

(2) 청구인은 심판대상조항이 난민인정자인 청구인의 인간다운 생활을 할 권리도 침해한다는 주장을 하고 있으나 이는 결국 영주권자 및 결혼이민자에 대해서는 재난지원금을 지급하면서 난민인정자에 대해서는 이를 지급하지 않는 것이 현저히 불합리하다는 주장과 다르지 아니하므로, 평등권 침해 여부를 판단하는 이상 이에 관하여는 따로 판단하지 아니한다.

2. 평등권 침해 여부

(1) 긴급재난지원금은 일회적이고 시혜적인 성격의 지원금인바, 이와 같은 종류의 국가의 지원금 정책은 그 지원 정책의 취지, 재정 부담, 행정적 이유 등 여러 가지 사유를 종합하여 국내에 거주하는 사람 중 일부를 대상으로 하여 행해질 수 있으며, 이와 같이 지원금 정책의 적용대상 범위를 정하는 문제는 국가에게 광범위한 재량이 허용되는 영역이라 할 수 있다.

그런데 이 사건 처리기준이 외국인 중에서도 '영주권자 및 결혼이민자'만을 긴급재난지원금 지급 대상에 포함시키고 '난민인정자'를 제외한 것은 다음과 같은 이유에서 합리적인 이유가 있다고 보기 어렵다.

(2) 우선 코로나19로 인하여 경제적 타격을 입었다는 점에 있어서는 영주권자, 결혼이민자, 난민인정자간에 차이가 있을 수 없으므로 그 회복을 위한 지원금 수급 대상이 될 자격에 있어서 역시 차이가 발생한다고 볼 수 없다.

'영주권자 및 결혼이민자'는 한국에서 영주하거나 장기 거주할 목적으로 합법적으로 체류하고 있고, '난민인정자' 역시 강제송환금지의무에 따라 우리나라의 보호를 받고 우리나라에 합법적으로 체류하면서 취업활동에 제한을 받지 않는다는 점에서 영주권자 및 결혼이민자와 차이가 있다고 보기 어렵다. 우리나라에 거주하는 외국인은 원칙적으로 납세의무자가 되는바, '난민인정자' 역시 우리나라에서 거주하면서 근로활동 및 경제활동을 하고 근로소득세, 종합소득세 등 국세와, 주민세, 재산세, 자동차세 등 지방세를 부담하며 우리 재정의 일부를 담당한다는 점에서 보더라도 '난민인정자'를 영주권자 및 결혼이민자와 달리 긴급재난지원금 지급 대상에서 제외할 이유가 없다.

'재한외국인 처우 기본법'(이하 '외국인처우법'이라 한다)은 대한민국의 국적을 가지지 아니한 자로서 대한민국에 거주할 목적을 가지고 합법적으로 체류하고 있는 '재한외국인'에 대한 처우 등에 관한 기본적인 사항을 정하고 있고(제1조, 제2조 제1호), 국가 및 지방자치단체가 재한외국인을 그 법적 지위에 따라 적정하게 대우하는 것을 '재한외국인에 대한 처우'라고 정의하고 있다(제2조 제2호).

외국인처우법은 대한민국 국민과 혼인한 적이 있거나 혼인관계에 있는 재한외국인인 '결혼이민자'에 대하여 국어교육, 대한민국의 제도·문화에 대한 교육, 결혼이민자의 자녀에 대한 보육 및 교육 지원, 의료 지원 등을 통하여 결혼이민자 및 그 자녀가 대한민국 사회에 빨리 적응하도록 지원할 수 있게 하면서(제12조 제1항, 제2조 제3호), 대한민국에 영구적으로 거주할 수 있는 법적 지위를 가진 외국인 '영주권자'에 대하여도 제12조 제1항을 준용하고(제13조 제1항, 제2항), 아울러 난민법에 따른 '난민인정자'가 대한민국에서 거주하기를 원하는 경우에는 제12조 제1항을 준용하여 지원할 수 있다고 규정하고 있다(제14조 제1항)는 점은 앞서 본 바와 같다. 이로부터 재한외국인의 처우에 대한 기본법인 외국인처우법이 재한외국인 중에서도 '결혼이민자', '영주권자', '난민인정자'를 그 각각의 법적 지위가 상이함에도 불구하고 동일한 처우를 받는 대상으로서 인식하고 있다는 것을 알 수 있다.

(3) 한편 1994년 이후 2023년 6월 말까지 난민신청자는 93,270명으로, 이 중 1,381명이 난민인정을 받았는바, '난민인정자'에게 긴급재난지원금을 지급한다 하여 재정에 큰 어려움이 있다고 할 수 없다.

또한 긴급재난지원금은 가구당 지급되는 것인데 '난민인정자'의 경우 가족관계 증명이 어렵다는 현실적인 문제 때문에 지급대상에 포함시키기 어렵다는 주장도 있을 수 있으나, '난민인정자'의 경우 가구별 지급이 아니라 '난민인정자' 본인을 대상으로 하여 긴급재난지원금을 지급하는 방법도 고려해 볼 수 있으므로, 가족관계 증명이 어렵다는 행정적 이유 역시 '난민인정자'를 긴급재난지원금의 지급대상에서 제외하여야 할 합리적인 이유가 될 수 없다.

(4) 그렇다면 이 사건 처리기준이 긴급재난지원금 지급 대상에 외국인 중에서도 '영주권자 및 결혼이민자'를 포함시키면서 '난민인정자'를 제외한 것은 합리적 이유 없는 차별이라 할 것이므로, 이 사건 처리기준은 청구인의 평등권을 침해한다.

Ⅲ. 결론

이 사건 처리기준은 헌법에 위반되므로 관여 재판관 전원의 일치된 의견으로 주문과 같이 결정한다.

결정의 의의

이 사건은, 코로나19로 인한 경제적 타격의 회복을 위한 긴급재난지원금 지급대상에, 외국인 중 '영주권자 및 결혼이민자'를 포함하고 '난민인정자'를 제외한 '긴급재난지원금 가구구성 및 이의신청 처리기준(2차)' 조항이 합리적 이유 없는 차별로서 난민인정자인 청구인의 평등권을 침해함을 선언한 것이다.

03 헌법불합치결정에 따른 개선입법을 소급적용하지 않은 국민연금법 부칙 조항 사건

2024.5.30. 2019헌가29 [국민연금법 부칙 제2조 위헌제청]	[헌법불합치]

1. 사건의 개요

(1) 헌법재판소는 2016. 12. 29. 2015헌바182 결정에서, 별거나 가출 등으로 실질적인 혼인관계가 존재하지 아니하여 연금 형성에 기여가 없는 이혼배우자에 대해서까지 법률혼 기간을 기준으로 분할연금 수급권을 인정하는 구 국민연금법 제64조 제1항(이하 '구법 조항')에 대하여 헌법불합치결정을 하였다(이하 '종전 헌법불합치결정').

(2) 국회는 2017. 12. 19. 법률 제15267호로 국민연금법 제64조 제1항과 제4항을 개정하였고(제64조 제1항을 이하 '신법 조항'), 개정 국민연금법은 공포 후 6개월이 경과한 날(2018. 6. 20.)부터 시행하되(부칙 제1조), 제64조 제1항 및 제4항의 개정규정은 법 시행 후 최초로 분할연금 지급 사유가 발생한 경우부터 적용하는 것으로 규정하였다(부칙 제2조).

(3) 제청신청인은 종전 헌법불합치결정 이후, 신법 조항 시행 전에 이혼한 자로서, 실질적인 혼인관계가 없었음에도 불구하고 구법 조항에 따라 전 배우자에게 분할연금 지급사유가 발생하여 본인의 노령연금을 감액 당하게 되었다.

(4) 제청신청인은 국민연금공단을 상대로 연금액 변경처분 등의 취소를 구하는 소를 제기하고 소송 계속 중 위헌법률심판제청신청을 하였으며, 제청법원은 이를 받아들여 이 사건 위헌법률심판을 제청하였다.

2. 심판의 대상

국민연금법 부칙(2017. 12. 19. 법률 제15267호)
제2조(분할연금 수급권자 등에 관한 적용례) 제64조 제1항 및 제4항의 개정규정은 이 법 시행 후 최초로 분할연금 지급 사유가 발생한 경우부터 적용한다.

[관련조항]

구 국민연금법(2011. 12. 31. 법률 제11143호로 개정되고, 2017. 12. 19. 법률 제15267호로 개정되기 전의 것)

제64조(분할연금 수급권자 등) ① 혼인 기간(배우자의 가입기간 중의 혼인 기간만 해당한다. 이하 같다)이 5년 이상인 자가 다음 각 호의 요건을 모두 갖추면 그때부터 그가 생존하는 동안 배우자였던 자의 노령연금을 분할한 일정한 금액의 연금(이하 "분할연금"이라 한다)을 받을 수 있다.
  1. 배우자와 이혼하였을 것
  2. 배우자였던 사람이 노령연금 수급권자일 것
  3. 60세가 되었을 것
② 제1항에 따른 분할연금액은 배우자였던 자의 노령연금액(부양가족연금액은 제외한다) 중 혼인 기간에 해당하는 연금액을 균등하게 나눈 금액으로 한다.
③ 제1항에 따른 분할연금은 제1항 각 호의 요건을 모두 갖추게 된 때부터 5년 이내에 청구하여야 한다.

국민연금법(2017. 12. 19. 법률 제15267호로 개정된 것)

제64조(분할연금 수급권자 등) ① 혼인 기간(배우자의 가입기간 중의 혼인 기간으로서 별거, 가출 등의 사유로 인하여 실질적인 혼인관계가 존재하지 아니하였던 기간을 제외한 기간을 말한다. 이하 같다)이 5년 이상인 자가 다음 각 호의 요건을 모두 갖추면 그때부터 그가 생존하는 동안 배우자였던 자의 노령연금을 분할한 일정한 금액의 연금(이하 "분할연금"이라 한다)을 받을 수 있다.
  1. 배우자와 이혼하였을 것
  2. 배우자였던 사람이 노령연금 수급권자일 것
  3. 60세가 되었을 것

② 제1항에 따른 분할연금액은 배우자였던 자의 노령연금액(부양가족연금액은 제외한다) 중 혼인 기간에 해당하는 연금액을 균등하게 나눈 금액으로 한다.

③ 제1항에 따른 분할연금은 제1항 각 호의 요건을 모두 갖추게 된 때부터 5년 이내에 청구하여야 한다.

④ 제1항에 따른 혼인 기간의 인정 기준 및 방법 등에 필요한 사항은 대통령령으로 정한다.

국민연금법 부칙(2017. 12. 19. 법률 제15267호)

제1조(시행일) 이 법은 공포 후 6개월이 경과한 날부터 시행한다.

3. 주 문

1. 국민연금법 부칙(2017. 12. 19. 법률 제15267호) 제2조는 헌법에 합치되지 아니한다.

2. 법원 기타 국가기관 및 지방자치단체는 입법자가 개정할 때까지 위 법률조항의 적용을 중지하여야 한다.

3. 입법자는 2025. 12. 31.까지 위 법률조항을 개정하여야 한다.

Ⅰ. 판시사항

1. 헌법불합치결정에 따라 실질적인 혼인관계가 존재하지 아니한 기간을 제외하고 분할연금을 산정하도록 개정된 국민연금법 조항을 개정법 시행 후 최초로 분할연금 지급사유가 발생한 경우부터 적용하도록 하는 국민연금법 부칙 제2조(이하 '심판대상조항'이라 한다)가 평등원칙에 위반되는지 여부(적극)

2. 헌법불합치결정을 선고하면서 적용중지를 명한 사례

Ⅱ. 판단

1. 종전 헌법불합치결정과 개선입법

(1) 종전 헌법불합치결정

헌법재판소는 2016. 12. 29. 구법 조항이 별거나 가출 등으로 실질적인 혼인관계가 존재하지 아니하여 연금 형성에 기여가 없는 이혼배우자에 대해서까지 법률혼 기간을 기준으로 분할연금 수급권을 인정하여 노령연금 수급권자의 재산권을 침해하므로 헌법에 합치되지 아니한다고 결정하였다(헌재 2015헌바182).

(2) 개선입법의 내용

종전 헌법불합치결정 이후 국회는 2017. 12. 19. 법률 제15267호로 국민연금법 제64조를 개정하였다. 먼저 혼인 기간에서 '별거, 가출 등의 사유로 인하여 실질적인 혼인관계가 존재하지 아니하였던 기간'을 제외하도록 개정하였고(제1항), 이때 혼인 기간의 인정 기준 및 방법 등에 필요한 사항은 대통령령으로 정하도록 위임하였다(제4항). 이에 따라 신설된 국민연금법 시행령(2018. 6. 19. 대통령령 제28978호로 개정된 것) 제45조의2에 의하면 혼인 기간을 산정할 때 '1. 민법 제27조 제1항에 따른 실종기간, 2. 주민등록법 제20조 제6항에 따라 거주불명으로 등록된 기간'은 혼인기간에서 제외하고(제1항), 그 밖에 이혼 당사자 간에 실질적인 혼인관계가 존재하지 아니하였던 것으로 합의하거나 법원의 재판 등에 의하여 실질적인 혼인관계가 존재하지 아니하였던 것으로 인정된 기간도 혼인 기간에서 제외하도록 하였다(제2항). 또한 노령연금 수급권자 또는 분할연금 수급권자는 혼인 기간에서 제외할 기간이 있는 경우 그 내용을 증명할 수 있는 서류를 첨부하여 공단에 신고하도록 하였다(국민연금법 시행령 제45조의2 제3항, 제4항, 국민연금법 시행규칙 제22조 제3항).

한편 위 개정 국민연금법은 공포 후 6개월이 경과한 날(2018. 6. 20.)부터 시행하도록 하면서(부칙 제1조), 제64조 제1항 및 제4항의 개정규정은 시행 후 최초로 분할연금 지급 사유가 발생한 경우부터 적용하도록 하였다(심판대상조항). 심판대상조항에 따르면 종전 헌법불합치결정에서 구법 조항의 위헌성이 이미 확인되었음에도 불구하고, 종전 헌법불합치결정일부터 신법 조항 시행일 전까지 분할연금 지급 사유가 발생한 경우에는 구법 조항이 적용된다.

2. 쟁점의 정리

(1) 심판대상조항은 국민연금법 제64조 제1항 및 제4항의 개정규정을 신법 조항 시행 후 최초로 분할연금 지급 사유가 발생한 경우부터 적용하도록 규정하고 있는바, '신법 조항 시행일 전에 분할연금 지급 사유가 발생한 노령연금 수급권자'와 '신법 조항 시행일 후에 분할연금 지급 사유가 발생한 노령연금 수급권자'를 달리 취급하고 있다. 이러한 차별취급이 자의적이어서 평등원칙에 위반되는지 여부를 살펴본다.

(2) 한편 평등원칙은 본질적으로 동일한 집단 사이의 차별취급이 있을 때 문제되는 것이므로, 두개의 비교집단은 본질적으로 동일할 것이 요구된다. 두개의 비교집단이 본질적으로 동일한가의 판단은 일반적으로 당해 법규정의 의미와 목적에 달려 있다(헌재 2002. 11. 28. 2002헌바45; 헌재 2010. 5. 27. 2009헌바49 등 참조). 그런데 심판대상조항은 헌법불합치결정에 따라 개선입법을 하면서 그 적용시점을 정하는 조항으로서 종전 헌법불합치결정 이후 분할연금 지급 사유가 발생한 경우를 규율하고자 하는 목적에서 신설된 것이다. 이러한 심판대상조항의 의미와 목적에 비추어보면 종전 헌법불합치결정 전에 분할연금 지급 사유가 발생한 경우는 종전 헌법불합치결정 이후에 분할연금 지급 사유가 발생한 경우와 본질적으로 동일하다고 볼 수 없다. 종전 헌법불합치결정 전에 분할연금 지급 사유가 발생한 경우는 이 사건에 있어서 비교집단으로 삼기 어려우므로, 따로 판단하지 아니한다.

따라서 이 사건의 쟁점은 '종전 헌법불합치결정 이후 신법 조항 시행일 전'에 분할연금 지급 사유가 발생한 노령연금 수급권자에 대하여, '신법 조항 시행일 이후' 분할연금 지급 사유가 발생한 노령연금 수급권자와 달리 신법 조항을 적용하지 않는 차별취급이 합리적인 이유가 있는지 여부이다(이하에서 '신법 조항 시행일 전'에 분할연금 지급 사유가 발생한 경우라고만 지칭하는 경우에도 이는 '종전 헌법불합치결정 이후 신법 조항 시행일 전'에 분할연금 지급 사유가 발생한 경우를 말하는 것이다).

3. 평등원칙 위반 여부

(1) 입법자는 단순히 자유재량에 따라 시혜적으로 국민연금법을 개정한 것이 아니라, 종전 헌법불합치결정이 구법 조항의 위헌성을 확인함에 따라 입법개선의무를 이행하기 위해서 신법 조항을 입법한 것이다. 따라서 심판대상조항이 소급적용 경과규정을 두지 않은 것이 헌법상 평등원칙에 위반되는지를 판단함에 있어서는 종전 헌법불합치결정의 취지를 충분히 고려할 필요가 있다(헌재 2019. 9. 26. 2018헌바218등 참조).

종전 헌법불합치결정은, 구법 조항이 법률혼 관계에 있었지만 별거·가출 등으로 실질적인 혼인관계가 존재하지 않았던 기간을 일률적으로 혼인 기간에 포함시켜 분할연금을 산정하도록 한 것은 혼인 중 雙方의 협력으로 형성된 공동재산의 청산·분배라는 분할연금제도의 재산권적 성격을 몰각시키는 것으로서 노령연금 수급권자의 재산권을 침해한다고 판단하였다(헌재 2016. 12. 29. 2015헌바182 참조). 종전 헌법불합치결정에서 노령연금 수급권자에 대한 재산권 침해가 확인된 이상, 막연한 법적 안정성을 이유로 차별취급의 합리성을 인정하여서는 안 되고, 신법 조항을 소급적용함으로써 이해관계인 내지 법적 안정성에 미치는 영향과 그로써 회복할 수 있는 합헌적 상태의 이익을 충분히 고려하여 판단하여야 한다.

(2) 신법 조항을 종전 헌법불합치결정시까지 소급적용한다 하더라도 그 적용범위가 무한정 확대되어 법적 혼란이 발생할 가능성은 크지 않다.

먼저 종전 헌법불합치결정은 2018. 6. 30.까지 입법개선을 명하여 개선입법시까지 1년 6개월 정도의 기간이 예정되어 있었고, 실제로 신법 조항은 2017. 12. 19. 개정되어 2018. 6. 20. 시행되었다. 따라서 종전 헌법불합치결정 이후 신법 조항 시행일까지 약 1년 6개월의 기간 동안 분할연금 지급 사유가 발생한 경우가 법적 혼란을 야기할 만큼 많았을 것이라고 보기는 힘들다.

(3) 한편 분할연금 제도는 한정된 노령연금액을 노령연금 수급권자와 분할연금 수급권자 사이에 분배하는 문제이므로, 노령연금 수급권자에 대한 보호는 필연적으로 분할연금 수급권에 대한 제한으로 귀결된다. 신법 조항의 소급 적용은 분할연금 수급권자에 대한 소급입법에 따른 재산권 침해로 이어질 여지도 있으므로, 그러한 측면에서 신법 조항의 소급효를 인정하지 아니한 심판대상조항이 합리적인 이유가 있는지 본다.

(가) 앞서 본 바와 같이 분할연금 수급권의 내용은 일정기간 계속적으로 이행기가 도래하는 계속적 급부를 목적으로 하는 것이므로, 신법 조항 시행일 당시 이미 분할연금의 이행기에 도달한 분할연금 수급권과 아직 이행기가 도래하지 아니한 분할연금 수급권의 경우를 나누어 살펴볼 필요가 있다.

(나) 이미 이행기에 도달한 분할연금 수급권의 내용을 변경하는 것은 과거에 완성된 사실·법률관계를 규율하는 진정소급입법으로서 원칙적으로 금지되므로 신법 조항 시행 당시 이미 이행기에 도달한 분할연금 수급권에 대해 신법 조항을 소급 적용하지 않도록 규정한 것은 합리적인 이유가 있다고 볼 수 있다.

(다) 반면 아직 이행기가 도래하지 아니한 분할연금 수급권의 경우에는 다음과 같은 이유로 소급입법금지원칙이나 신뢰보호원칙 위반이 문제되지 아니하므로 신법 조항의 적용을 배제하는 데에 합리적인 이유가 있다고 볼 수 없다.

(4) 헌법 제13조 제2항이 금하고 있는 소급입법은 진정소급입법만을 의미하는 것으로서 부진정소급입법은 원칙적으로 허용되며, 다만 소급효를 요구하는 공익상의 사유와 신뢰보호의 요청 사이의 비교형량 과정에서 신뢰보호의 관점이 입법자의 형성권에 제한을 가하게 된다(헌재 2005. 6. 30. 2004헌바42 참조).
이미 발생하여 이행기에 도달한 분할연금 수급권의 내용을 변경함이 없이, 신법 조항 시행일 이후의 법률관계 즉 신법 조항 시행일 이후 이행기가 도래하는 분할연금 수급권의 내용을 변경하는 경우에는 이미 종료된 과거의 사실관계 또는 법률관계에 새로운 법률이 소급적으로 적용되어 과거를 법적으로 새로이 평가하는 진정소급입법에는 해당하지 아니하므로(헌재 2008. 2. 28. 2005헌마872등 참조) 소급입법금지원칙 위반의 문제는 발생하지 아니한다.

(5) 다만 신뢰보호의 관점에서 침해받은 이익의 보호가치, 침해의 정도, 신뢰의 손상 정도, 신뢰침해의 방법 등을 새 입법이 목적으로 하는 공익과 종합적으로 비교·형량할 필요가 있다.
종전 헌법불합치결정은 구법 조항이 노령연금 수급권자의 재산을 침해하여 헌법에 합치되지 않는다는 결정을 내리면서 계속적용을 명하고, 개선입법의 시한을 2018. 6. 30.까지로 정하였는바, 종전 헌법불합치결정 이후에 분할연금 지급 사유가 발생한 분할연금 수급권자들로서는 적어도 그때까지는 위헌성이 제거된 개선입법이 마련되고 이를 적용받을 것임을 예상할 수 있었다. 종전 헌법불합치결정에서 계속적용을 명한 것은 개선입법이 이루어질 때까지 구법 조항을 적용하라는 의미일 뿐이므로, 분할연금 수급권자가 개선입법이 이루어진 후에도 장래를 향하여 계속 구법 조항에 따라 산정된 분할연금을 지급받을 것임을 신뢰하였더라도 그 신뢰는 보호가치가 크다고 볼 수 없다.
또한 앞서 본 바와 같이 실질적인 혼인관계가 존재하지 않았던 기간 동안은 분할연금 수급권자가 노령연금 수급권의 형성에 아무런 기여를 하지 않았으므로 노령연금의 분할을 청구할 전제를 갖추었다고 볼 수 없는바, 이러한 측면에서도 노령연금 수급권 형성에 기여가 없는 분할연금 수급권자의 신뢰는 보호가치가 크지 않다. 반면 노령연금 수급권자의 재산권을 침해하여 위헌으로 확인된 구법 조항을 장래를 향하여 적용 배제함으로써 합헌적 법질서를 회복하고자 하는 공익은 결코 작지 아니하므로 이러한 공익을 고려하면 분할연금 수급권자의 신뢰를 보호하지 않더라도 법적 안정성을 침해할 우려가 없고 그 신뢰의 보호가 오히려 정의와 형평 등 헌법적 이념에 배치되는 때에 해당한다고 볼 수 있다.

(6) 그렇다면 입법자는 종전 헌법불합치결정 이후 분할연금 지급 사유가 발생한 노령연금 수급권자에 대하여 적어도 신법 조항 시행일 이후에 이행기가 도래하는 분할연금에 대해서는 위헌성이 제거된 신법 조항을 적용하도록 하는 등 차별적 요소를 완화할 필요가 있었다. 그럼에도 입법자는 신법 조항의 소급적용을 위한 경과규정을 전혀 두지 아니하여 노령연금 수급권자를 보호하기 위한 최소한의 조치도 취하지 아니하였는바, 분할연금 수급권자의 신뢰보호나 법적 안정성 등을 고려하더라도 그 차별을 정당화할 만한 합리적인 이유가 있는 것으로 보기 어렵고, 종전 헌법불합치결정의 취지에도 어긋난다. 따라서 심판대상조항은 평등원칙에 위반된다.

4. 헌법불합치결정과 적용중지

(1) 심판대상조항의 위헌성은 신법 조항 시행 후 분할연금 지급 사유가 발생한 경우에 신법 조항을 적용하는

것에 있는 것이 아니라, 종전 헌법불합치결정일 이후에 분할연금 지급 사유가 발생한 경우 신법 조항 시행일 이후 이행기가 도래하는 분할연금 수급권에 대하여도 신법 조항을 적용하지 않은 것이 평등원칙에 위반된다는 데 있다. 또한 심판대상조항을 단순위헌으로 선언하여 즉시 그 효력을 상실하게 하더라도 국민연금법 부칙 (2017. 12. 19. 법률 제15267호) 제1조에 따라 2018. 6. 20.부터 국민연금법 제64조 제1항 및 제4항의 개정규정이 시행되므로, 심판대상조항에서 규정한 내용과 같은 결과가 발생한다. 따라서 신법 조항 시행일 전에 분할연금 지급 사유가 발생한 경우에도 신법 조항을 적용하여 심판대상조항의 위헌성을 제거하기 위해서는 헌법불합치 결정과 그에 따른 개선입법이 필요하다.

(2) 심판대상조항에 대하여 헌법불합치결정을 선고하고 그 적용을 중지하더라도 앞서 본 부칙 제1조에 따라 신법 조항 시행일 이후에 분할연금 지급 사유가 발생한 경우에는 계속 신법 조항이 적용되고, 다만 종전 헌법불합치결정 이후 신법 조항 시행일 전에 분할연금 지급 사유가 발생한 경우 신법 조항이 적용되는지 해석상 불명확한 문제가 남을 뿐이다. 따라서 기존의 위헌적인 상태를 더욱 심화시키거나 법적 공백이나 혼란을 발생시키는 경우에 해당한다고 볼 수 없다.

반면 심판대상조항을 계속 적용한다면 종전 헌법불합치결정 이후 신법 조항 시행일 전에 분할연금 지급사유가 발생한 경우 이 결정 이후에도 계속 구법 조항에 따라 분할연금이 산정되어 분할연금 수급자에게 지급될 것이므로 위헌적인 상태를 방치하는 것과 같은 결과를 초래한다.

(3) 그러므로 심판대상조항에 대하여 단순위헌결정을 하는 대신 헌법불합치결정을 하기로 하고, 법원 기타 국가기관과 지방자치단체는 입법자의 개선입법이 있을 때까지 그 적용을 중지하여야 한다. 제청법원은 당해 사건에서 심판대상조항이 개정될 때를 기다려 개정된 신법을 적용하여야 할 것이다.

입법자는 되도록 빠른 시일 내에 이 결정의 취지에 맞추어 개선입법을 해야 할 의무가 있고, 늦어도 2025. 12. 31.까지 개선입법을 이행하여야 한다.

Ⅲ. 결론

심판대상조항은 헌법에 합치되지 아니하므로 헌법불합치결정을 함과 동시에 적용 중지를 명하고, 입법자는 늦어도 2025. 12. 31.까지 심판대상조항을 개정하여야 하므로, 관여 재판관 전원의 일치된 의견으로 주문과 같이 결정한다.

결정의 의의

이 사건은 헌법재판소의 종전 헌법불합치결정(헌재 2016. 12. 29. 2015헌바182 결정)에 따른 개선입법을 하면서 이를 소급적용하지 않도록 규정한 부칙조항의 위헌 여부에 관한 것이므로, 이를 판단함에 있어 종전 헌법불합치결정의 취지를 고려할 필요가 있다. 또한 이 사건은 국민연금법상 분할연금 제도에 관한 것으로, 헌법재판소는 노령연금 수급권자와 분할연금 수급권자 양자 사이에 이해관계의 조정, 계속적·반복적으로 지급되는 연금수급권의 특성 등을 종합적으로 고려하여 판단하였다.

헌법재판소는 종전 헌법불합치결정 이후, 신법 조항 시행 전에 분할연금 지급 사유가 발생한 자에 대하여, 실질적인 혼인관계가 해소되어 분할연금의 기초가 되는 노령연금 수급권 형성에 아무런 기여가 없었던 배우자에게 일률적으로 분할연금이 지급되지 않도록 규정한 신법 조항을 적용하지 않은 것이 평등원칙에 위반된다고 판단하였다.

입법자는 종전 헌법불합치결정일부터 신법 조항 시행 전날까지 분할연금 지급사유가 발생하였고 연금액 변경처분 등이 확정되지 않은 사람들에 대하여 적어도 이 결정일 현재 아직 이행기가 도래하지 아니한 분할연금 수급권에 대해서는 신법 조항의 적용범위에 포함시킴으로써 이 결정의 취지에 따라 최대한 빠른 시일 내에 개선입법을 하여 위헌적 상태를 제거하여야 한다.

양심적 병역거부자 대체복무제 사건

> **2024.5.30. 2021헌마117등 [대체역의 편입 및 복무 등에 관한 법률 제18조 제1항 등 위헌확인]** 　**[기각]**
>
> ## 1. 사건의 개요
>
> 청구인들은 '대체역의 편입 및 복무 등에 관한 법률'(이하 연혁에 상관없이 '대체역법'이라 한다)에 따른 대체역 편입 신청이 인용되어, 대체복무요원으로 소집된 후 심판청구 당시 교정시설 내 생활관에서 합숙하며 복무하고 있었다.
>
> 청구인들은 대체복무요원이 복무하는 기관, 기간, 방식 등에 관하여 규정한 대체역법 제16조 제1항, 제18조 제1항, 제21조 제2항, 제26조, 대체역법 시행령 제18조, 제27조, 제32조, 대체역 복무관리규칙(이하 연혁에 상관없이 '복무규칙'이라 한다) 제7조, 제19조, 제22조, 제43조, 제67조, 제68조와 신체등급, 병역처분 및 현역병, 사회복무요원, 상근예비역의 소집 및 복무에 관한 사항을 규정한 병역법(이하 구체적 연혁에 관계없이 '병역법'으로 기재하기로 한다) 제12조, 제14조, 제21조, 제30조, 제31조, 제65조 제3항, 병역법 시행령 제61조가 청구인들의 기본권을 침해한다고 주장하면서 이 사건 헌법소원심판을 청구하였다.
>
> ## 2. 심판의 대상
>
> **대체역의 편입 및 복무 등에 관한 법률**(2019. 12. 31. 법률 제16851호로 제정된 것)
> 제18조(대체복무요원의 복무기간) ① 대체복무요원의 복무기간은 36개월로 한다.
> 제21조(대체복무요원의 복무 및 보수 등) ② 대체복무요원은 합숙하여 복무한다.
> **대체역의 편입 및 복무 등에 관한 법률 시행령**(2020. 6. 30. 대통령령 제30807호로 제정된 것)
> 제18조(대체복무기관) 법 제16조 제1항에서 "교정시설 등 대통령령으로 정하는 대체복무기관"이란 다음 각 호의 기관을 말한다.
>   1. 교도소
>   2. 구치소
>   3. 교도소 · 구치소의 지소(支所)
>
> ## 3. 주 문
>
> 이 사건 심판청구를 모두 기각한다.

Ⅰ. 판시사항

> 대체복무기관을 '교정시설'로 한정한 '대체역의 편입 및 복무 등에 관한 법률'(이하 '대체역법'이라 한다) 시행령 제18조(이하 '복무기관조항'이라 한다), 대체복무요원의 복무기간을 '36개월'로 한 대체역법 제18조 제1항(이하 '기간조항'이라 한다), 대체복무요원으로 하여금 '합숙'하여 복무하도록 한 대체역법 제21조 제2항(이하 '합숙조항'이라 한다)이 청구인들의 양심의 자유를 침해하는지 여부(소극)

Ⅱ. 판단

1. 쟁점의 정리

　　(1) 대체복무기관을 '교정시설'로 한정한 복무기관조항, 대체복무요원의 복무기간을 '36개월'로 한 기간조항, 대체복무요원으로 하여금 '합숙'하여 복무하도록 한 합숙조항이 대체복무요원에게 과도한 복무 부담을 주고 대

체역을 선택하기 어렵게 만드는 것으로서, 이들의 양심의 자유를 침해하는지 여부를 판단하기로 한다.

(2) 청구인들은 사회복무요원 소집 대상인 보충역에서 대체역으로 편입된 경우 내지 자녀가 있는 대체역의 경우에도 교정시설에서 36개월 간 합숙복무를 강제하는 것이 평등권을 침해한다는 취지로 주장하나, 이는 결국 위와 같은 경우에는 대체역의 복무가 과도하다는 취지이므로 심판대상조항들이 양심의 자유를 침해하는지 여부에 대한 판단에서 함께 살펴보기로 한다.

청구인들은 심판대상조항들이 의사 등 자격을 가진 대체역의 기본권을 침해한다고도 주장하나, 청구인들은 이러한 경우에 해당하지 않으므로, 위 주장에 대해서는 별도로 판단하지 아니하기로 한다.

(3) 심판대상조항들이 신체의 자유, 거주이전의 자유, 직업의 자유, 사생활의 비밀과 자유, 통신의 자유, 종교의 자유, 인격권, 일반적 행동의 자유, 양육권, 행복추구권, 평등권을 침해하고, 인간의 존엄과 가치를 규정한 헌법 제10조, 혼인과 가족생활을 보장하는 헌법 제36조 제1항 등에 위반된다는 주장은 교정시설에서 36개월의 기간 동안 합숙의무를 부여함으로써 발생하는 다양한 양태들을 문제 삼거나 그러한 복무부여가 과도하다는 주장을 보충하기 위한 것이므로, 심판대상조항들이 양심의 자유를 침해하는지 여부를 판단하는 이상 이러한 주장에 대해서는 별도로 판단하지 아니하기로 한다.

(4) 심판대상조항들이 '시민적 및 정치적 권리에 관한 국제규약' 제2조 제3항, 제18조, 제23조, 제26조, '경제적 사회적 및 문화적 권리에 관한 국제규약' 제6조에 위반된다거나 헌법 제6조 제1항에 위반된다는 등의 주장에 대하여 보건대, 비준동의한 조약은 국내법과 같은 효력을 가질 뿐 헌법재판규범이 되는 것은 아니고(헌재 2019. 12. 27. 2018헌바161 참조), 이러한 주장들은 기본권 침해 주장을 보충하는 것에 불과하므로, 위 주장들도 별도로 판단하지 아니하기로 한다.

2. 심판대상조항들이 양심의 자유를 침해하는지 여부

(1) 입법목적의 정당성

심판대상조항들은 양심의 자유를 이유로 현역 등의 복무를 대신하여 병역을 이행하는 대체역으로 편입된 사람을 대체복무요원으로 소집하여 '교도소, 구치소, 교도소·구치소의 지소'에서 '36개월'동안 '합숙'하여 복무하도록 한다. 이로써 헌법상 의무인 국방의 의무와 헌법상 기본권인 양심의 자유를 조화시키고, 국민개병 제도와 징병제를 근간으로 하는 병역 제도하에서 현역복무와 대체복무 간에 병역부담의 형평을 기하여, 궁극적으로 우리나라의 병역 체계를 유지하고 국가의 안전보장과 국민의 기본권 보호라는 헌법적 법익을 실현하고자 하는 것이므로, 위와 같은 입법목적은 정당하다.

(2) 수단의 적합성

대체역법 제16조에 따라 교정시설에서 공익에 필요한 업무에 복무하는 것은 집총 등 군사훈련이 수반되지 않는 점, 현역병은 원칙적으로 출퇴근 근무를 할 수 없고 군부대 안에서 합숙복무를 하는 점, 대체복무요원 외에도 병역법상 복무기간이 36개월인 병역들이 있는 점(승선근무예비역, 전문연구요원, 공중보건의사, 공익법무관 등) 등을 고려할 때, 심판대상조항들이 대체복무요원으로 하여금 '교도소, 구치소, 교도소·구치소의 지소'에서 '36개월' 동안 '합숙'하여 복무하도록 하는 것은 위와 같은 입법목적을 달성하는 데 일응 기여하고 있는바, 그 수단의 적합성을 인정할 수 있다.

(3) 침해의 최소성

(가) 복무기관조항

청구인들은 복무기관조항이 대체복무요원의 복무 장소로 다양한 시설을 규정하지 아니하고, 오로지 교정시설만을 규정한 것은 대체복무요원에 대한 징벌적 처우라고 주장한다.

살피건대, 대체역법 제16조 제1항은 대체복무요원으로 하여금 교정시설 등 대통령령으로 정하는 대체복무기관에서 공익에 필요한 업무를 수행하도록 하고, 제2항은 이러한 행위에 '무기·흉기를 사용하거나 이를 관리·단속하는 행위', '인명살상 또는 시설파괴가 수반되거나 그러한 능력 향상을 위한 행위' 등을 제외하도록 하였다.

복무기관조항이 대체역법 제16조 제1항에서 예시한 교정시설 외의 다른 형태의 복무기관을 규정하고 있지는 않으나, 교정시설에서 위와 같이 군사적 역무가 배제된 상태로 복무하는 것은 양심적 병역거부자들이 자신의 양심을 지키면서도 국민으로서의 국방의 의무를 다하고 공익에 기여하는 하나의 방안이 될 수 있을 것이다. 물론 대체복무도 다른 병역처럼 신체등급이나 적성 또는 특기 등을 고려하여 복무기관을 다양하게 정할 수도 있을 것이다. 그러나 대체역을 제외한 여타 병역들은 기본적으로 집총을 전제로 하여 그 복무 내용들이 정해지므로 군사적 역무의 감당 정도에 따라 신체등급을 고려할 필요가 있을 수 있으나, 대체복무에는 위에서 본 바와 같이 군사적 역무와 관련한 것이 모두 제외되어 있으므로, 반드시 신체등급을 고려하여 복무기관을 달리하여야 한다고 보기는 어렵다. 또한, 현역병의 경우 자격·면허·전공분야 등을 고려하여 병과를 부여하는 경우가 있으나, 이는 최대한 적성에 적합한 병과를 부여함으로써 군조직을 효율적으로 운영하기 위한 것일 뿐, 병역의무자에게 희망하는 병과에서 특정 직무를 수행하는 방법으로 병역의무를 이행하게 해 줄 것을 요구할 구체적 권리가 존재하는 것은 아니다(헌재 2021. 12. 23. 2020헌마1631 참조). 보충역 등 여타 병역의무자들의 경우에도 자신이 복무하고자 하는 장소나 복무 내용을 자유롭게 요구할 수 없다.

한편, 대체복무요원이 수행하는 구체적인 업무 내용을 살펴보면, 복무 장소가 교정시설에 국한되었을 뿐, 청구인들이 주장하는 사회복지시설, 병원, 응급구조시설, 공공기관 등 다른 기관에서 대체복무요원이 복무를 하게 된다 하더라도 부여될 수 있는 다양한 업무들을 수행하고 있다.

실제 대체복무요원이 수행하는 업무 내용을 살펴볼 때, 교정시설에서 근무한다는 이유만으로 지나치게 제한적인 업무가 부여되어 징벌적인 처우를 하는 것이라고 보기는 어렵다.

(나) 기간조항

1) 대체복무의 기간을 현역 복무기간보다 어느 정도 길게 하거나 대체복무의 강도를 현역복무의 경우와 최소한 같게 하거나 그보다 더 무겁고 힘들게 하는 것은 양심을 가장한 병역기피자가 대체복무 신청을 할 유인을 제거하여, 대체역 편입심사의 곤란성 문제를 극복하고 병역기피자의 증가를 막는 수단이 되므로(헌재 2018. 6. 28. 2011헌바379등 참조), 기간조항이 대체복무요원으로 하여금 현역병의 복무기간보다 더 길게 복무하도록 하는 것 자체는 불합리하다고 볼 수 없다. 대체복무요원의 복무기간을 어느 정도까지 완화했을 때 위와 같은 병역기피 등의 문제를 막을 수 있을지에 대해서는 입법자의 정책적 판단을 존중할 필요성이 있다.

다만, 대체복무의 기간이나 고역의 정도가 과도하여 양심적 병역거부자라 하더라도 도저히 이를 선택하기 어렵게 만드는 것은, 대체복무제를 유명무실하게 하거나 징벌로 기능하게 할 수 있으므로(헌재 2018. 6. 28. 2011헌바379등 참조), 기간조항이 설정한 기간의 정도가 과도하여 도저히 이를 선택하기 어렵게 만들 정도로 지나친 것인지가 문제될 수 있다.

2) 청구인들은 현역병 가운데 육군의 복무기간이 18개월인 것에 반하여, 기간조항이 대체복무요원의 복무기간을 36개월로 규정한 것은 대체복무요원에 대한 징벌적 처우로서 침해의 최소성에 어긋난다고 주장한다. 살피건대, 현역병 가운데 육군의 복무기간이 18개월로 단축된 것은 병역법 제19조 제1항 제3호에 따라 국방부장관이 '정원 조정의 경우 또는 병 지원율 저하로 복무기간 조정이 필요한 경우'에 6개월 이내에 단축할 수 있도록 한 것에 따른 것이다. 병역법 제18조 제2항에 따르면 현역 육군의 복무기간은 2년, 해군은 2년 2개월, 공군은 2년 3개월이 원칙이다. 이러한 현역병의 복무기간과 비교하였을 때 기간조항이 설정한 36개월의 복무기간은 1.5배에서 1.33배 사이에 해당한다.

현역병 및 병력동원소집 대상이 된 예비역은 무엇보다도 소중한 생명에 대한 위험을 무릅쓰면서 국가를 위해 희생을 각오하고 전장에 나서게 되지만, 대체복무요원은 병력동원이나 전시근로소집 대상이 되지 아니하고(병역법 제44조, 제53조 제1항 제2호의2 참조), 대체복무요원의 복무를 마친 대체역은 전시근로소집 대상이 될 수는 있으나 무기·흉기를 사용하거나 이를 관리·단속하는 행위, 인명살상 또는 시설파괴가 수반되거나 그러한 능력 향상을 위한 행위 등에서 배제되는 특별한 배려를 받게 된다(병역법 제54조 제2항).

이와 같은 군사업무의 특수성과 이러한 군사적 역무가 모두 배제된 대체복무요원의 복무 내용을 비교해 볼 때, 기간조항이 설정한 복무기간이 현역병의 복무기간과 비교하여 도저히 대체역을 선택하기 어렵게 만든다거나 대체역을 선택하였다는 이유로 어떠한 징벌을 가하는 것이라고 보기 어렵다.

　　3) 현역 외에도 21개월의 복무를 하고 있는 사회복무요원 등 대체역보다 복무기간이 짧은 병역들이 존재한다. 그러나 대체역을 제외한 여타 병역들은 기본적으로 집총을 전제로 하여 그 복무 내용들이 정해지는 데 반하여, 대체복무는 군사적 역무에 관한 것이 복무 내용에서 모두 제외되어 있으므로, 집총이 전제되면서 군 조직 및 인력 운용과 연계된 다른 병역들과 비교했을 때 그 복무기간이 같거나 더 길다는 이유만으로 대체복무요원이 징벌적 처우를 받는 것이라고 보기 어렵다.

　　4) 청구인들은 외국의 사례 등을 언급하면서 대체복무요원의 복무기간이 현역병의 복무기간보다 1.5배를 초과하게 되면 징벌적인 것이라고 주장한다.

살피건대, 현역복무의 절대적인 기간과 복무여건, 군사적 역무의 강도, 국가가 위치한 지역 특유의 안보상황과 실질적 전쟁 위협의 정도, 병력수요, 징집대상인 인적 자원의 양과 질, 국민적·사회적 인식 등 여러 사정이 서로 다른 외국의 사례를 우리나라와 일률적으로 비교하는 것은 부적절하다. 또한 과거 징병제를 시행하던 당시에 대체복무요원의 복무기간을 현역병의 복무기간보다 1.5배를 초과하여 설정한 외국의 사례들도 존재하였고, 대체복무제 도입 초기에는 현역병 복무기간의 1.5배를 초과하는 기간을 설정하였다가 차츰 제도가 안정화되면서 그 기간을 단축한 국가들도 있었다. 우리나라는 이례적 분단국가로서 현재까지도 남북이 대치하여 정전 상태에 있는 점, 아직까지 북한의 도발행위가 계속되고 있는 점, 동아시아의 정세와 안보 상황이 복잡하고 엄중하게 변화하고 있는 점 등을 고려하면, 현역병의 복무를 대체하는 우리나라 대체복무요원의 복무기간이 징벌적일 정도로 장기간이라고 보기는 어렵다.

(다) 합숙조항

　　1) 합숙조항이 대체복무요원의 복무형태를 합숙복무로 규정한 것은 현역병이 원칙적으로 군부대 안에서 합숙복무를 하고 있고 이들과의 형평성 등을 고려했기 때문으로 보인다. 이는 현역복무와 대체복무 사이의 형평성을 확보하여 현역복무를 회피할 요인을 제거하고 대체역 편입심사의 곤란성과 병역기피자의 증가 문제를 효과적으로 해결하기 위한 수단이 될 수 있다.

그런데 대체복무요원은 합숙복무를 하면서도 그 복무기간이 현역병보다 길고 합숙으로 인하여 신체의 자유, 사생활의 자유 등 여타 기본권들도 함께 제한되므로, 이러한 제한이 지나친 것인지가 문제될 수 있다.

　　2) 현역병은 군인사법상 군인에 해당하므로(군인사법 제2조 제1호), 엄격한 계급 체계를 따르고(군인사법 제3조), 군인은 이러한 계급 순위에 따른 서열이 있으며(군인사법 제4조), 직무를 수행할 때 상관의 직무상 명령에 복종하여야 한다(군인의 지위 및 복무에 관한 기본법 제25조). 이처럼 군인은 엄격한 기강과 상명하복의 위계질서가 요구되므로 경례요령, 군대예절 등을 포함한 제식훈련이 병행될뿐더러, 군형법의 적용대상이 되므로(군형법 제1조 제2항), 군무이탈죄(군형법 제30조), 항명죄(군형법 제44조), 명령위반죄(군형법 제47조), 상관폭행죄(군형법 제48조), 상관모욕죄(군형법 제64조), 무단이탈죄(군형법 제79조) 등의 적용대상이 된다.

이에 따라 현역병의 합숙복무는 단지 근무지를 이탈할 수 없고 숙소를 함께 한다는 개념을 넘어서는 특수하고 엄격한 복무형태를 띠게 된다. 현역병은 이와 같은 군인의 신분으로 내무생활을 하면서 전투 준비와 훈련을 위하여 사실상 24시간 내내 대기 상태에 있어야 하고, 군부대를 방어하는 데에는 밤낮을 달리할 수 없으므로 군인들은 초병으로서 취침 중간에 각 초소와 부대를 방어하는 역할까지 병행하여야 하는바(헌재 2021. 11. 25. 2020헌마413 참조), 현역병의 합숙복무는 군사적 역무의 연장으로서의 의미를 가지고 있다.

　　3) 합숙복무 과정에서 이동, 외출, 복장, 운동, 통신기기 사용 등도 제한될 수 있는데, 이는 군복무와 유사한 제한을 가하는 것으로, 군복무와는 구별되어야 하는 대체복무의 특성에 부합하지 않는다는 주장도 있다.

살피건대, 양심적 병역거부자들의 병역거부는 인류의 평화적 공존, 살상과 전쟁의 거부에 기반한 것으로, 이러한 양심상의 선택을 존중하여 현행 대체복무는 무기 등을 사용하거나 인명살상 또는 시설파괴가 수반되는 등의 행위를 완전히 제외하도록 하였다(대체역법 제16조 제2항 참조). 여기서 더 나아가 복무형태 내지 복무강도 등에서도 현역병의 그것과 온전히 달라야 하고 민간에서의 자유로운 복무형태 내지 완화된 복무강도를 가져야만 한다는 주장은 받아들이기 어렵다. 합숙복무 과정에서 나타나는 위와 같은 다양한 형태의 제한들은 특정 대체복무기관에서 여러 대체복무요원들이 함께 숙식하며 생활하기 위하여 일정 부분 필요한 제한들이고, 현역병의 복무 강도 등과의 형평성 등 여러 가지 측면이 함께 고려된 것이다. 이러한 제한이 있다는 사실만으로 합숙조항이 침해의 최소성에 어긋나는 과도한 제한을 발생시킨다고 볼 수는 없다.

4) 한편, 현역을 제외한 사회복무요원 등 보충역의 경우에는 합숙의무가 없어 상대적으로 대체복무요원의 복무가 무겁게 보일 수 있으나, 여타 보충역의 경우 군 인력 운용과 연계되어 있고 각각의 의미와 목적이 있어서 대체역과의 사이에서 일률적으로 비교하는 것은 적절하지 않다. 입법자는 대체복무를 병역회피 수단으로 이용할 가능성을 차단하기 위하여 복무형태에 대해서도 엄격한 기준을 둔 것으로 보인다. 결과적으로 사회복무요원 등 보충역과 비교했을 때 무거운 복무형태가 되었다 하더라도 이를 두고 징벌적 처우를 받는다고 보기는 어렵다.

5) 또한 청구인들은 가족의 생계유지 어려움 등이 있는 경우에도 합숙하여 복무하도록 하는 것이 기본권을 침해한다는 취지로 주장한다.

살피건대, 병역법 제63조의2 제1항은 본인이 아니면 가족의 생계를 유지할 수 없는 사람은 원할 경우 대체복무요원 소집을 하기 전이면 대체복무요원 소집을 면제할 수 있고, 대체복무요원 복무 중이면 소집을 해제할 수 있으며, 같은 조 제2항은 부모·배우자 또는 형제자매 중 전사자순직자가 있거나 전상(戰傷)이나 공상(公傷)으로 인한 장애인이 있는 경우의 1명은 원할 경우 복무기간을 6개월로 단축할 수 있고, 복무기간을 마친 사람은 소집을 해제하도록 하고 있다. 이와 같이 가족의 생계유지가 어려운 대체복무요원 등에 대한 배려를 하고 있으므로 청구인들의 위 주장은 받아들이기 어렵다.

(라) 소결

결국 심판대상조항들로 인한 대체복무의 기간이나 고역의 정도가 지나치게 과도하여 양심적 병역거부자라 하더라도 도저히 이를 선택하기 어렵게 만드는 것으로 볼 수는 없다. 따라서 심판대상조항들이 침해의 최소성에 반하는 기본권 제한을 하고 있다고 볼 수 없다.

(4) 법익의 균형성

심판대상조항들로 인하여 대체복무요원들은 교정시설에서 36개월 동안 합숙하여 복무하게 되는바, 이로 인하여 교정시설 외의 시설에서는 복무할 수 없고, 36개월의 비교적 긴 기간 동안 출퇴근이 불가능한 상태로 병역의무를 이행하게 되는 사익 제한이 발생한다.

그러나 심판대상조항들이 설정한 대체복무요원의 복무 장소, 기간 및 형태는, 교정시설에서의 근무 자체가 대체복무제도의 취지에 반하지 않는 점, 현역병도 복무 장소에 대한 선택권이 없는 점, 현역병의 군사적 역무와 군부대 안에서의 합숙복무는 특수하고 엄격한 사정이 있는 점 등을 고려한 것이다. 이를 통해 심판대상조항들은 대체복무제를 도입하여 국방의 의무와 양심의 자유를 조화시키고, 현역복무와 대체복무 간에 병역부담의 형평을 기하여, 궁극적으로 국가의 안전보장과 국민의 기본권 보호라는 헌법적 법익을 실현하려는 목적을 가지고 있으므로, 이러한 공익이 심판대상조항들로 인한 대체복무요원의 불이익에 비하여 작다고 보기는 어렵다. 따라서 심판대상조항들은 법익의 균형성에 반한다고 할 수 없다.

(5) 이상에서 살펴본 내용을 종합하면, 심판대상조항들이 과잉금지원칙을 위반하여 양심의 자유를 침해한다고 볼 수 없다.

3. 소결

그렇다면 기간조항 및 합숙조항은 청구인 오○○, 박○○, 손○○의 기본권을 침해하지 아니하고, 기간조항 및 복무기관조항은 청구인 원○○의 기본권을 침해하지 아니하며, 심판대상조항들은 나머지 청구인들의 기본권을 침해하지 아니한다.

Ⅲ. 결론

따라서 이 사건 심판청구는 이유 없으므로 이를 모두 기각하기로 하여, 주문과 같이 결정한다. 이 결정은 재판관 이종석, 재판관 김기영, 재판관 문형배, 재판관 이미선의 반대의견이 있는 외에는 관여 재판관들의 일치된 의견에 의한 것이다.

Ⅳ. 재판관 이종석, 재판관 김기영, 재판관 문형배, 재판관 이미선의 반대의견

1. 판단

(1) 심판대상조항들은 입법목적이 정당하고 수단의 적합성을 인정할 수 있으나, 아래에서 보는 바와 같이 침해의 최소성 및 법익의 균형성 요건을 충족하지 못한다.

(2) 기간조항

현역병의 복무기간 단축 과정과 대체역법의 입법 경과에 비추어 보면, 현행 대체복무요원의 복무기간(이하 '대체복무기간'이라 한다)이 현역병과의 형평성 확보에 필요한 정도를 넘어 과도한지 여부를 심사할 때는 육군 현역병의 병역법상 복무기간이 아닌 실제 복무기간인 18개월을 기준으로 하는 것이 타당하다. 또한 대체복무기간 설정이 상당한지 여부를 심사할 때는 복무기간만을 기준으로 할 것이 아니라 복무의 내용에 따른 복무의 강도도 함께 고려하여야 한다.

대체역법 입법 당시 국방부는 교정시설에서 합숙을 할 경우 그 복무의 강도가 통상의 현역병의 복무강도보다 높다는 점을 강조하였다. 이러한 대체복무의 강도 하에서 대체복무기간을 육군 현역병의 복무기간의 2배로 설정한 것은 군사적 역무가 배제되는 점을 감안하더라도 지나치다고 볼 수 있고, 대체복무기간이 현역병의 복무기간의 최대 1.5배를 넘지 않을 것을 요구하는 국제인권기준에도 부합하지 않는다. 입법자료에 따르면, 소방서, 국·공립병원, 사회복지시설 등에서 36개월의 복무를 하게 할 경우 의무소방원의 복무기간(대체역법 제정 당시 20개월)이나 사회복무요원의 복무기간(대체역법 제정 당시 21개월)에 비하여 장기간 복무하게 되는 문제가 제기될 수 있다는 이유로 위 시설들은 대체복무기관으로 선정되지 못하였다. 이는 사회복지시설이나 응급·구조·의료 등의 기관에서 대체복무를 하게 할 경우 36개월이라는 대체복무기간이 지나치게 길수 있다는 점을 방증하는 것이라고 볼 수 있는데, 교정시설에서 합숙하여 복무하는 현행 대체복무의 강도가 위 시설들에서의 복무에 비해 결코 약하다고 볼 수 없다.

(3) 복무기관조항

대체복무요원이 교정시설에서 수행하는 업무는 과거 양심적 병역거부자들이 수감된 기관에서 수행하였던 노역 등과 상당 부분 겹치는데, 이와 같이 교정시설을 유일한 대체복무기관으로 한정한 점이 양심적 병역거부와 대체복무에 대한 인식 변화를 저해하는 주요한 요인이라고 볼 수 있다.

헌법재판소는 대체복무의 분야로 소방·보건·의료·방재·구호 등의 업무, 사회복지 관련 업무 등을 예시하였다(헌재 2018. 6. 28. 2011헌바379등 참조). 다른 나라들에서도 소방업무, 사회복지시설 및 공공기관에서의 업무, 환경미화 등을 대체복무의 분야로 인정하고 있고, 교정시설에서의 업무만으로 한정한 나라는 확인되지 않는다. 입법 과정을 살펴보면, 대체복무기관을 교정시설로 한정한 것은 현역병과의 형평성 내지 현역병의 상대적 박탈감만을 지나치게 고려하여 근무기간을 '36개월'의 장기로, 복무형태를 '합숙'으로 강제하기 위한 장소로 교정시설을 선택한 결과라고 볼 수 있다.

복무기관조항은 병역자원을 효과적으로 활용하지 못하고, 대체복무가 공익에 기여한다는 사회적 인식이 형성되는 것을 방해하여 양심적 병역거부자를 여전히 불편한 존재로 인식하게 하는바, 이는 대체복무제도의 취지에 부합하지 않는다.

(4) 합숙조항

대체복무요원은 '36개월'간 '합숙복무'를 할 것을 강제 받고 있는바, 보충역 중 복무기간이 36개월인 전문연구요원, 공중보건의사 및 공익법무관은 합숙복무를 하지 않고 있으며, 합숙복무가 강제되는 육군 현역병의 복무기간은 18개월이다. 이로 인해 대체복무요원의 복무는 모든 병역의 형태를 통틀어 가장 긴 기간 합숙의 형태로 거주이전의 자유, 사생활의 자유 등을 제한 받는 복무 방식이 되었다. 합숙조항은 대체복무요원의 복무형태를 합숙복무로 한정함으로써 대체복무의 영역과 내용 등의 범위를 제약하는 요인으로도 작용한다.

한편 합숙조항은 어떠한 예외도 없이 합숙복무를 강제하여 자녀가 있는 대체복무요원에게 더욱 과도한 기본권 제한을 일으킨다.

이와 같이 대체복무요원에 대하여 36개월간 합숙복무를 강제하면서 출퇴근 복무를 전혀 허용하지 않는 것은 그 규제의 정도가 지나치다.

(5) 심판대상조항들은 병역기피자의 증가 억지와 현역병의 박탈감 해소에만 치중하여 양심적 병역거부자에 대해 사실상 징벌로 기능하는 대체복무제도를 구성함으로써 과잉금지원칙을 위반하여 청구인들의 양심의 자유를 침해한다.

2. 헌법불합치결정 및 잠정적용 명령의 필요성

심판대상조항들에 대하여 위헌결정을 할 경우 대체복무제도 자체를 운용할 수 없게 된다. 입법자는 양심의 자유와 병역의무의 공평한 이행이 조화롭게 보장되도록 복무의 난이도를 고려하여 대체복무기간을 조정하거나, 대체복무의 분야 및 복무형태를 다양화하는 대안을 찾는 등 대체복무제도를 개선할 일차적 책임과 재량이 있다. 따라서 심판대상조항들에 대하여 헌법불합치 결정을 선고하되, 입법자의 개선입법이 있을 때까지 계속 적용을 명하는 것이 타당하다.

결정의 의의

'현역병입영 대상자' 또는 '보충역' 처분을 받고서 양심상의 결정을 이유로 병역의무의 이행을 거부하는 사람은 과거 수십 년 동안 병역법 제88조 제1항 제1호 또는 제2호에 따라 기소되어 징역형을 선고받아 왔다. 이러한 양심적 병역거부자들에 대한 형사처벌의 위헌성이 지속적으로 다투어졌고, 헌법재판소는 병역법 제88조 제1항 제1호에 대하여 수차례의 합헌 결정을 하여 왔다(헌재 2004. 8. 26. 2002헌가1; 헌재 2004. 10. 28. 2004헌바61등; 헌재 2011. 8. 30. 2008헌가22등 참조).

그러다가 위 헌법재판소의 최초 합헌 결정 이후 약 14년이 지난 2018. 6. 28. 헌법재판소는 병역법 제88조 제1항 본문 제1호 및 제2호는 헌법에 위반되지 아니하지만, 병역의 종류에 양심적 병역거부자에 대한 대체복무제를 규정하지 아니한 병역법 제5조 제1항은 헌법에 합치되지 아니하며, 2019. 12. 31.을 시한으로 입법자가 개정할 때까지 계속 적용된다는 결정을 선고하였다(헌재 2018. 6. 28. 2011헌바379등 참조).

이에 국회는 2019. 12. 31. 양심의 자유를 이유로 현역 등의 복무를 대신하여 병역을 이행하기 위한 대체역의 편입 및 복무 등에 관한 사항을 규정하기 위하여 대체역법을 제정하였고(제1조), 이 법은 다음날 시행되었다.

이러한 과정을 통해 우리 사회는 양심적 병역거부자들의 요구를 수용하고 대체역법에 따른 대체복무제도를 도입하였다. 그러나 청구인들은 대체역법이 설정한 대체복무기관, 복무기간, 합숙의무가 다시금 청구인들의 양심의 자유를 침해하고 있다고 주장하면서, 심판대상조항들에 대한 헌법소원심판을 청구하였다.

헌법재판소는 대체복무요원의 실질적인 복무내용, 현역병 등과의 복무기간 및 복무강도의 차이 등을 종합적으로 고려해 볼 때, 대체복무요원들을 교정시설에서 36개월 동안 합숙하여 복무하게 하는 심판대상조항들이 대체복무요원의 양심의 자유를 침해하지 않는다고 보아, 재판관 5:4의 의견으로 기각 결정을 하였다.

같은 날 선고한 관련 사건 결정의 요지

한편, 대체복무요원들이 제기한 헌법소원 사건들은 이 사건(56건 병합) 외에도 2022헌마707등(2건 병합), 2022헌마1146, 2023헌마32등(65건 병합) 사건들이 있다.

헌법재판소는 2022헌마707등 사건에서, "교도소장이 청구인이 합숙하는 대체복무요원 생활관 내부의 공용 공간에 CCTV를 설치하여 촬영하는 행위"는 교정시설의 계호, 경비, 보안 등의 목적을 달성하기 위하여 불가피한 점이 있다는 등의 이유로, 전원일치 의견으로 청구인의 사생활의 비밀과 자유를 침해하지 않는다는 판단을 하였다. 복무기관조항, 기간조항 및 합숙조항에 대해서는 위 2021헌마117등 사건과 같이, 재판관 5:4의 의견으로 양심의 자유를 침해하지 않는다는 판단을 하였다.

헌법재판소는 2022헌마1146 사건에서, 대체복무요원의 정당가입을 금지하는 구 대체역법(2019. 12. 31. 법률 제16851호로 제정되고, 2023. 10. 31. 법률 제19789호로 개정되기 전의 것) 제24조 제2항 본문 제2호 중 '정당에 가입하는 행위'에 관한 부분은 대체복무요원의 정치적 중립성을 유지하며 업무전념성을 보장하고자 하는 것으로, 청구인의 정당가입의 자유를 침해하지 않는다는 판단을 하였고, 이에 대해서는 재판관 김기영, 재판관 이미선의 반대의견이 있었다. 복무기관조항, 기간조항 및 합숙조항에 대해서는 위 2021헌마117등 사건과 같이, 재판관 5:4의 의견으로 양심의 자유를 침해하지 않는다는 판단을 하였다.

헌법재판소는 2023헌마32등 사건에서, 복무기관조항, 기간조항 및 합숙조항에 대해서 위 2021헌마117등 사건과 같이, 재판관 5:4의 의견으로 양심의 자유를 침해하지 않는다는 판단을 하였다(결정 주문이 2021헌마117등과 동일함).

05 장교의 집단 진정 또는 서명 행위 금지 사건

> **2024.4.25. 2021헌마1258 [군인의 지위 및 복무에 관한 기본법 제31조 제1항 제5호 위헌확인]** **[기각]**
>
> ### 1. 사건의 개요
>
> 청구인은 2021. 8. 1. 단기법무장교로 임용되어 현역에 복무하고 있는 장교이다. 청구인은 군인이 군무와 관련된 고충사항을 집단으로 진정 또는 서명하는 행위를 금지하고 있는 '군인의 지위 및 복무에 관한 기본법' 제31조 제1항 제5호가 청구인의 표현의 자유 및 결사의 자유를 침해한다고 주장하면서 2021. 10. 10. 이 사건 헌법소원 심판을 청구하였다.
>
> ### 2. 심판의 대상
>
> **군인의 지위 및 복무에 관한 기본법**(2015. 12. 29. 법률 제13631호로 제정된 것)
>
> 제31조(집단행위의 금지) ① 군인은 다음 각 호에 해당하는 집단행위를 하여서는 아니 된다.
>   5. 군무와 관련된 고충사항을 집단으로 진정 또는 서명하는 행위
>
> ### 3. 주 문
>
> 이 사건 심판청구를 기각한다.

Ⅰ. 판시사항

장교가 군무와 관련된 고충사항을 집단으로 진정 또는 서명하는 행위를 하는 것을 금지하고 있는 '군인의 지위 및 복무에 관한 기본법'(이하 '군인복무기본법'이라 한다) 제31조 제1항 제5호 중 '장교'에 관한 부분(이하 '심판대상조항'이라 한다)이 과잉금지원칙을 위반하여 청구인의 표현의 자유를 침해하는지 여부(소극)

Ⅱ. 판단

1. 제한되는 기본권

심판대상조항은 군무와 관련된 고충사항을 집단으로 진정 또는 서명하는 행위를 금지하여 장교의 집단적인 표현행위를 제한하고 있다. 따라서 이 사건에서는 심판대상조항이 과잉금지원칙을 위반하여 청구인의 표현의 자유를 침해하는지 여부가 문제된다.

청구인은 심판대상조항으로 인하여 결사의 자유도 침해된다고 주장한다. 그러나 헌법 제21조가 규정하는 결사의 자유라 함은 다수의 자연인 또는 법인이 공동의 목적을 위하여 단체를 결성할 수 있는 자유를 말하는 것으로, 여기서 '결사'란 자연인 또는 법인의 다수가 상당한 기간 동안 공동목적을 위하여 자유의사에 기하여 결합하고 조직화된 의사형성이 가능한 단체를 의미한다(헌재 2016. 4. 28. 2014헌바442 참조). 심판대상조항이 장교의 집단행위를 제한한다고 하더라도 그것이 반드시 단체를 통한 행위를 상정하는 것은 아니다. 이 사건에서는 심판대상조항과 보다 밀접한 관련이 있는 표현의 자유 침해 여부에 대하여 판단하므로 결사의 자유 침해 여부는 별도로 판단하지 아니하기로 한다.

2. 표현의 자유 침해 여부

(1) 목적의 정당성 및 수단의 적합성

헌법 제7조 제1항, 제2항은 "공무원은 국민 전체에 대한 봉사자이며 국민에 대하여 책임을 진다.", "공무원의

신분과 정치적 중립성은 법률이 정하는 바에 의하여 보장된다."라고 규정하고 있다. 공무원에 해당하는 군인은 국민 전체에 대한 봉사자로서 공공의 이익을 위하여 근무하는 특수한 신분과 지위에 따르는 의무를 부담한다 (헌재 2007. 8. 30. 2003헌바51등 참조).

나아가 헌법 제5조 제2항은 "국군은 국가의 안전보장과 국토방위의 신성한 의무를 수행함을 사명으로 하며, 그 정치적 중립성은 준수된다."라고 규정하고 있다. 군이란 궁극적으로 무력에 의하여 국가를 수호하고 국토를 방위하여 국민의 생명과 재산을 보전함을 그 사명으로 하므로 이러한 군 본연의 사명을 다하기 위해서는 그에 상응하는 특수한 조직과 고도의 질서 및 규율이 필요하다(헌재 2016. 2. 25. 2013헌바111 참조).

심판대상조항이 군무와 관련된 고충사항을 집단으로 진정 또는 서명하는 행위를 금지하고 있는 것은 군조직의 질서 및 통수체계를 확립하여 군의 전투력을 유지, 강화하고 이를 통하여 국가의 안전보장과 국토방위를 달성 하기 위한 것이다. 따라서 심판대상조항은 목적의 정당성 및 수단의 적합성이 인정된다.

(2) 침해의 최소성

(가) 공무원은 공직자인 동시에 국민의 한 사람이므로 '국민 전체에 대한 봉사자'와 '기본권을 향유하는 주체' 라는 이중적 지위를 가진다. 또한 앞서 본 바와 같이 헌법은 제5조 제2항을 통해 국군의 정치적 중립을 요구하고 있으며, 국군은 '국가의 안전보장과 국토방위'라는 존재 목적을 달성하기 위하여 그 본연의 임무에 집중하여 야 할 필요가 있다(헌재 2018. 4. 26. 2016헌마611 등 참조).

헌법이 집단적인 의사표현을 보장하는 것은 그것이 민주정치 실현에 불가결한 기본권으로서 국민의 정치적·사회적 의사형성 과정에 효과적인 역할을 하기 때문이지만, 다수의 집단행위는 그 행위의 속성상 의사표현 수단으로서의 개인행동보다 공공의 안녕질서나 법적 평화와 마찰을 빚을 가능성이 크다(헌재 2014. 8. 28. 2011헌바 32등). 이와 같은 점들을 고려하면 특수한 신분과 지위에 있는 군인의 집단행위에 대하여는 보다 강화된 기본권 제한이 가능하다 할 것이다.

(나) 심판대상조항은 군무와 관련된 고충사항을 집단으로 진정 또는 서명하는 행위를 일률적으로 금지하고 있다.

그러나 단순한 진정 또는 서명행위라 할지라도 각종 무기와 병력을 동원할 수 있는 군대 내에서 이루어지는 집단행위는 그 자체로 군기를 문란하게 하여 예측하기 어려운 분열과 갈등을 조장할 수 있다. 이는 자칫 군조 직의 위계질서와 통수체계를 파괴하여 돌이킬 수 없는 국가 안보의 위협으로 이어질 수 있으므로 그로 인한 폐해를 사전에 예방할 필요가 있다. 예를 들어, 집단 진정 내지 서명을 독려하는 과정에서 서로 간의 입장 차이로 반목과 갈등이 생길 수 있고, 자신들에게 동조하지 않았다는 이유로 분열이 생길 수 있는 것이며, 이를 계기로 군대 내에서 사적인 무리지음이 나타나 군조직의 위계질서와 통수체계에 이상이 생길 수 있는 것이다.

(다) 일반적으로 집단적 표현행위는 사회적 약자가 일정한 세력을 이루어 사회적 강자와 대등한 입장에서 자신의 의사를 표출할 수 있도록 하는 수단이라고 할 수 있다. 이러한 점을 고려할 때, 군의 지휘체계를 형성하고 있는 장교들에게 군무와 관련된 고충사항을 집단으로 진정 또는 서명하는 행위가 허용되어야 할 필요성이 크다고 보기 어렵다. 오히려 군무와 관련된 고충사항을 집단으로 진정 또는 서명하는 행위가 장교라는 집단의 이익을 대변하기 위한 것으로 비춰질 경우, 국민 전체에 대한 봉사자로서의 지위가 훼손되어 군무의 공정성과 객관성에 대한 신뢰가 저하될 수 있다.

더욱이 장교가 군무와 관련된 고충사항을 집단으로 진정 또는 서명하는 행위는 특정 정당이나 정파 또는 특정 정치인을 지목하여 찬성 또는 반대하는 형태의 의사표시로 나타나지 않더라도 그러한 주장 자체로 정파적 또는 당파적인 것으로 오해 받을 수 있다. 설령 그러한 행위가 군무와 관련된 고충을 해결하고 국가와 사회의 발전을 위한 목적으로 이루어지더라도, 그로부터 군 전체가 정치적 편향성에 대한 의심을 받을 수도 있다.

(라) 군무와 관련된 고충사항이 있는 경우 집단으로 진정 또는 서명하지 않고 다른 방식으로 문제를 제기할 수 있는 방법들이 이미 마련되어 있다.

군인복무기본법 제39조 제1항은 군인은 군과 관련된 제도의 개선 등 군에 유익한 의견이나 복무와 관련된 정당한 의견이 있는 경우에는 지휘계통에 따라 단독으로 상관에게 건의할 수 있다고 규정하고 있고, 제40조 제1항은 군인은 근무여건·인사관리 및 신상문제 등에 관하여 군인고충심사위원회에 고충의 심사를 청구할 수 있다고 규정하고 있다. 군인복무기본법 제39조 제2항, 제40조 제2항에 따르면 군인은 의견 건의나 고충심사 청구를 이유로 불이익한 처분이나 대우를 받지 않는다.

군인복무기본법 제41조 제1항, 제2항, 제42조 제1항은 군인이 군 생활에 따른 부적응에 관한 사항, 가족관계 및 개인 신상에 관한 사항, 구타, 폭언, 가혹행위 및 집단 따돌림 등 군 내 기본권 침해에 관한 사항, 질병·질환 및 건강 악화 등 신체에 관한 사항, 장기복무 군인가족의 자녀교육 및 현지생활 부적응 등 사회복지에 관한 사항 등으로 군 생활의 고충이나 어려움을 호소하는 경우에 이에 대한 상담 등을 하기 위하여 일정 규모 이상의 부대 또는 기관에 병영생활 전문상담관을 두도록 하고 있고, 성희롱, 성폭력, 성차별 등 성(性)관련 고충 상담을 전담하기 위하여 성(性)고충 전문상담관을 두도록 하고 있으며, 군인의 기본권 보장 및 기본권 침해에 대한 권리구제를 위하여 군인권보호관을 두도록 하고 있다.

(마) 이처럼 심판대상조항이 군무와 관련된 고충사항을 집단으로 진정하거나 서명하는 행위를 일률적으로 금지하고 있기는 하나, 장교는 군대 내부의 절차는 물론, 국가인권위원회 등을 통한 군대 외부의 절차를 통하여 군무와 관련된 고충사항을 해결할 수 있고, 이와 같은 행위는 군인복무기본법에서 폭넓게 보호되고 있다. 이러한 사정을 고려하면 심판대상조항은, 장교가 국민 전체의 봉사자로서 공공의 이익을 위하여 근무하도록 하고 군조직의 고도의 질서 및 규율을 유지하기 위하여, 필요한 범위 내에서 최소한의 제한을 하는 것이라고 볼 수 있다. 따라서 심판대상조항은 침해의 최소성에 반하지 않는다.

(3) 법익의 균형성

심판대상조항으로 인하여 장교가 군무와 관련된 고충사항을 집단으로 진정하거나 서명하는 행위가 금지되기는 하나, 이로 인하여 제한되는 장교의 표현의 자유는 앞서 본 바와 같이 입법목적을 달성하기 위하여 필요한 범위 내의 정도로서, 심판대상조항을 통하여 군조직의 고도의 질서 및 규율을 유지하고 장교가 국민 전체의 봉사자로서 공공의 이익을 위하여 근무하도록 하여 군에 대한 국민의 신뢰를 얻고 국가 안전보장과 국토방위에 기여한다는 공익은, 심판대상조항이 군무와 관련된 고충사항을 집단으로 진정 또는 서명하는 행위를 일률적으로 금지함에 따라 장교가 제한받게 되는 사익보다 작지 아니하다. 그러므로 심판대상조항은 법익의 균형성에 반하지 않는다.

(4) 소결

이상에서 살펴본 내용을 종합하면, 심판대상조항은 과잉금지원칙을 위반하여 청구인의 표현의 자유를 침해하지 않는다.

Ⅲ. 결론

그렇다면 이 사건 심판청구는 이유 없으므로 이를 기각하기로 하여 주문과 같이 결정한다. 이 결정은 재판관 김기영, 재판관 문형배, 재판관 이미선, 재판관 정정미의 반대의견이 있는 외에는 관여 재판관들의 일치된 의견에 의한 것이다.

Ⅳ. 재판관 김기영, 재판관 문형배, 재판관 이미선, 재판관 정정미의 반대의견

1. 심판대상조항은 군조직의 질서 및 통수체계를 확립하여 군의 전투력을 유지, 강화하고 이를 통한 국가의 안전보장과 국토방위에 그 입법목적이 있고, 심판대상조항은 이러한 입법목적을 달성하기 위한 효과적인 방법이 될 수 있으므로 목적의 정당성 및 수단의 적합성이 인정된다.

2. 표현의 자유를 제한하는 금지규정은 설령 그 입법목적이 정당하다 하더라도 그 목적에 맞게 제한적으로 설정되어야 하며, 심판대상조항과 관련하여서도 '군기를 문란하게 할 구체적 위험이 있는 경우', '그 목적이 공익에 반하는 경우' 등과 같이 구성요건을 제한적으로 규정하여 심판대상조항이 안고 있는 위헌성을 최대한 제

거할 필요가 있다.

군무에 관한 고충사항을 집단으로 진정 또는 서명하는 행위는 그 위험성이 추상적인 수준에 머무는 경우에서부터, 구체적인 위험성을 발생시키는 경우까지 다양한 형태로 나타날 수 있으므로 그 규제의 필요성은 개별적 사안에서 구체적으로 판단되어야 한다. 만약 군무에 관한 고충사항을 집단으로 진정 또는 서명하는 행위가 오·남용되어 집단으로 상관에게 항의하는 행위, 집단으로 정당한 지시를 거부하거나 위반하는 행위에 해당하는 경우에는 군인복무기본법 제31조 제1항 제3호, 제4호의 사유로도 이를 충분히 규제할 수 있다.

군무와 관련된 고충사항을 집단으로 진정 또는 서명하는 행위에는 장병들을 위한 병영 환경을 개선해 달라는 건의사항이나, 군대 내의 부조리 등을 시정하기 위한 공익적인 목적을 가진 행위도 포함될 수 있으므로, 위와 같은 행위가 일률적으로 군무의 공정성과 객관성에 대한 신뢰를 훼손시킨다고 단정할 수 없다. 군무와 관련된 고충사항을 집단으로 진정 또는 서명하는 행위가 실제로는 공익에 반하는 목적을 위하여 직무전념의무를 해태하는 등의 영향을 가져오는 집단적 행위에 해당하는 경우에는 국가공무원법 제66조 제1항에 의하여 이를 금지하고 처벌할 수 있다.

군무와 관련된 고충사항을 집단으로 진정 또는 서명하는 행위가 자칫 정치 운동으로 변색되거나, 정치적으로 편향된 것으로 여겨질 수 있다는 우려가 있으나, 그것이 장교의 정치적 중립성을 훼손하는지 여부를 판단하기 위하여는 군무와 관련된 고충사항을 집단으로 진정 또는 서명하는 행위가 합리적이고 건전한 비판인지 아니면 특정 정파를 지지하기 위한 수단인지 등을 규명할 필요가 있다. 만약 군무와 관련된 고충사항을 집단으로 진정 또는 서명하는 행위가 정치 운동에 해당하는 경우 국가공무원법 제65조 등에 의하여 이를 금지하고 처벌할 수 있다.

군인복무기본법에서 의견 건의나 고충심사 청구 등의 규정을 두고 있기는 하나, 엄격한 상명하복 관계에 있는 군의 특성상 군무와 관련된 고충사항을 개별적으로 상관에게 건의하거나, 진정을 제기하는 것은 기대하기 어려우므로, 위와 같은 규정은 현실적인 대안이 될 수 없다. 설령 군무와 관련된 고충사항에 대하여 의견 건의를 하거나 고충심사를 청구하더라도 이는 해당 사안이 제도적으로 개선되어야 하는 것이 아니라, 단순히 개인의 문제인 것으로 치부될 수 있다. 이와 같은 점을 고려하면 군인복무기본법에서 마련하고 있는 다른 방법들이 군무와 관련된 고충사항을 집단으로 진정 또는 서명하는 행위와 같은 정도로 실효성을 담보하는 수단이라고 볼 수 없다.

결국 심판대상조항은 군무와 관련된 고충사항을 집단으로 진정 또는 서명하는 행위가 구체적 위험을 발생시킬 만한 것인지, 그 목적이 공익에 반하는지, 정치적 중립성과 관련이 있는지 여부 등과 관계없이 이를 일률적으로 금지하고 있으므로, 침해의 최소성에 반한다.

3. 표현의 자유는 인간의 존엄과 가치를 보호하는 핵심적 기본권이자 민주주의의 근간이 되는 중요한 헌법적 가치이므로, 장교의 표현의 자유를 일률적으로 제한할 수는 없으며, 공익을 달성하기 위해 필요한 범위를 넘어서는 과도한 규제는 정당화될 수 없다. 심판대상조항으로 인한 표현의 자유에 대한 제한은 매우 중대하고 구체적이며, 이로 인한 불이익이 달성하고자 하는 공익에 비해 결코 더 작다고 할 수 없으므로 법익의 균형성 역시 인정되지 아니한다.

4. 심판대상조항은 과잉금지원칙을 위반하여 청구인의 표현의 자유를 침해한다.

이 사건은 장교가 군무와 관련된 고충사항을 집단으로 진정 또는 서명하는 행위를 하는 것을 금지하고 있는 심판대상조항이 장교인 청구인의 표현의 자유를 침해하는지 여부가 쟁점이 된 사건이다.

법정의견은, 군무와 관련된 고충사항을 집단으로 진정 또는 서명하는 행위가 군기를 문란하게 하여 예측하기 어려운 분열과 갈등을 조장할 수 있는 점, 장교 집단의 이익을 대변하기 위한 것으로 비추어질 경우 군무의 공정성과 객관성에 대한 신뢰가 저하될 수 있는 점, 군 전체가 정치적 편향성에 대한 의심을 받을 수 있는 점, 군인복무기본법에서 군무와 관련된 고충사항과 관련된 문제를 제기할 수 있는 다른 방법들을 이미 마련하고 있는 점 등을 고려하여 심판대상조항이 장교의 표현의 자유를 침해하지 않는다고 판단하였다.

이에 대하여 재판관 김기영, 재판관 문형배, 재판관 이미선, 재판관 정정미의 반대의견은 군무와 관련된 고충사항을 집단으로 진정 또는 서명하는 행위에 대한 규제의 필요성은 그 위험성에 따라 개별적 사안에서 구체적으로 판단되어야 하는 점, 군무와 관련된 고충사항을 집단으로 진정 또는 서명하는 행위에는 공익적인 목적을 가진 행위도 포함될 수 있으므로, 일률적으로 군무의 공정성과 객관성에 대한 신뢰를 훼손시킨다고 단정할 수 없는 점, 위와 같은 행위가 정치적 중립성을 훼손하는지 행위에 해당하는지 여부는 제반 사정을 고려하여 판단하여야 하는 점, 군인복무기본법 및 국가공무원법 등은 이미 군무와 관련된 고충사항을 집단으로 진정 또는 서명하는 행위가 오·남용될 경우에 대한 금지 및 처벌 규정을 별도로 마련하고 있는 점, 군인복무기본법이 마련하고 있는 다른 방법은 군무와 관련된 고충사항을 집단으로 진정 또는 서명하는 행위와 동일한 정도로 실효성을 담보할 수 없는 점 등을 고려하여 심판대상조항이 장교의 표현의 자유를 침해한다고 판단하였다.

이 결정은 헌법재판소가 장교의 지위와 역할, 집단적 표현행위의 특성, 군인복무기본법상의 다양한 권리구제제도 등을 종합적으로 고려하여 장교가 군무와 관련된 고충사항에 관하여 집단으로 진정 또는 서명하는 행위를 금지하는 조항이 표현의 자유를 침해하는지 여부에 대하여 최초로 판단한 사건이라는 점에 의의가 있다.

2024.2.28. 2020헌마1343 [주택임대차보호법 제6조의3 위헌확인 등] **[합헌, 기각, 각하]**

---

1. 사건의 개요

2020. 7. 31. 법률 제17470호로 주택임대차보호법이 개정되면서, 임차인이 일정한 기간 내에 계약갱신을 요구할 경우 임대인이 정당한 사유 없이 이를 거절하지 못하도록 하고, 임대인이 실제 거주를 이유로 갱신을 거절한 후 정당한 사유 없이 제3자에게 목적 주택을 임대한 경우 손해배상책임을 부담시키는 제6조의3, 임대차의 차임이나 보증금 증액청구 시 약정한 차임이나 보증금의 20분의 1의 금액을 초과할 수 없도록 하는 제7조 제2항 등이 신설되었다.

주택임대차보호법 제6조의3과 제7조의 개정규정은 개정 법률의 시행일인 2020. 7. 31. 당시 존속 중인 임대차에도 적용하되, 개정 법률의 시행 전 임대인이 임대차계약의 갱신을 거절하고 제3자와 임대차계약을 체결한 경우에는 적용되지 아니한다(부칙 제2조).

개정 법률이 시행된 후인 2020. 8. 28. 국토교통부장관과 법무부장관(이하 '피청구인들'이라 한다)은 '2020. 7. 31. 개정 주택임대차보호법 해설집'을 발간·배포하였다. 위 해설집은 개정된 주택임대차보호법을 적용할 경우 예상되는 질의에 대한 정부의 해석을 담은 '개정 관련 FAQ' 부분을 포함하고 있다.

청구인들은 국내에 주택을 소유한 임대인 또는 임대인의 지위를 승계한 자들로, 주택임대차보호법 제6조의3, 제7조 제2항, 제7조의2, 부칙 제2조 및 피청구인들의 2020. 8. 28.자 '2020. 7. 31. 개정 주택임대차보호법 해설집' 중 '개정 관련 FAQ' 부분 발간·배포행위가 청구인들의 기본권을 침해하거나 헌법에 위반된다고 주장하며, 2020. 10. 6.경부터 2023. 12. 22.경에 걸쳐 이 사건 헌법소원심판을 청구하였다.

2. 심판의 대상

주택임대차보호법(2020. 7. 31. 법률 제17470호로 개정된 것)

제6조의3(계약갱신 요구 등) ① 제6조에도 불구하고 <u>임대인은 임차인이 제6조 제1항 전단의 기간 이내에 계약갱신을 요구할 경우 정당한 사유 없이 거절하지 못한다.</u> 다만, 다음 각 호의 어느 하나에 해당하는 경우에는 그러하지 아니하다.

1. 임차인이 2기의 차임액에 해당하는 금액에 이르도록 차임을 연체한 사실이 있는 경우
2. 임차인이 거짓이나 그 밖의 부정한 방법으로 임차한 경우
3. 서로 합의하여 임대인이 임차인에게 상당한 보상을 제공한 경우
4. 임차인이 임대인의 동의 없이 목적 주택의 전부 또는 일부를 전대(轉貸)한 경우
5. 임차인이 임차한 주택의 전부 또는 일부를 고의나 중대한 과실로 파손한 경우
6. 임차한 주택의 전부 또는 일부가 멸실되어 임대차의 목적을 달성하지 못할 경우
7. 임대인이 다음 각 목의 어느 하나에 해당하는 사유로 목적 주택의 전부 또는 대부분을 철거하거나 재건축하기 위하여 목적 주택의 점유를 회복할 필요가 있는 경우
   가. 임대차계약 체결 당시 공사시기 및 소요기간 등을 포함한 철거 또는 재건축 계획을 임차인에게 구체적으로 고지하고 그 계획에 따르는 경우
   나. 건물이 노후·훼손 또는 일부 멸실되는 등 안전사고의 우려가 있는 경우
   다. 다른 법령에 따라 철거 또는 재건축이 이루어지는 경우
8. <u>임대인(임대인의 직계존속·직계비속을 포함한다)이 목적 주택에 실제 거주하려는 경우</u>
9. 그 밖에 임차인이 임차인으로서의 의무를 현저히 위반하거나 임대차를 계속하기 어려운 중대한 사유가 있는 경우
③ 갱신되는 임대차는 전 임대차와 동일한 조건으로 다시 계약된 것으로 본다. 다만, 차임과 보증금은 제7조의 범위에서 증감할 수 있다.

⑤ 임대인이 제1항 제8호의 사유로 갱신을 거절하였음에도 불구하고 갱신요구가 거절되지 아니하였더라면 갱신되었을 기간이 만료되기 전에 정당한 사유 없이 제3자에게 목적 주택을 임대한 경우 임대인은 갱신거절로 인하여 임차인이 입은 손해를 배상하여야 한다.

⑥ 제5항에 따른 손해배상액은 거절 당시 당사자 간에 손해배상액의 예정에 관한 합의가 이루어지지 않는 한 다음 각 호의 금액 중 큰 금액으로 한다.

1. 갱신거절 당시 월차임(차임 외에 보증금이 있는 경우에는 그 보증금을 제7조의2 각 호 중 낮은 비율에 따라 월 단위의 차임으로 전환한 금액을 포함한다. 이하 "환산월차임"이라 한다)의 3개월분에 해당하는 금액

2. 임대인이 제3자에게 임대하여 얻은 환산월차임과 갱신거절 당시 환산월차임 간 차액의 2년분에 해당하는 금액

3. 제1항 제8호의 사유로 인한 갱신거절로 인하여 임차인이 입은 손해액

주택임대차보호법(2016. 5. 29. 법률 제14175호로 개정된 것)

제7조의2(월차임 전환 시 산정률의 제한) 보증금의 전부 또는 일부를 월 단위의 차임으로 전환하는 경우에는 그 전환되는 금액에 다음 각 호 중 낮은 비율을 곱한 월차임(月借賃)의 범위를 초과할 수 없다.

1. 은행법에 따른 은행에서 적용하는 대출금리와 해당 지역의 경제 여건 등을 고려하여 대통령령으로 정하는 비율

2. 한국은행에서 공시한 기준금리에 대통령령으로 정하는 이율을 더한 비율

주택임대차보호법 부칙(2020. 7. 31. 법률 제17470호)

제2조(계약갱신 요구 등에 관한 적용례) ① 제6조의3 및 제7조의 개정규정은 이 법 시행 당시 존속 중인 임대차에 대하여도 적용한다.

② 제1항에도 불구하고 이 법 시행 전에 임대인이 갱신을 거절하고 제3자와 임대차계약을 체결한 경우에는 이를 적용하지 아니한다.

[관련조항]

주택임대차보호법(2020. 7. 31. 법률 제17470호로 개정된 것)

제6조의3(계약갱신 요구 등) ② 임차인은 제1항에 따른 계약갱신요구권을 1회에 한하여 행사할 수 있다. 이 경우 갱신되는 임대차의 존속기간은 2년으로 본다.

④ 제1항에 따라 갱신되는 임대차의 해지에 관하여는 제6조의2를 준용한다.

제7조(차임 등의 증감청구권) ① 당사자는 약정한 차임이나 보증금이 임차주택에 관한 조세, 공과금, 그 밖의 부담의 증감이나 경제사정의 변동으로 인하여 적절하지 아니하게 된 때에는 장래에 대하여 그 증감을 청구할 수 있다. 이 경우 증액청구는 임대차계약 또는 약정한 차임이나 보증금의 증액이 있은 후 1년 이내에는 하지 못한다.

② 제1항에 따른 증액청구는 약정한 차임이나 보증금의 20분의 1의 금액을 초과하지 못한다. 다만, 특별시·광역시·특별자치시·도 및 특별자치도는 관할 구역 내의 지역별 임대차 시장 여건 등을 고려하여 본문의 범위에서 증액청구의 상한을 조례로 달리 정할 수 있다.

3. 주 문

1. 2020헌마1343, 2021헌마14 청구인들이 피청구인들의 2020. 8. 28.자 '2020. 7. 31. 개정 주택임대차보호법 해설집' 중 '개정 관련 FAQ' 부분 발간·배포행위에 대하여 한 심판청구를 모두 각하한다.

2. 주택임대차보호법(2020. 7. 31. 법률 제17470호로 개정된 것) 제6조의3 제1항, 제3항 본문, 제3항 단서 중 제7조 제2항에 관한 부분, 제5항, 제6항 및 주택임대차보호법 부칙(2020. 7. 31. 법률 제17470호) 제2조는 모두 헌법에 위반되지 아니한다.

3. 2020헌마1343, 2021헌마14 청구인들의 나머지 심판청구와 2020헌마1400, 2020헌마1598, 2021헌마792 청구인들의 심판청구를 모두 기각한다.

Ⅰ. 판시사항

1. 갱신되는 임대차의 차임과 보증금의 증액한도 및 임대인이 실제 거주를 이유로 갱신 거절 후 정당한 사유 없이 제3자에게 임대한 경우의 손해배상책임을 규정한 주택임대차보호법(이하 '주택임대차법'이라 한다) 제6 조의3 제3항 단서 중 제7조 제2항에 관한 부분 및 제6조의3 제5항이 명확성원칙에 위배되는지 여부(소극)

2. 임차인이 계약갱신을 요구할 경우 임대인이 정당한 사유 없이 이를 거절하지 못하도록 한 주택임대차법 제6조의3 제1항, 제3항 본문(이하 '계약갱신요구 조항'이라 한다), 갱신되는 임대차의 차임과 보증금 증액한도 를 규정한 제6조의3 제3항 단서 중 제7조 제2항에 관한 부분(이하 '차임증액한도 조항'이라 한다), 임대인이 실제 거주를 이유로 갱신 거절 후 정당한 사유 없이 제3자에게 임대한 경우의 손해배상책임 및 손해액을 규정한 제6조의3 제5항, 제6항(이하 '손해배상 조항'이라 한다)이 과잉금지원칙에 반하는지 여부(소극)

3. 보증금을 월 단위 차임으로 전환하는 경우 그 전환 금액에 곱하는 비율을 대통령령에 위임한 주택임대차 법 제7조의2(이하 '월차임전환율 조항'이라 한다)가 포괄위임금지원칙에 반하는지 여부(소극)

4. 개정 법률 시행 당시 존속 중인 임대차에도 개정 조항을 적용하도록 한 주택임대차법 부칙(2020. 7. 31. 법률 제17470호) 제2조(이하 '부칙조항'이라 한다)가 신뢰보호원칙에 위반되는지 여부(소극)

Ⅱ. 피청구인들의 2020. 8. 28.자 '2020. 7. 31. 개정 주택임대차보호법 해설집' 중 '개정 관련 FAQ' 부분 발간·배포행위에 대한 판단

헌법재판소법 제68조 제1항은 공권력의 행사 또는 불행사로 인하여 헌법상 보장된 기본권을 침해받은 자는 헌법재판소에 헌법소원심판을 청구할 수 있다고 규정하고 있다. 여기에서 말하는 '공권력'이란 입법권·행정 권·사법권을 행사하는 모든 국가기관·공공단체 등의 고권적 작용이다(헌재 2014. 9. 25. 2013헌마424 참조).

피청구인들의 '2020. 7. 31. 개정 주택임대차보호법 해설집' 중 '개정 관련 FAQ' 부분 발간·배포행위는 주택임대차법의 개정으로 신설, 변경된 제도를 국민들에게 안내하고 이에 관한 이해를 돕기 위한 것으로, 이와 같은 법률해석과 안내에 구속력이 있다거나 청구인들의 법적 지위에 어떠한 영향을 미친다고 볼 수 없으므로 헌법소원의 대상이 되는 공권력의 행사에 해당하지 아니한다.

따라서 이 부분 심판청구는 헌법소원의 대상이 될 수 없는 것을 그 대상으로 한 것이므로 부적법하다.

Ⅲ. 심판대상조항에 대한 판단

1. 계약갱신요구 조항, 차임증액한도 조항 및 손해배상 조항에 대한 판단

⑴ 쟁점의 정리

(가) 청구인들은 차임증액한도 조항의 산정 기준이 무엇인지 불명확하고, 손해배상 조항 중 제6조의3 제5항의 '정당한 사유'의 의미가 불명확하여 명확성원칙에 위반된다고 주장한다. 또한 계약갱신요구 조항, 차임증액한도 조항 및 손해배상 조항이 임대인의 계약의 자유, 재산권, 평등권 등 기본권을 침해한다고 주장한다.

(나) 헌법 제10조에 의하여 보장되는 행복추구권 속에는 일반적 행동자유권이 포함되고, 이 일반적 행동자유권으로부터 계약의 체결 여부, 계약의 상대방, 계약의 방식과 내용 등을 당사자의 자유로운 의사로 결정할 수 있는 계약의 자유가 파생된다(헌재 2016. 3. 31. 2014헌바382 참조). 계약갱신요구 조항과 차임증액한도 조항은 임차인의 계약갱신요구를 임대인이 정당한 사유 없이 거절할 수 없도록 하고, 차임과 보증금의 증액 한도를 제한함으로써 임대차계약의 종료 여부와 계약의 상대방, 계약의 내용을 임대인이 자유롭게 결정할 수 없도록 하므로, 이로써 임대인의 계약의 자유가 제한된다.

한편, 헌법 제23조 제1항이 보장하고 있는 재산권은 사유재산에 관한 임의적인 사용, 수익, 처분권을 본질로 하는바, 계약갱신요구 조항과 손해배상 조항은 임대차계약의 갱신 여부를 특별한 사정이 없는 이상 임대인이 자유롭게 결정하지 못하게 하고 그 위반 시 손해배상책임을 부담하도록 하면서 당사자 간 손해배상액의 예정에 관한 합의가 없는 경우 법정 손해배상액을 지급하도록 한다. 또한 차임증액한도 조항은 임대인이 자신이 소유한 주택의 차임과 보증금을 자유롭게 정할 수 없도록 한다. 이로써 임대인이 자신의 재산을 자유로운 의사에 따라 사용·수익할 수 없고 일정한 경우 손해배상의무를 부담하게 되므로 임대인의 재산권 역시 제한된다.

(다) 청구인들은 갱신거절에 따른 손해배상 우려 때문에 거주이전의 자유를 제한받고, 갱신거절된 임차인이 목적 주택의 전입세대와 확정일자 등을 열람할 수 있어 임대인의 사생활의 자유 및 안전하게 살 권리도 제한받는다고 주장한다.

그러나 손해배상의 가능성이 존재한다는 점만으로 청구인들이 원하는 곳에 주소를 설정하거나 이전할 자유가 직접 제한된다고 보기 어렵다. 또한 계약갱신이 거절된 임차인이 해당 주택의 전입세대와 확정일자를 열람할 수 있는 것은 주택임대차법 시행령 제5조 제5호에서 계약의 갱신이 거절된 임대차계약의 임차인이었던 자에게 정보제공요청을 할 수 있도록 하기 때문이므로, 계약갱신요구 조항과 손해배상 조항으로 인하여 임대인의 사생활의 비밀과 자유, 안전하게 살 권리가 제한된다고 볼 수 없다.

(라) 청구인들은 계약갱신요구 조항이 임차인에 비해 임대인에게 과도한 불이익을 주고, 법인 임대인이 목적 주택을 사무실이나 사택으로 사용하려는 경우에도 실제 거주를 이유로 갱신거절을 할 수 없도록 함으로써 임대인과 임차인, 법인 임대인과 그 외의 임대인, 법인 임대인과 법인 임차인 상호간을 차별하며, 차임증액한도 조항이 보증금과 차임의 감액청구의 하한은 제한하지 않고 증액청구의 상한만 제한하는 것이 평등원칙에 위배된다는 주장도 한다. 그러나 이러한 주장은 임대인의 갱신거절 사유가 불충분하게 규정되어 있고 임대인의 재산권을 과도하게 제한한다는 취지이므로 이에 관하여는 과잉금지원칙 부분에서 함께 판단한다.

(마) 그렇다면 차임증액한도 조항과 손해배상 조항 중 제6조의3 제5항이 명확성원칙에 위배되는지와 계약갱신요구 조항, 차임증액한도 조항 및 손해배상 조항이 과잉금지원칙에 위배되어 청구인들의 계약의 자유와 재산권을 침해하는지가 주된 쟁점이 된다.

(2) 명확성원칙 위배 여부

(가) 차임증액한도 조항 부분

차임증액한도 조항은 계약갱신 시 보증금이나 차임의 과도한 증액에 따른 임차인의 경제적 부담을 완화하여 계약갱신요구권의 실효성을 확보함으로써 임대차계약의 존속을 통한 주거안정을 도모하기 위한 것인바, 증액청구의 산정 기준이 되는 '약정한' 차임이나 보증금의 구체적인 액수는 당사자가 임대차계약의 내용을 통해 충분히 확인할 수 있다.

청구인들은 차임과 보증금이 모두 존재하는 경우 무엇을 기준으로 20분의 1 초과 여부를 산정하는지 알 수 없다고 주장한다. 그러나 보증금의 전부 또는 일부를 월 단위 차임으로 전환할 경우 월차임전환율 조항에 의해 그 산정률의 제한을 받는 점, '전환'과 '증액'은 동일한 개념이 아니므로 외견상 액수가 증가하였더라도 그것이 보증금의 증액에 따른 것인지, 보증금의 전환에 의한 것인지 구별할 필요가 있는 점, 만약 보증금과 월차임 모두 인상하는 경우와 월차임만 인상하는 경우의 월차임 증액 상한의 비율이 동일하다면 월차임만 인상하는 임대인이 불리하게 되어 형평성 문제가 발생할 수 있는 점 등을 고려하면, 차임과 보증금이 모두 존재하는 경우에는 차임을 보증금으로 환산한 총 보증금을 그 산정 기준으로 삼는 것이 관련 규정과의 체계적 해석에 비추어 타당하고, 이 부분이 수범자의 예측가능성을 해할 정도로 불명확하다고 볼 수 없다.

(나) 손해배상 조항 중 제6조의3 제5항 부분

손해배상 조항 중 제6조의3 제5항은 임대인이 실제 거주를 이유로 갱신을 거절하였음에도 불구하고 갱신요구가 거절되지 아니하였더라면 갱신되었을 기간이 만료되기 전에 '정당한 사유' 없이 제3자에게 목적 주택을 임대한 경우에 임대인으로 하여금 임차인에게 손해배상책임을 지도록 하는바, '정당한 사유'의 의미가 불명확한지 여부가 문제된다.

'정당한'의 문언적 의미는 '이치에 맞아 올바르고 마땅함'을 의미하고, 구체적으로 어떠한 경우가 이에 해당하는 지는 임차인의 계약갱신요구권을 보장하면서도 임대인이 실제 거주하려는 경우에는 갱신요구를 거절할 수 있 도록 하여 임차인과 임대인의 이익 조화를 도모하고자 하는 계약갱신요구 조항의 취지, 갱신거절의 남용에 의 한 계약갱신요구권의 형해화 가능성 등을 종합적으로 고려하여 판단하여야 한다.

이러한 점들을 종합할 때, 손해배상 조항 중 제6조의3 제5항에서 말하는 '정당한 사유'란 임대인이 갱신거절 당시에는 예측할 수 없었던 것으로서 제3자에게 목적 주택을 임대할 수밖에 없었던 불가피한 사정을 의미하는 것으로 해석할 수 있다. '정당한 사유'라는 개념이 가치평가적 판단을 내포하므로 실제 사안에서 '정당한 사유' 의 존부가 다투어질 수 있으나, 갱신거절 후 발생할 수 있는 다양한 상황의 예측가능성과 회피가능성을 모두 법률에 규정하는 것은 현실적으로 곤란하고, 임대인에게 갱신거절 당시에는 예측할 수 없었던 것으로서 제3자 에게 목적 주택을 임대할 수밖에 없었던 불가피한 사정이 있는지 여부는 법원이 구체적·개별적 사안에서 합목 적적으로 판단할 수 있다는 점을 고려하면, 그 의미가 지나치게 불명확하여 명확성원칙에 위배될 정도에 이른 다고 보기 어렵다.

(다) 소결

그렇다면 차임증액한도 조항과 손해배상 조항 중 제6조의3 제5항은 명확성원칙에 반하지 아니한다.

(3) 과잉금지원칙 위배 여부

(가) 심사기준

계약의 자유나 재산권도 공익을 이유로 제한될 수 있지만, 헌법 제37조 제2항에 따라 공익실현을 위하여 필요 한 정도를 넘어 지나치게 제한되어서는 안 된다는 비례원칙은 지켜져야 한다. 다만, 제한하는 내용이 개인의 본질적이고 핵심적인 자유영역에 속하는 사항인지, 사회적 연관관계가 큰 경제활동에 관한 사항인지에 따라 비례원칙 적용에 있어서 심사강도가 달라질 수 있는바, 사회적 연관관계에 있는 경제적 활동을 규제하는 입법 사항에 대하여는 보다 완화된 심사기준이 적용된다(헌재 2020. 3. 26. 2018헌바205등 참고).

주택은 인간의 생존을 위한 기본요소이자 주거생활의 터전이 되고, 인간의 삶의 기본적인 물질적 조건이라는 특수성을 가진다. 대부분의 국가들에서 시장경제질서를 원칙으로 하면서도, 주택시장에서 주택의 공급, 가격, 계약방식 등에 대한 정책적 개입 및 규제를 하고 있는 것도 이와 같은 주택의 특성을 고려한 것으로 볼 수 있다. 특히 주택 임대차관계에서 임차인의 보호가 주거안정의 보장과 관련하여 중요한 공익적 목적이 되는 점을 고려 할 때 주택 재산권에 대하여서도 토지 재산권만큼은 아니라도 상당한 정도의 사회적 구속성이 인정된다 할 것 이다. 나아가 주택 임대차계약의 갱신 여부, 계약내용 및 상대방 결정 등과 같은 계약의 자유로 보호되는 내용 은 임대인 소유의 주택에 대한 사용·수익행위로서 일반적인 경제활동 영역에 속하는 것이고, 임차인 보호와 주거안정 보장의 측면에서 중요한 사회 관련성을 갖는다. 따라서 입법자는 주택 소유자의 해당 주택에 대한 사용·수익권의 행사 방법과 임대차계약의 내용 및 그 한계를 형성하는 규율을 할 수 있다고 할 것이므로, 주 택임대차법상 임차인 보호 규정들이 임대인의 계약의 자유와 재산권을 침해하는지 여부를 심사함에 있어서는 보다 완화된 심사기준을 적용하여야 할 것이다.

(나) 판단

1) 입법목적의 정당성 및 수단의 적합성

헌법은 국가에 주택개발정책 등을 통해 모든 국민이 쾌적한 주거생활을 할 수 있도록 노력하여야 할 의무를 부과하고 있다(제35조 제3항). 국민의 쾌적한 주거생활 보장, 즉 주거권 보장의 핵심은 주거의 안정성이고 이는 인간다운 생활을 하기 위한 필수불가결한 요소이므로, 주택 임차인의 주거안정을 보호하는 것은 모든 국민은 인간다운 생활을 할 권리를 가지며 이를 위해 국가는 사회보장·사회복지의 증진에 노력할 의무가 있다고 규정 한 헌법 제34조 제1항 및 제2항에 의해서도 정당화될 수 있다(헌재 2014. 3. 27. 2013헌바198 참조).

이와 같이 계약갱신요구 조항과 차임증액한도 조항 및 손해배상 조항의 임차인 주거안정 보장이라는 입법목적은 정당하다고 할 것이며, 이를 통해 임차인의 주거이동률을 낮추고 차임 상승을 제한함으로써 임차인의 주거안정을 도모할 수 있다는 점에서 수단의 적합성 또한 인정된다.

2) 피해의 최소성

가) 계약갱신요구 조항

계약갱신요구 조항은 임차인이 계약갱신을 요구할 경우 임대인이 정당한 사유 없이 이를 거절하지 못하도록한다. 이로써 임대인은 자신이 소유한 주택에 대한 계약의 자유 및 재산권을 제한받게 되나, 그 경우에도 임대인은 계약갱신에 따라 종전 임차인과의 임대차계약을 유지함으로써 해당 주택에 대한 사용·수익권을 여전히행사할 수 있다는 점은 마찬가지이므로, 임대인의 사용·수익권에 대한 전면적인 제한이 발생한다고 볼 수 없다.임대인이 계약 상대방, 차임 액수 등 사용·수익권 행사의 구체적인 방법과 내용상의 제한을 받게 되는 것은사실이나, 임차인의 계약갱신요구권은 무제한 인정되는 것이 아니라 임대차기간이 끝나기 6개월 전부터 2개월전까지로 그 행사기간이 제한되고, 행사 횟수도 1회로 한정되며, 그로 인해 갱신되는 임대차의 법정 존속기간도 2년으로 규정되어 있다(주택임대차법 제6조 제1항 전문, 제6조의3 제2항).

나아가 계약갱신요구 조항은 제6조의3 제1항 단서 각 호에 임대인이 계약갱신요구를 거절할 수 있는 사유를규정하여 임대인의 기본권 제한을 완화하는 입법적 장치도 마련하고 있다. 구체적으로 보면, 임차인이 차임을연체하거나 부정한 방법으로 임차하거나 임대인의 동의 없이 전대하거나 고의나 중과실로 주택을 파손한 경우와 같이 임차인이 그 채무를 이행하지 않거나 임대인의 신뢰를 저해하는 사유가 있는 경우(제1호, 제2호, 제4호,제5호), 임차한 주택이 멸실되거나 철거 또는 재건축을 위해 임대인이 점유를 회복할 필요가 있는 경우 등 객관적으로 임대차가 지속될 수 없는 경우(제6호, 제7호), 임대인이 임차인에게 상당한 보상을 제공하여 임차인을보호할 필요성이 크지 않은 경우(제3호), 임대인 또는 그 직계존속·직계비속이 실제 거주하려는 경우(제8호),그 밖에 임차인이 임차인으로서의 의무를 현저히 위반하거나 임대차를 계속하기 어려운 중대한 사유가 있는경우(제9호)에 임대인은 계약갱신요구를 거절할 수 있다.

나) 차임증액한도 조항

주택가격이 상승하고 임대주택의 공급이 부족해지면 차임 급등이 초래되어 임차가구의 주거불안 및 주거비 부담에 따른 생계곤란으로 이어질 우려가 있다. 나아가 임대인이 보증금이나 차임의 과도한 증액을 청구할 경우임차인은 주거비 부담으로 계약갱신요구권 행사를 사실상 포기하게 되어 계약갱신요구권 제도의 실효성을 확보할 수 없게 된다. 따라서 차임증액의 범위를 제한하는 것은 계약갱신요구권 제도의 실효성 확보를 위한 불가피한 규제에 해당한다.

차임증액한도 조항은 차임증액의 범위를 일정 비율로 제한할 뿐 차임과 보증금 액수를 직접 통제하거나 그 인상 자체를 금지하지 아니한다. 임대인의 입장에서는 주변 다른 임대차의 시세가 급등할 경우 이와 유사하게더 높은 차익을 올릴 기회를 제한받을 수 있으나, 임차인에게 계약갱신요구권이 1회에 한하여 부여되는 이상계약갱신으로 인해 차임인상률 제한이 적용되더라도 갱신된 임대차계약 기간 동안의 제한에 불과하다. 또한2019년 연간 소비자물가상승률과 2015년에서 2019년까지의 수도권 전세가격의 상승률에 비추어 볼 때, 차임등 증액의 상한인 20분의 1의 비율이 지나치게 낮다고 보기도 어렵다.

청구인들은 차임증액한도 조항이 임차인의 감액청구 시 그 하한은 제한하지 않으면서 임대인의 증액청구 시그 상한을 제한하는 것도 문제 삼는다. 그러나 위 조항의 입법목적이 임차인의 주거비 부담 완화를 통해 주거안정을 도모함과 동시에 임차인의 계약갱신요구권의 실효성을 확보하는 것에 있으므로 임차인의 감액청구의 하한을 통제해야 할 당위성이 크다고 보기 어려운 점, 감액청구의 경우에도 약정한 차임이나 임차주택에 관한조세, 공과금, 그 밖의 부담의 증감이나 경제사정의 변동으로 인하여 적절하지 아니하게 되었을 것이 요구되며(주택임대차법 제7조 제1항), 이에 해당하는지는 법원이나 주택임대차분쟁조정위원회에서 제반 사정을 고려하여판단할 수 있는 점 등에 비추어 보면, 증액청구의 상한만을 제한한다고 하여 이를 불합리한 것으로 볼 수는 없다.

다) 손해배상 조항

손해배상 조항 중 제6조의3 제5항은 임차인의 계약갱신요구권의 실효성을 확보하기 위하여 임대인이 실제 거주를 이유로 갱신거절하고 '정당한 사유' 없이 제3자에게 목적 주택을 임대한 경우 임대인이 손해배상의무를 부담하도록 하고 있다. 이는 임차인이 임대인의 실제 거주 의사의 존부나 진위를 알지 못한 채 임대인의 갱신거절을 받아들일 수밖에 없는 경우가 있다는 점을 이용하여 임대인이 계약갱신요구의 회피 수단으로 갱신거절을 남용하는 것을 방지함과 동시에 계약갱신요구 제도의 실효성을 확보하기 위한 것으로, 갱신거절을 남용하는 임대인에게 위와 같은 일정한 책임을 묻는 것은 불가피하다. 나아가 앞서 본 바와 같이 손해배상 조항 중 제6조의3 제5항의 '정당한 사유', 즉 갱신거절 당시 예측할 수 없었던 것으로서 제3자에게 임대할 수밖에 없었던 불가피한 사정이 인정되는 경우에는 임대인이 제3자에게 목적 주택을 임대하더라도 그로 인한 손해배상책임을 면할 수 있다는 점을 고려하면, 임대인의 재산권 제한이 과도하다고 보기 어렵다.

한편, 손해배상 조항 중 제6조의3 제6항은 갱신거절 당시 당사자 간에 손해배상액의 예정에 관한 합의가 없는 경우 갱신거절 당시 환산월차임의 3개월분에 해당하는 금액, 임대인이 제3자에게 임대하여 얻은 환산월차임과 갱신거절 당시 환산월차임 간 차액의 2년분에 해당하는 금액, 갱신거절로 인해 임차인이 입은 손해액 중 큰 금액을 손해배상액으로 하도록 규정하고 있다. 이는 손해배상의 일반원칙에 따라 임차인에게 손해액의 입증책임을 부담시킬 경우 법적 분쟁과 그에 따른 비용 발생에 부담을 느낀 임차인이 사실상 손해배상의 청구를 포기하게 되는 점을 고려하여 손해액의 입증책임을 완화한 것으로, 이를 통해 손해배상액 산정에 관한 다툼을 예방하고 임차인의 신속한 피해 구제가 이루어지도록 하여 분쟁을 조기에 해결할 수 있다.

또한 위 조항 각 호에 나열된 '갱신거절 당시 환산월차임의 3개월분에 해당하는 금액'(제1호), '임대인이 제3자에게 임대하여 얻은 환산월차임과 갱신거절 당시 환산월차임 간 차액의 2년분에 해당하는 금액'(제2호)은, 임대인이 제3자에게 임대함으로써 얻게 되는 이익이나 임차인이 입은 손해액 또는 임대인의 갱신거절 남용을 막을 수 있는 정도를 훨씬 상회하는 금액이라 볼 수 없고, 임대인이 사전에 임차인과 손해배상액의 예정에 관한 합의를 함으로써 위 조항의 적용을 받지 않을 가능성도 존재한다. 따라서 손해배상 조항 중 제6조의3 제6항에서 손해배상액을 규정한 것이 임대인의 계약의 자유나 재산권을 과도하게 제한한다고 보기 어렵다.

라) 이상의 사정을 종합하면, 계약갱신요구 조항과 차임증액한도 조항 및 손해배상 조항은 피해최소성 원칙에 반하지 아니한다.

3) 법익의 균형성

주거의 안정은 인간다운 생활을 영위하기 위한 필수불가결한 요소이며, 국가는 경제적 약자인 임차인을 보호하고 사회복지의 증진에 노력할 의무를 지므로, 계약갱신요구 조항과 차임증액한도 조항 및 손해배상 조항이 달성하고자 하는 임차인의 주거안정이라는 공익은 크다고 할 것이다. 반면 임대인의 계약의 자유와 재산권에 대한 제한은 비교적 단기간 이루어지는 것으로 그 제한 정도가 크다고 볼 수 없으므로 법익의 균형성도 인정된다.

4) 소결

따라서 계약갱신요구 조항, 차임증액한도 조항 및 손해배상 조항은 과잉금지원칙에 반하여 청구인들의 계약의 자유와 재산권을 침해한다고 볼 수 없다.

2. 월차임전환율 조항에 대한 판단

(1) 쟁점의 정리

청구인들은 월차임전환율 조항 중 제7조의2 제2호가 '대통령령으로 정하는 이율'의 범위를 구체적으로 정하지 않아 포괄위임금지원칙에 위배된다고 주장하므로, 월차임전환율 조항이 포괄위임금지원칙에 반하여 청구인들의 계약의 자유와 재산권을 침해하는지 살펴본다.

청구인들은 월차임전환율 조항이 보증금과 월차임의 전환 비율을 과도하게 제한하여 임대인의 재산권 등 기본권을 침해한다는 주장도 하나, 이는 월차임 전환 비율의 축소 그 자체를 문제 삼는 것으로 월차임전환율 조항이 아니라 월차임 전환 시 구체적인 비율을 정하고 있는 주택임대차법 시행령 제9조에 관한 것이므로 별도로 판단하지 아니한다.

(2) 포괄위임금지원칙 위배 여부

월차임전환율 조항에서 대통령령에 위임하고 있는 사항은 보증금의 전부 또는 일부를 월 단위의 차임으로 전환하는 경우에 그 전환되는 금액에 곱하는 비율에 관한 것이다. 그런데 주택 임대차계약에서 보증금과 차임의 시세는 주택 임대차의 수요와 공급 상황, 금리변동, 경제상황 등에 따라 변화하는 성질을 가지므로 그러한 변화에 신속히 탄력적으로 대응할 필요성이 인정되며, 보증금과 차임은 전국적으로 동일한 수준에서 형성되는 것이 아니라 해당 지역의 경제 여건에 따라 많은 차이가 있어 세분화된 규율이 필요한 영역이다. 뿐만 아니라 <u>임차인의 주거안정을 위한 전문적이고 정책적인 고려가 요구되므로, 이를 일일이 법률로 정하는 것보다는 하위법령에서 정하도록 위임할 필요성이 인정된다.</u>

월차임전환율을 제한하는 규정은 2001. 12. 29. 법률 제6541호로 개정된 주택임대차보호법 제7조의2에서 신설된 이래 임차인의 주거비 부담을 완화하는 방향으로 개정이 이루어졌고, 월차임전환율 조항 중 제7조의2 제2호는 2016. 5. 29. 법률 제14175호로 개정된 주택임대차법에서 규정된 것이다. 이는 전세가격의 상승과 전세에서 월세로의 전환이 가속화되는 등 전월세 시장이 불안해짐에 따라 임차인의 주거비 부담을 완화하기 위하여 월차임전환율의 상한을 한국은행에서 공시한 기준금리에 대통령령으로 정하는 배수를 곱한 비율에서 한국은행에서 공시한 기준금리에 대통령령으로 정하는 이율을 더한 비율로 변경한 것이다.

한국은행에서 공시한 기준금리는 물가 동향, 국내외 경제상황, 금융시장 여건 등을 종합적으로 고려하여 산정되는 것이고, 월차임전환율 조항이 과도한 차임 부담에 따른 임차인의 피해 방지를 위하여 마련된 것인 한편 임대인의 기회비용도 함께 고려할 필요성이 있는 점 등을 고려하면, <u>월차임전환율 조항 중 제7조의2 제2호의 '대통령령에서 정하는 이율'이란, 한국은행에서 공시한 기준금리, 주택 임대차 시장에서 전세에서 월세로의 전환 비율, 임차인의 주거비 부담 정도와 그로 인한 주거안정의 저해 가능성 등을 종합적으로 고려하여 산정되는 것임을 충분히 예측할 수 있다.</u>

따라서 <u>월차임전환율 조항은 포괄위임금지원칙에 반하여 청구인들의 계약의 자유와 재산권을 침해한다고 볼 수 없다.</u>

3. 부칙조항에 대한 판단

(1) 쟁점의 정리

부칙조항은 개정 법률 시행 전에 임대인이 갱신을 거절하고 제3자와 임대차계약을 체결한 경우를 제외하고는 제6조의3 및 제7조의 개정규정(이하 합하여 '개정조항'이라 한다)을 <u>개정 법률 시행 당시에 존속 중인 임대차에도 적용하도록 하는바, 소급입법금지원칙 내지 신뢰보호원칙에 반하여 청구인들의 재산권과 계약의 자유를 침해하는지가 문제된다.</u>

청구인들은 개정 법률 시행 당시 '임대차가 종료된 경우'와 '임대차가 존속 중인 경우', '개정 법률 시행 전에 갱신을 거절하고 제3자와 임대차계약을 체결한 경우'와 '개정 법률 시행 전에 아직 갱신을 거절하지 아니한 경우 또는 적법하게 갱신을 거절하였으나 아직 제3자와 임대차계약을 체결하지 않은 경우' 등이 본질적으로 동일함에도 부칙조항이 개정조항의 적용 여부를 다르게 규정하여 청구인들의 평등권을 침해한다는 주장도 한다. 그런데 이는 부칙조항의 적용범위가 불합리하다는 취지이므로, 그것이 정당화되는지 여부는 소급입법금지원칙 및 신뢰보호원칙에 위배되는지 여부에서 함께 판단한다.

(2) 소급입법의 구분과 부칙조항의 유형

헌법 제13조 제2항은 "모든 국민은 소급입법에 의하여 참정권의 제한을 받거나 재산권을 박탈당하지 아니한다."라고 규정하고 있다. 여기서 원칙적으로 금지하고 있는 '소급입법'은 신법이 이미 종료된 사실관계나 법률관계에 적용되는 경우인 '진정소급입법'을 의미한다.

부칙조항은 개정조항의 적용대상을 개정 법률 시행 당시에 임대인과 임차인 사이에 임대차관계가 지속 중이던 것으로 정하고 있으므로, 종료된 사실관계나 법률관계를 대상으로 하는 진정소급입법에 해당하지 아니하고 진행 중에 있는 사실관계나 법률관계를 대상으로 하는 부진정소급입법에 해당한다. 따라서 부칙조항에 대해서는 청구인들이 지니고 있는 기존의 법적인 상태에 대한 신뢰를 법치국가적인 관점에서 헌법적으로 보호해 주어야 할 것인지와 관련한 신뢰보호원칙 위배 여부가 문제된다.

(3) 신뢰보호원칙 위배 여부

(가) 주택 임대차와 관련한 임차인의 보호 및 주택의 이용에 관한 정책은 임차인에 대한 사회적 보호의 필요성, 임대차 시장의 여건, 사회경제적 사정 등을 종합적으로 고려하여 입법자가 정책적으로 결정하여야 할 사항으로 원칙적으로 광범위한 입법형성의 자유가 인정된다. 따라서 특단의 사정이 없는 한 구법상의 기대이익을 존중하여야 할 입법자의 의무가 있는 것은 아니나, 이 경우에도 신뢰보호원칙에 위배되는지 여부는 여전히 문제된다. 신뢰보호원칙의 위반 여부는 침해받은 신뢰이익의 보호가치, 침해의 중한 정도, 신뢰침해의 방법 등과 새 입법을 통하여 실현하고자 하는 공익목적을 종합적으로 비교형량하여 판단하여야 한다(헌재 2021. 10. 28. 2019헌마106등 참조).

(나) 주택 임대차와 같이 임차인의 주거안정 보장이라는 공익에 기초하여 사적인 계약관계를 규율하는 법률의 경우 임대차 시장의 상황 및 국민의 주거안정 개선의 필요성 등 사회적·경제적 상황에 따라 새로운 법적 규율을 가하게 되는 것이 일반적이다. 실제 주택임대차법의 개정 과정을 보면 임차인 보호의 정책적 필요에 따라 그 내용이 변경되어 왔으므로, 기존의 법적 규율 상태가 앞으로도 존속할 것이라는 임대인의 기대 또는 신뢰의 보호가치가 크다고 볼 수 없고, 임대차계약 종료 시 계약의 상대방 선택과 계약의 내용 형성에 제약을 받지 않을 것이라는 임대인의 신뢰 내지 기대 또한 확정적이거나 절대적이라고 보기 어렵다.

나아가 부칙조항은 개정 법률 시행 당시 이미 임대차가 종료된 경우에는 진정소급입법을 원칙적으로 금지하는 취지에 따라 개정조항의 적용을 배제하고 있으며, 개정 법률 시행 전에 임대인이 갱신거절을 하고 제3자와 임대차계약을 체결한 경우에도 이미 형성된 법률관계에 따른 신뢰를 보호하기 위해 개정조항을 적용하지 않도록 하고 있다. 이에 더하여 임차인의 계약갱신요구권은 1회에 한하여 인정되고 그로 인한 계약의 존속기간도 2년으로 제한되는 점, 개정 법률 시행 후라 하더라도 임차인의 계약갱신요구권 행사기간이 이미 도과한 경우나 임대인에게 갱신거절의 정당한 사유가 있는 경우에는 임대인이 기존 임차인과의 임대차계약상의 구속에서 벗어날 수 있는 점 등을 종합하여 보면, 부칙조항이 개정 법률 시행 당시 존속 중인 임대차에 개정조항을 적용하도록 한 것이 임대인에게 가혹한 부담을 준다고 보기도 어렵다.

반면, 개정 법률 시행 당시 존속 중인 임대차계약에 개정조항을 적용하지 않을 경우, 임대인이 존속 중인 임대차계약 만료 후 임대 자체를 기피하거나 보증금과 차임을 대폭 인상함으로써 임대주택의 공급 부족 또는 차임 상승 등의 부작용을 초래할 가능성이 있고, 이는 결과적으로 계약갱신요구권을 도입하고 그 실효성을 확보하기 위한 규정인 개정조항을 형해화할 우려가 있다. 부칙조항은 이러한 부작용을 막고 개정조항의 실효성을 확보하여 개정 법률 시행 당시 임차인의 주거안정을 보장하기 위한 것이므로, 그와 같은 공익이 임대인의 신뢰이익에 비해 크다고 할 것이다.

(다) 따라서 부칙조항은 신뢰보호원칙에 반하여 청구인들의 계약의 자유와 재산권을 침해하지 아니한다.

Ⅳ. 결론

그렇다면 [별지 1] 기재 청구인 중 2020헌마1343, 2021헌마14 청구인들이 피청구인들의 2020. 8. 28.자 '2020. 7. 31. 개정 주택임대차보호법 해설집' 중 '개정 관련 FAQ' 부분 발간·배포행위에 대하여 한 심판청구는 부적법하므로 이를 모두 각하하고, 주택임대차보호법(2020. 7. 31. 법률 제17470호로 개정된 것) 제6조의3 제1항, 제3항 본문, 제3항 단서 중 제7조 제2항에 관한 부분, 제5항, 제6항 및 주택임대차보호법 부칙(2020. 7. 31. 법률 제17470호) 제2조는 모두 헌법에 위반되지 아니하며, [별지 1] 기재 청구인 중 2020헌마1343, 2021헌마14 청구인들의 나머지 심판청구와 2020헌마1400, 2020헌마1598, 2021헌마792 청구인들의 심판청구는 이유 없으므로 이를 모두 기각하기로 하여, 관여 재판관 전원의 일치된 의견으로 주문과 같이 결정한다.

결정의 의의

이 사건 청구인들은 주택 임대인 내지 임대인의 지위를 승계한 자들로, 이른바 '임대차 3법'으로 불리는 2020. 7. 31. 법률 제17470호로 개정된 주택임대차보호법상 개정 조항들의 위헌 여부를 주로 문제 삼아 심판청구를 하였다.

이 결정에서, 헌법재판소는 주택 임차인에게 계약갱신요구권을 부여하고, 계약갱신 시 보증금과 차임의 증액 한도를 제한한 조항, 실제 거주 목적으로 갱신거절을 한 후 정당한 사유 없이 제3자에게 임대한 임대인의 손해배상책임을 규정한 조항 및 개정법 시행 당시 존속 중인 임대차에도 개정조항을 적용하도록 한 부칙조항과, 이보다 앞서 개정된 보증금을 월차임으로 전환하는 경우의 산정률을 규정한 조항에 대하여 처음 본안에 나아가 위헌 여부를 판단하였다.

헌법재판소는 임차인의 주거안정 보장이라는 주택임대차보호법의 취지 등을 고려해 위 조항들이 과잉금지원칙, 명확성원칙, 포괄위임금지원칙, 신뢰보호원칙에 반하여 임대인의 계약의 자유와 재산권을 침해하지 않는다고 보아 재판관 전원의 일치된 의견으로 합헌 내지 기각 결정(해설집 발간배포 부분은 각하)을 하였다.

2024.3.28. 2020헌바494 [민법 제1003조 제1항 위헌소원]　　　　　　[합헌]

1. 사건의 개요

청구인은 2007. 12. 7.경부터 망인과 동거를 시작하였는데, 망인은 2018. 3. 17. 새벽에 갑자기 발작증세를 보여 병원 응급실로 이송되어 치료를 받았으나 2018. 4. 2. 사망하였다. 그 후 청구인은 검사를 상대로 사실상 혼인관계존부 확인의 소를 제기하였고, 법원은 2018. 11. 7. '청구인과 망인 사이에 2007. 12. 7.부터 2018. 4. 2.까지 사실상 혼인관계가 존재하였음을 확인한다'는 판결을 선고하였다.

(1) 2020헌바494

청구인은 2019. 8. 14. 사실혼 배우자에게도 상속권이 인정되어야 함을 전제로, 청구인이 망인의 단독상속인이 된다고 주장하면서 망인의 형제자매 등 법정상속인들을 상대로 망인으로부터 상속받은 재산의 반환을 구하는 소를 제기하였다. 청구인은 위 소송 계속 중 민법 제1003조 제1항 중 '배우자' 부분에 대하여 위헌법률심판제청 신청을 하였으나 위 본안 청구 및 신청이 모두 기각되자 2020. 9. 28. 헌법소원심판을 청구하였다.

(2) 2021헌바22

청구인은 2019. 10. 4. 사실혼이 일방의 사망으로 해소된 경우 생존 사실혼 배우자에게도 재산분할청구권이 인정되어야 한다고 주장하면서 위 망인의 법정상속인들을 상대로 재산분할심판을 청구하였다. 청구인은 위 소송 계속 중 민법 제839조의2 제1항, 제2항, 제843조에 대하여 위헌법률심판제청 신청을 하였으나 위 본안 청구는 기각되고 위 신청은 각하되자, 2021. 1. 26. 헌법소원심판을 청구하였다.

2. 심판의 대상

민법(1990. 1. 13. 법률 제4199호로 개정된 것)
제839조의2(재산분할청구권) ① 협의상 이혼한 자의 일방은 다른 일방에 대하여 재산분할을 청구할 수 있다.
② 제1항의 재산분할에 관하여 협의가 되지 아니하거나 협의할 수 없는 때에는 가정법원은 당사자의 청구에 의하여 당사자 쌍방의 협력으로 이룩한 재산의 액수 기타 사정을 참작하여 분할의 액수와 방법을 정한다.

민법(2012. 2. 10. 법률 제11300호로 개정된 것)
제843조(준용규정) 재판상 이혼에 따른 손해배상책임에 관하여는 제806조를 준용하고, 재판상 이혼에 따른 자녀의 양육책임 등에 관하여는 제837조를 준용하며, 재판상 이혼에 따른 면접교섭권에 관하여는 제837조의2를 준용하고, 재판상 이혼에 따른 재산분할청구권에 관하여는 제839조의2를 준용하며, 재판상 이혼에 따른 재산분할청구권 보전을 위한 사해행위취소권에 관하여는 제839조의3을 준용한다.

민법(1990. 1. 13. 법률 제4199호로 개정된 것)
제1003조(배우자의 상속순위) ① 피상속인의 배우자는 제1000조 제1항 제1호와 제2호의 규정에 의한 상속인이 있는 경우에는 그 상속인과 동순위로 공동상속인이 되고 그 상속인이 없는 때에는 단독상속인이 된다.

3. 주 문

1. 민법(1990. 1. 13. 법률 제4199호로 개정된 것) 제1003조 제1항 중 '배우자' 부분은 헌법에 위반되지 아니한다.
2. 청구인의 나머지 심판청구를 각하한다.

Ⅰ. 판시사항

1. 청구인의 민법 제839조의2 제1항, 제2항, 제843조 중 제839조의2 제1항, 제2항에 관한 부분(이하 위 조항들을 합하여 '재산분할청구권조항'이라 한다)에 대한 심판청구는 헌법재판소법 제68조 제2항에 의한 헌법소원에서 허용되지 아니하는 진정입법부작위를 다투는 것에 해당하여 부적법하다고 본 사례
2. 생존 사실혼 배우자에게 상속권을 인정하지 않은 민법 제1003조 제1항 중 '배우자' 부분(이하 '상속권조항'이라 한다)이 청구인의 재산권(상속권)을 침해하고 평등원칙에 반하는지 여부(소극)

Ⅱ. 재산분할청구권조항에 관한 판단

1. 청구인은 형식적으로는 재산분할청구권조항에 관하여 심판을 청구하고 있다. 그러나 실질적으로는 '재산분할청구권조항에서 일방의 사망으로 사실혼이 종료된 경우 생존 사실혼 배우자에게 재산분할청구권을 부여하는 규정을 두지 않은 것'의 위헌성을 문제삼고 있으므로, 이는 입법자가 위와 같은 규정을 마련하지 않은 부작위의 위헌성을 다투는 취지라 할 것이다.
2. 헌법재판소법 제68조 제2항에 의한 헌법소원은 '법률'의 위헌성을 적극적으로 다투는 제도이므로 '법률의 부존재', 즉 입법부작위를 다투는 것은 그 자체로 허용되지 아니하고, 다만 법률이 불완전·불충분하게 규정되었음을 근거로 법률 자체의 위헌성을 다투는 취지로 이해될 경우에는 그 법률이 당해 사건의 재판의 전제가 된다는 것을 요건으로 허용될 수 있다(헌재 2010. 2. 25. 2009헌바95 참조).

   따라서 청구인의 이 부분 심판청구가 진정입법부작위를 다투는 청구에 해당한다면 이는 그 자체로 부적법하게 된다.
3. 입법자는 이혼과 같이 쌍방 생존 중 혼인이 해소된 경우의 재산분할제도만을 재산분할청구권조항의 입법사항으로 하였다고 봄이 타당하다. 그렇다면 청구인이 문제삼는 일방의 사망으로 사실혼이 종료된 경우의 재산분할제도를 두지 않은 부작위는, 입법자가 어떠한 입법적 규율을 하였는데 그 내용이 불완전·불충분한 경우가 아니라, 애당초 그러한 입법적 규율 자체를 전혀 하지 않은 경우, 즉 진정입법부작위에 해당한다.
4. 따라서 이 부분 심판청구는 외형상 특정 법률조항을 심판대상으로 삼아 헌법재판소법 제68조 제2항에 따라 제기되었으나 실질적으로는 진정입법부작위의 위헌성을 다투는 것이므로 그 자체로 부적법하다.

Ⅲ. 상속권조항에 관한 판단

1. 헌법재판소 선례

헌법재판소는 2014. 8. 28. 선고한 2013헌바119 결정에서, 상속권조항은 입법형성권의 한계를 일탈하지 아니하여 생존 사실혼 배우자의 재산권(상속권)을 침해하지 않고, 자의금지원칙을 위반하여 평등권을 침해하지 않는다고 판단하였다. 그 이유의 요지는 다음과 같다(아래 결정이유의 '이 사건 법률조항'은 '상속권조항'과 동일한 법률조항을 약칭한 것이다).

『(1) 이 사건 법률조항이 사실혼 배우자에게 상속권을 인정하지 아니하는 것은 상속인에 해당하는지 여부를 객관적인 기준에 의하여 파악할 수 있도록 함으로써 상속을 둘러싼 분쟁을 방지하고, 상속으로 인한 법률관계를 조속히 확정시키며, 거래의 안전을 도모하기 위한 것이다. 사실혼 배우자는 혼인신고를 함으로써 상속권을 가질 수 있고, 증여나 유증을 받는 방법으로 상속에 준하는 효과를 얻을 수 있으며, 근로기준법, 국민연금법 등에 근거한 급여를 받을 권리 등이 인정된다. 따라서 이 사건 법률조항이 사실혼 배우자의 상속권을 침해한다고 할 수 없다.

(2) 법률혼주의를 채택한 취지에 비추어 볼 때 제3자에게 영향을 미쳐 명확성과 획일성이 요청되는 상속과 같은 법률관계에서는 사실혼을 법률혼과 동일하게 취급할 수 없으므로, 이 사건 법률조항이 사실혼 배우자의 평등권을 침해한다고 보기 어렵다.』

2. 선례 변경의 필요성

　　(1) 위와 같은 선례의 결정이유는 심판대상이 동일한 이 사건에도 그대로 적용될 수 있고, 이와 달리 판단해야 할 사정변경이나 필요성이 있다고 보이지 아니한다.

　　(2) 따라서 상속권조항은 생존 사실혼 배우자의 재산권(상속권)을 침해하지 아니하고 평등원칙에도 반하지 아니한다.

Ⅳ. 결론

그렇다면 상속권조항은 헌법에 위반되지 아니하고, 청구인의 나머지 심판청구는 부적법하므로 이를 각하하기로 하여 주문과 같이 결정한다. 이 결정은 재판관 김기영, 재판관 문형배, 재판관 이미선의 재산분할청구권조항에 대한 반대의견이 있는 외에는 관여 재판관들의 일치된 의견에 따른 것이고, 법정의견에 대하여는 재판관 이영진의 보충의견이 있다.

결정의 의의

현행 민법 하에서 일방의 사망으로 사실혼관계가 종료된 경우 생존한 사실혼 배우자에게는 상속권이 없고, 재산분할청구권도 행사할 수 없다.

헌법재판소는 재판관 전원일치 의견으로 생존 사실혼 배우자에게 상속권을 인정하지 않은 상속권조항이 헌법에 위반되지 아니한다고 판단하였다. 이 부분 결정은, 상속권조항이 입법형성권의 한계를 일탈하지 않아 상속권(재산권)을 침해하지 않고, 평등원칙에도 위배되지 않는다는 이유로 합헌결정을 선고하였던 종전의 헌법재판소 선례(헌재 2014. 8. 28. 2013헌바119)가 여전히 타당하며 이를 변경할 필요성이 없음을 선언하였다는 점에서 의미가 있다.

이 사건은 재산분할청구권조항에 대하여도 심판청구가 이루어졌다는 점에서 상속권조항만이 문제되었던 종전 선례와 차이가 있다. 이에 관하여 헌법재판소는 일방의 사망으로 사실혼이 종료된 경우 생존 사실혼 배우자에게 재산분할청구권을 인정하지 않은 부작위는, 헌법재판소법 제68조 제2항에 의한 헌법소원에서 허용되지 않는 진정입법부작위를 다투는 것이어서 이 부분 심판청구는 부적법하다고 판단하였다. 헌법재판소법 제68조 제2항에 따른 헌법소원은 입법활동의 결과인 법률이나 법률조항이 헌법에 위반되는지 여부를 적극적으로 다투는 제도이므로 법률의 부존재, 즉 진정입법부작위를 대상으로하여 다투는 것은 그 자체로서 허용되지 않는다. 법정의견은 재산분할청구권조항이 쌍방 생존 중 혼인이 해소된 경우의 재산분할제도만을 규율한 것이므로, 일방의 사망으로 사실혼이 종료된 경우의 재산분할에 관한 입법적 규율 자체가 존재하지 않는다고 보았다(진정입법부작위).

한편, 재산분할청구권조항에 대하여는 이 부분 심판청구가 부진정입법부작위(법률이 불완전·불충분하여 결함이 있는 '부진정입법부작위'는 불완전한 법률조항 자체가 헌법재판소법 제68조 제2항에 따른 헌법소원심판대상이 될 수 있다. 반대의견은 재산분할청구권조항이 '일방의 사망으로 사실혼이 해소된 경우'를 재산분할청구권의 발생에서 배제한 것으로 보아, 부진정입법부작위라고 보았다)를 다투는 것에 해당하여 적법하고, 나아가 위 조항은 입법형성권의 한계를 일탈하여 생존 사실혼 배우자의 재산권을 침해한다는 반대의견(재판관 3인)이 있다. 또한, 법정의견에 대하여는 생존 사실혼 배우자의 재산권 등을 보호할 수 있도록 상속 내지 재산분할제도 관련 조항 등에 대한 입법개선이 필요하다는 보충의견이 있다(재판관 1인).

2024.4.25. 2022헌가33 [군인연금법 제27조 제1항 제2호 위헌제청]   [헌법불합치]

1. 사건의 개요

(1) 윤○○은 1974. 12. 21.부터 28년 2개월간 군인으로 복무하다 2003. 1. 31. 중령으로 전역하였고, 2003. 2.부터 군인연금법상 퇴역연금(2020. 6. 기준 월 3,434,190원)을 지급받아 왔다.

(2) 윤○○은 2018. 6. 13. 실시된 제7회 전국동시지방선거에서 계룡시의회의원으로 선출되어, 2018. 7. 1. 취임하여 급여로 월 2,781,530원(2021. 2. 기준 의정활동비 1,100,000원 + 월정수당 1,768,000원) 상당을 지급받아 왔다.

(3) 퇴역연금 수급자가 선거에 의한 선출직 공무원에 취임한 경우에는 그 재직기간 중 해당 퇴역연금 전부의 지급을 정지하도록 한 구 군인연금법(2019. 12. 10. 법률 제16760호로 전부개정되고, 2023. 7. 11. 법률 제19521호로 개정되기 전의 것) 제27조 제1항 제2호가 2020. 6. 11. 시행되었다.

(4) 윤○○은 2022. 5. 2. 국군재정관리단장을 상대로 2020. 7.부터 지급되지 않은 퇴역연금 상당액의 지급을 청구하였으나, 국군재정관리단장은 위 구 군인연금법을 근거로 지급을 거부하였다(이하 '이 사건 처분'이라 한다).

(5) 이에 윤○○은 2021. 3. 26. 국방부장관을 상대로 퇴역연금 지급정지의 취소를 구하는 소를 제기하였다가 2022. 3. 14. 국군재정관리단장으로 피고의 경정을 신청하여 당사자 경정 허가 결정을 받고, 2022. 7. 12. 및 2022. 9. 2. 청구취지를 이 사건 처분의 취소를 구하는 것으로 변경 및 정정하였다(서울행정법원 2021구합85747). 법원은 2022. 9. 29. 군인연금법 제27조 제1항 제2호 중 '지방의회의원'에 관한 부분에 대하여 직권으로 위헌법률심판제청 결정을 하였다.

2. 심판의 대상

구 군인연금법(2019. 12. 10. 법률 제16760호로 전부개정되고, 2023. 7. 11. 법률 제19521호로 개정되기 전의 것)
제27조(퇴역연금의 지급정지 등) ① 퇴역연금의 수급자가 다음 각 호의 어느 하나에 해당하는 경우에는 <u>그 재직기간 중 해당 퇴역연금 전부의 지급을 정지한다.</u> 다만, 제3호부터 제5호까지의 어느 하나에 해당하는 경우로서 근로소득금액이 전년도 공무원 전체의 기준소득월액 평균액의 160퍼센트 미만인 경우에는 그러하지 아니하다.
   <u>2. 선거에 의한 선출직 공무원에 취임한 경우</u>

[관련조항]

군인연금법(2023. 7. 11. 법률 제19521호로 개정된 것)
제27조(퇴역연금의 지급정지 등) ① 퇴역연금의 수급자가 다음 각 호의 어느 하나에 해당하는 경우에는 그 재직기간 중 해당 퇴역연금 전부의 지급을 정지한다. 다만, 제2호에 해당하는 지방의회의원의 경우로서 「소득세법」 제20조 제2항에 따른 근로소득금액의 월평균금액(이하 "근로소득월액"이라 한다)이 본인의 퇴역연금액 미만인 경우에는 그 근로소득월액만큼 해당 연금 일부의 지급을 정지하고, 제3호부터 제5호까지의 어느 하나에 해당하는 경우로서 근로소득금액이 전년도 공무원 전체의 기준소득월액 평균액의 160퍼센트 미만인 경우에는 제3항에 따라 해당 연금 일부의 지급을 정지한다.
   2. 선거에 의한 선출직 공무원에 취임한 경우

군인연금법 부칙(2023. 7. 11. 법률 제19521호)
이 법은 공포한 날부터 시행한다.

3. 주 문

1. 구 군인연금법(2019. 12. 10. 법률 제16760호로 전부개정되고, 2023. 7. 11. 법률 제19521호로 개정되기 전의 것) 제27조 제1항 제2호 중 '지방의회의원'에 관한 부분은 헌법에 합치하지 아니한다.

2. 법원 기타 국가기관 및 지방자치단체는 위 법률조항의 적용을 중지하여야 한다.

Ⅰ. 판시사항

1. 퇴역연금 수급자가 지방의회의원에 취임한 경우, 퇴역연금 전부의 지급을 정지하도록 규정한 구 군인연금법 제27조 제1항 제2호 중 '지방의회의원'에 관한 부분(이하 '심판대상조항'이라 한다)이 과잉금지원칙에 위배되어 지방의회의원에 취임한 퇴역연금 수급자의 재산권을 침해하는지 여부(적극)
2. 헌법불합치결정을 하면서 적용 중지를 명한 사례

Ⅱ. 판단

1. 헌법재판소의 관련 선례

헌법재판소는 2022. 1. 27. 2019헌바161 결정에서 공무원연금법상 퇴직연금 수급자가 지방의회의원에 취임한 경우 퇴직연금 전부의 지급을 정지하도록 한 구 공무원연금법(2015. 6. 22. 법률 제13387호로 개정되고, 2018. 3. 20. 법률 제15523호로 전부개정되기 전의 것) 제47조 제1항 제2호 중 '지방의회의원'에 관한 부분 및 구 공무원연금법(2018. 3. 20. 법률 제15523호로 전부개정되고, 2023. 6. 30. 법률 제19513호로 개정되기 전의 것) 제50조 제1항 제2호 중 '지방의회의원'에 관한 부분(이하 '공무원연금법상 지급정지 조항'이라 한다)이 과잉금지원칙에 위반하여 퇴직연금 수급자인 지방의회의원의 재산권을 침해한다고 판단하고, 헌법불합치결정을 선고하였다. 그 이유의 요지는 다음과 같다.

『(1) 목적의 정당성 및 수단의 적합성

공무원연금법상 지급정지 조항은 악화된 연금재정을 개선하여 공무원연금제도의 건실한 유지·존속을 도모하고 연금과 보수의 이중수혜를 방지하기 위한 것으로 그 정당성이 인정되고, 퇴직연금 지급을 정지할 경우 연금지출이 감소되어 입법목적에 기여할 수 있으므로 수단의 적합성도 인정된다.

(2) 침해의 최소성

공무원연금제도는 공무원이 퇴직한 후 생계 및 부양에 어려움이 없도록 적절한 소득을 보장하는 데 주된 취지가 있으므로, 연금을 정지하기 위해서는 연금을 대체할 만한 소득이 있어야 한다. 지방의회의원이 받게 되는 보수가 지급정지되는 퇴직급여를 대체할 수 있는 적정 수준인지는 지방의회의원의 '생계유지 또는 생활보장을 위해 사용될 수 있는 급여'인 의정비 중 월정수당을 기준으로 판단하여야 한다.

실제 상당수의 퇴직연금 수급자인 지방의회의원들이 퇴직연금보다 적은 월정수당을 받음에도 연금 전액이 정지되는데, 월정수당은 각 지방자치단체의 규모나 재정 상태에 따라 큰 편차가 있고, 그 내용이 수시로 변화될 수 있다는 점에서 안정성이 낮다. 그럼에도, 공무원연금법상 지급정지 조항은 연금을 대체할 만한 적정한 소득이 있다고 할 수 없는 경우에도 일률적으로 연금전액의 지급을 정지하여 지급정지제도의 본질 및 취지와 어긋나는 결과를 초래하고 있다.

공무원연금법상 지급정지 조항과 같이 재취업소득액에 대한 고려 없이 퇴직연금 전액의 지급을 정지할 경우 재취업 유인을 제공하지 못하여 정책목적 달성에 실패할 가능성이 크다. 이와 달리 지방의회의원으로 선출된 퇴직연금 수급자에 대하여 보수수준과 연계하여 연금의 일부만 감액하거나 적어도 연금과 보수의 합계액이 취임 전 퇴직연금보다 적지 않은 액수로 유지할 경우에는 연금 전부의 지급을 정지하는 경우보다 퇴직연금 수급자의 지방의회 진출이 더 많아질 수 있다.

따라서 공무원연금법상 지급정지 조항은 침해의 최소성 요건을 충족하지 못한다.

(3) 법익의 균형성

국민의 세금을 재원으로 한 연금과 보수 수령의 이중수혜를 막고 이를 통해 연금재정의 건전성을 확보하는 것이 중요한 공익이나, 이를 실현하기 위해 특정집단의 특별한 희생을 강요하여서는 안 되고 이는 그 대상이 공직자라 하더라도 마찬가지다. 따라서 퇴직연금 수급자가 선출직 공무원으로 취임하여 새로 얻게 되는 보수가 기존의 연금에 미치지 못하는 액수임에도 연금 전액의 지급을 정지하여, 공직을 수행하지 않는 경우보다 공직을 수행하는 경우에 오히려 생활보장에 불이익이 발생하도록 하는 것은, 이를 통해 달성하려는 공익이 공무원연금법상 지급정지 조항으로 발생하는 재산권 침해를 정당화할 정도에 이른다고 보이지 않으므로, 공무원연금법상 지급정지 조항은 법익의 균형성 요건을 충족하지 못한다.

(4) 소결

그렇다면 공무원연금법상 지급정지 조항은 과잉금지원칙에 위배되어 지방의회의원에 취임한 퇴직연금 수급자의 재산권을 침해한다.」

2. 이 사건과 선례의 유사성 및 선례 변경의 필요성 여부

우리나라의 법체계는 공무원연금과 군인연금을 별도로 규정하고, 공무원연금법상 퇴직연금과 군인연금법상 퇴역연금은 수급권자의 복무기간, 지급기간 등에 차이가 있다. 그러나 퇴직연금이나 퇴역연금을 이미 받고 있는 수급자를 기준으로 본다면, 두 연금은 모두 퇴직한 후 생계 및 부양에 어려움이 없도록 적절한 소득을 보장하는 데 주된 취지가 있다. 그리고 퇴직연금 수급자와 퇴역연금 수급자가 동일한 지방자치단체의 지방의회의원으로 취임한 경우에 지방자치단체로부터 지급받는 의정비가 동일하고, 전자는 공무원연금법상 지급정지 조항의 적용을 받고, 후자는 심판대상조항의 적용을 받아 연금 지급이 전부 정지된다는 사정도 동일하다.

한편, 지방의회의원의 월정수당은 2022년 0.95%, 2023년 3.66% 인상되었다. 그런데 군인연금법 제14조 제1항은 군인연금에 대하여 전전년도와 대비한 전년도 전국소비자물가변동률에 해당하는 금액을 매년 증액하거나 감액하도록 규정하고 있어서, 퇴역연금은 2022년 2.5%, 2023년 5.1% 인상되었다. 이와 같이 월정수당의 인상률이 퇴역연금의 인상률에 미치지 못함으로 인하여 지방의회의원이 지급받는 월정수당과 지급정지된 퇴역연금 사이의 차이가 더욱 커지게 되었다. 실제 2022년 실시된 제8회 동시지방선거에서 당선된 퇴역연금 수급자인 지방의회의원 4명은 모두 2022년과 2023년 월정수당이 퇴역연금 급여에 미치지 못하는 경우에 해당하였다. 그렇다면 위 선례의 취지는 이 사건에서도 그대로 타당하고, 위 선례와 다르게 판단을 하여야 할 만한 사정변경이나 필요성이 인정된다고 보기 어렵다.

따라서 심판대상조항은 과잉금지원칙에 위배되어 지방의회의원에 취임한 퇴역연금 수급자의 재산권을 침해한다.

3. 헌법불합치결정과 적용중지

심판대상조항은 과잉금지원칙에 위배되어 원칙적으로 위헌결정을 하여야 할 것이지만, 위와 같은 위헌성은 연금지급정지제도 자체에 있다기보다 선출직 공무원으로서 받게 되는 보수가 기존의 연금에 미치지 못하는 경우에도 연금 전액의 지급을 정지하는 것에 있으므로, 헌법불합치결정을 하여 입법자로 하여금 위와 같이 과잉금지원칙 위배가 문제되는 부분의 위헌성을 제거하는 개선입법을 하도록 하는 것이 더 바람직하다. 따라서 심판대상조항에 대하여 단순위헌결정을 하는 대신 헌법불합치결정을 하기로 한다.

한편, 위 선례의 헌법불합치결정 이후 2023. 6. 30. 공무원연금법이 개정되었고, 2023. 7. 11. 군인연금법도 개정되어, 지방의회의원의 경우로서 소득세법 제20조 제2항에 따른 근로소득금액의 월평균금액(근로소득월액)이 본인의 퇴직연금액이나 퇴역연금액 미만인 경우에는 그 근로소득월액만큼 해당 연금 일부의 지급을 정지하는 것으로 개정되어 위 각 개정일부터 시행되었다. 따라서 심판대상조항은 향후 더 이상 적용될 여지가 없게 되었으나, 위 개정조항은 개정일(공포한 날)부터 시행되도록 되어 있어서 소급적으로 적용되지 아니하므로, 심판대상조항은 당해사건과 관련하여서는 여전히 적용된다. 만일 심판대상조항의 계속적용을 명하면, 심판대상조항에 대한 위헌선언의 효력이 당해사건에 미치지 못할 우려가 있으므로, 심판대상조항에 대하여 헌법불합치결정을 선고하되, 그 적용을 중지하기로 한다. 당해사건에서는 개정된 신법을 적용하여야 할 것이다.

Ⅲ. 결론

그렇다면 심판대상조항은 헌법에 합치되지 아니하므로 헌법불합치결정을 선고하기로 하고, 법원 기타 국가기관 및 지방자치단체는 심판대상조항의 적용을 중지하는 것이 상당하므로, 주문과 같이 결정한다. 이 결정은 재판관 이미선의 반대의견이 있는 외에는 관여 재판관 전원의 의견일치에 의한 것이다.

결정의 의의

헌법재판소는 2022. 1. 27. 2019헌바161 결정(판례집 34-1, 1)에서 공무원연금법상 퇴직연금 수급자가 지방의회의원에 취임한 경우 퇴직연금 전부의 지급을 정지하도록 한 구 공무원연금법(2015. 6. 22. 법률 제13387호로 개정되고, 2018. 3. 20. 법률 제15523호로 전부개정되기 전의 것) 제47조 제1항 제2호 중 '지방의회의원'에 관한 부분 및 구 공무원연금법(2018. 3. 20. 법률 제15523호로 전부개정되고, 2023. 6. 30. 법률 제19513호로 개정되기 전의 것) 제50조 제1항 제2호 중 '지방의회의원'에 관한 부분(이하 '공무원연금법상 지급정지 조항'이라 한다)이 과잉금지원칙에 위반하여 퇴직연금 수급자인 지방의회의원의 재산권을 침해한다고 판단하고, 헌법불합치결정을 선고하였다.

이 사건은 군인연금법상 퇴역연금 수급자가 지방의회의원에 취임한 경우, 퇴역연금 전부의 지급을 정지하도록 한 조항에 대한 사건으로, 위 2019헌바161 결정과 심판대상조항의 차이가 있을 뿐, 그 심판대상조항의 취지와 내용이 동일한 조항에 대한 사건이다. 따라서 헌법재판소는 이 사건에서도 2019헌바161 사건과 동일한 취지로 심판대상조항이 과잉금지원칙에 위반하여 퇴직연금 수급자인 지방의회의원의 재산권을 침해한다고 판단하였다.

한편, 이 사건의 계속 중 심판대상조항이 개정되었으나, 개정조항이 당해사건에 적용되지 아니한다. 따라서 헌법재판소는 심판대상조항에 대하여 헌법불합치결정을 하되, 적용중지를 명하면서, 당해사건에서는 개정된 신법을 적용하여야 함을 명시하였다.

2024.4.25. 2020헌가4등 [민법 제1112조 등 위헌제청]　　　　　**[위헌, 헌법불합치, 합헌, 각하]**

1. 사건의 개요

(1) 위헌제청 사건

① 피상속인이 배우자와 딸에게 재산을 증여하자, 그 아들이 유류분의 반환을 청구한 사건에서, 법원이 직권으로 위헌제청(2020헌가4)

② 피상속인이 자녀들 중 1명에게 재산을 증여하자, 다른 자녀가 유류분의 반환을 청구한 사건에서, 법원이 당사자의 위헌법률심판제청신청을 받아들여 위헌제청(2021헌가29)

그 외 12건의 위헌제청 사건들 포함 총 14건의 위헌제청 사건이 헌법재판소에 계류 중임

(2) 헌법소원 사건

① 피상속인이 사망한 아들 대신 며느리와 손자들에게 재산을 증여하자, 피상속인의 딸들이 유류분의 반환을 청구한 사건에서, 헌법재판소법 제68조 제2항에 따른 헌법소원심판을 청구(2020헌바295)

② 피상속인이 자신이 설립한 장학재단(공익법인)에게 재산을 유증하자, 그 자녀가 유류분의 반환을 청구한 사건에서, 헌법재판소법 제68조 제2항에 따른 헌법소원심판을 청구(2021헌바72)

③ 미혼인 피상속인이 자신의 재산을 공익법인들에게 유증하자, 피상속인의 형제자매 등이 공익법인을 상대로 유류분의 반환을 청구한 사건에서, 헌법재판소법 제68조 제2항에 따른 헌법소원심판을 청구(2021헌바91)

그 외 30건의 헌법소원 사건들 포함 총 33건의 헌법소원 사건이 헌법재판소에 계류 중임

2. 심판의 대상

민법(1977. 12. 31. 법률 제3051호로 개정된 것)
제1112조(유류분의 권리자와 유류분) 상속인의 유류분은 다음 각 호에 의한다.
　　1. 피상속인의 직계비속은 그 법정상속분의 2분의 1
　　2. 피상속인의 배우자는 그 법정상속분의 2분의 1
　　3. 피상속인의 직계존속은 그 법정상속분의 3분의 1
　　4. 피상속인의 형제자매는 그 법정상속분의 3분의 1

제1113조(유류분의 산정) ① 유류분은 피상속인의 상속개시시에 있어서 가진 재산의 가액에 증여재산의 가액을 가산하고 채무의 전액을 공제하여 이를 산정한다.
② 조건부의 권리 또는 존속기간이 불확정한 권리는 가정법원이 선임한 감정인의 평가에 의하여 그 가격을 정한다.

제1114조(산입될 증여) 증여는 상속개시전의 1년간에 행한 것에 한하여 제1113조의 규정에 의하여 그 가액을 산정한다. 당사자 쌍방이 유류분권리자에 손해를 가할 것을 알고 증여를 한 때에는 1년 전에 한 것도 같다.

제1115조(유류분의 보전) ① 유류분권리자가 피상속인의 제1114조에 규정된 증여 및 유증으로 인하여 그 유류분에 부족이 생긴 때에는 부족한 한도에서 그 재산의 반환을 청구할 수 있다.
② 제1항의 경우에 증여 및 유증을 받은 자가 수인인 때에는 각자가 얻은 유증가액의 비례로 반환하여야 한다.

제1116조(반환의 순서) 증여에 대하여는 유증을 반환받은 후가 아니면 이것을 청구할 수 없다.

제1118조(준용규정) 제1001조, 제1008조, 제1010조의 규정은 유류분에 이를 준용한다.

[관련조항]

민법(2014. 12. 30. 법률 제12881호로 개정된 것)

제1001조(대습상속) 전조 제1항 제1호와 제3호의 규정에 의하여 상속인이 될 직계비속 또는 형제자매가 상속개시 전에 사망하거나 결격자가 된 경우에 그 직계비속이 있는 때에는 그 직계비속이 사망하거나 결격된 자의 순위에 갈음하여 상속인이 된다.

제1008조(특별수익자의 상속분) 공동상속인 중에 피상속인으로부터 재산의 증여 또는 유증을 받은 자가 있는 경우에 그 수증재산이 자기의 상속분에 달하지 못한 때에는 그 부족한 부분의 한도에서 상속분이 있다.

제1010조(대습상속분) ① 제1001조의 규정에 의하여 사망 또는 결격된 자에 갈음하여 상속인이 된 자의 상속분은 사망 또는 결격된 자의 상속분에 의한다.

② 전항의 경우에 사망 또는 결격된 자의 직계비속이 수인인 때에는 그 상속분은 사망 또는 결격된 자의 상속분의 한도에서 제1009조의 규정에 의하여 이를 정한다. 제1003조 제2항의 경우에도 또한 같다.

민법(2005. 3. 31. 법률 제7427호로 개정된 것)

제1008조의2(기여분) ① 공동상속인 중에 상당한 기간 동거 · 간호 그 밖의 방법으로 피상속인을 특별히 부양하거나 피상속인의 재산의 유지 또는 증가에 특별히 기여한 자가 있을 때에는 상속개시 당시의 피상속인의 재산가액에서 공동상속인의 협의로 정한 그 자의 기여분을 공제한 것을 상속재산으로 보고 제1009조 및 제1010조에 의하여 산정한 상속분에 기여분을 가산한 액으로써 그 자의 상속분으로 한다.

② 제1항의 협의가 되지 아니하거나 협의할 수 없는 때에는 가정법원은 제1항에 규정된 기여자의 청구에 의하여 기여의 시기 · 방법 및 정도와 상속재산의 액 기타의 사정을 참작하여 기여분을 정한다.

③ 기여분은 상속이 개시된 때의 피상속인의 재산가액에서 유증의 가액을 공제한 액을 넘지 못한다.

④ 제2항의 규정에 의한 청구는 제1013조 제2항의 규정에 의한 청구가 있을 경우 또는 제1014조에 규정하는 경우에 할 수 있다.

민법(1977. 12. 31. 법률 제3051호로 개정된 것)

제1117조(소멸시효) 반환의 청구권은 유류분권리자가 상속의 개시와 반환하여야 할 증여 또는 유증을 한 사실을 안 때로부터 1년 내에 하지 아니하면 시효에 의하여 소멸한다. 상속이 개시한 때로부터 10년을 경과한 때도 같다.

3. 주 문

1. 2020헌가4 사건의 위헌법률심판제청을 각하한다.

2. 민법(1977. 12. 31. 법률 제3051호로 개정된 것) 제1112조 제4호는 헌법에 위반된다.

3. 민법(1977. 12. 31. 법률 제3051호로 개정된 것) 제1112조 제1호부터 제3호 및 제1118조는 모두 헌법에 합치되지 아니한다. 위 조항들은 2025. 12. 31.을 시한으로 입법자가 개정할 때까지 계속 적용된다.

4. 민법(1977. 12. 31. 법률 제3051호로 개정된 것) 제1113조, 제1114조, 제1115조, 제1116조는 모두 헌법에 위반되지 아니한다.

Ⅰ. 판시사항

1. 민법 제1112조, 제1113조, 제1114조, 제1115조, 제1116조, 제1118조에 따른 유류분제도의 입법목적의 정당성이 인정되는지 여부(적극)

2. 유류분상실사유를 별도로 규정하지 아니한 민법 제1112조 제1호부터 제3호 및 형제자매의 유류분을 규정한 민법 제1112조 제4호가 재산권을 침해하여 헌법에 위반되는지 여부(적극)

3. 유류분 산정에 관한 민법 제1113조, 유류분 산정 기초재산에 산입되는 증여의 범위에 관한 민법 제1114조 전문이 재산권을 침해하여 헌법에 위반되는지 여부(소극)

4. 해의에 의한 증여의 산입에 관한 민법 제1114조 후문 및 공동상속인 중 특별수익자의 상속분에 관한 민법 제1008조를 준용하는 민법 제1118조 부분이 재산권을 침해하여 헌법에 위반되는지 여부(소극)

5. 유류분 반환에 관한 민법 제1115조, 증여와 유증의 반환 순서에 관한 민법 제1116조, 그리고 대습상속에 관한 민법 제1001조, 제1010조를 유류분에 준용하는 민법 제1118조 부분이 재산권을 침해하여 헌법에 위반되는지 여부(소극)

6. 기여분에 관한 민법 제1008조의2를 유류분에 준용하는 규정을 두지 아니한 민법 제1118조가 재산권을 침해하여 헌법에 위반되는지 여부(적극)
7. 형제자매의 유류분을 규정한 민법 제1112조 제4호에 대하여 단순위헌을, 유류분상실사유를 별도로 규정하지 아니한 민법 제1112조 제1호부터 제3호와 기여분에 관한 제1008조의2를 유류분에 준용하는 규정을 두지 아니한 민법 제1118조에 대하여 계속적용 헌법불합치결정을 각 선고한 사례

Ⅱ. 적법요건에 관한 판단(2020헌가4)

2020헌가4 사건에서의 당해사건 원고가 2024. 1. 23. 당해사건인 서울중앙지방법원 2019가합559939 사건의 소를 취하하여 소송이 종료되었으므로, 심판대상조항은 구체적 사건이 법원에 계속 중이 아니어서 당해사건에 적용될 여지가 없게 되었다. 따라서 2020헌가4 사건의 위헌법률심판제청은 재판의 전제성 요건을 갖추지 못하여 부적법하다.

Ⅲ. 본안에 관한 판단

1. 심판대상조항에 따른 유류분제도의 위헌 여부

(1) 쟁점정리

심판대상조항에 따른 유류분제도는 그 구체적 내용에 비추어 볼 때, 피상속인의 증여나 유증에 의한 자유로운 재산처분을 제한하고, 피상속인으로부터 증여나 유증을 받았다는 이유로 유류분반환청구의 상대방이 되는 자의 재산권을 역시 제한한다(헌재 2010. 4. 29. 2007헌바144; 헌재 2013. 12. 26. 2012헌바467 참조). 따라서 이하에서는 심판대상조항에 따른 유류분제도가 헌법상 재산권을 침해하여 헌법에 위반되는지 여부에 대하여 살펴본다.

(2) 심사기준

상속제도나 상속권의 내용은 입법자가 입법정책적으로 결정하여야 할 사항으로서 원칙적으로 입법자의 입법형성의 자유에 속한다고 할 것이지만, 입법자가 상속제도나 상속권의 내용을 정함에 있어서 입법형성권을 자의적으로 행사하여 헌법 제37조 제2항이 규정하는 기본권제한의 입법한계를 일탈하는 경우에는 그 법률조항은 헌법에 위반된다(헌재 2004. 10. 28. 2003헌가13; 헌재 2008. 2. 28. 2005헌바7 등 참조). 넓은 의미로 유류분은 상속인의 구체적 상속분을 산정하기 위한 하나의 절차라는 점에서 상속제도나 상속권의 한 내용으로 볼 수 있으므로, 유류분과 관련한 민법 조항의 위헌성 여부를 심사함에 있어 이러한 심사기준을 동일하게 적용하여 판단하여야 할 것이다(헌재 2010. 4. 29. 2007헌바144; 헌재 2013. 12. 26. 2012헌바467 참조).

(3) 판단

(가) 목적의 정당성 및 수단의 적합성

심판대상조항에 따른 유류분제도는 피상속인의 재산처분행위로부터 유족들의 생존권을 보호하고, 법정상속분의 일정비율에 상당하는 부분을 유류분으로 산정하여 상속재산형성에 대한 기여, 상속재산에 대한 기대를 보장하려는 데에 그 취지가 있다(헌재 2010. 4. 29. 2007헌바144). 유류분권리자는 일반적으로 혈연이나 가족 공동생활을 통하여 피상속인을 중심으로 긴밀한 유대관계를 가졌던 사람들로서, 유류분은 피상속인이 법정상속에서 완전히 벗어난 형태로 재산을 처분하는 것을 일정 부분 제한함으로써 가족의 연대가 종국적으로 단절되는 것을 저지하는 기능을 갖는다(헌재 2013. 12. 26. 2012헌바467).

상속인은 유류분제도를 통하여 사망한 피상속인과의 관계가 지속되고 있음을 확인하고 다른 공동상속인과 경제적인 결합체를 이루면서 가족 간의 연대를 유지해 나가고 있다. 오늘날 고령화를 넘어 초고령화 사회에 진입한 현실에 비추어 볼 때 피상속인의 배우자나 직계비속도 상속개시 당시 이미 고령이 되어 특별한 경제적 부양이 필요한 경우가 더 늘어날 것으로 예상되고, 아직은 모든 세대와 지역에서 남녀평등이 완전히 실현되었다고

보기 어려운 상황에서 유류분제도가 상속인의 상속재산에 대한 기대를 일정 부분 보장하는 기능을 수행하고 있는 사실은 부인하기 어렵다.

따라서 피상속인의 재산처분행위로부터 유족들의 생존권 보호, 상속재산형성에 대한 기여 및 상속재산에 대한 기대 보장, 그리고 가족제도의 종국적 단절의 저지라는 유류분제도 입법목적의 정당성은 여전히 수긍할 수 있다. 심판대상조항이 피상속인의 상속재산 중 일정비율을 상속인의 유류분으로 보장하고 유류분 산정 기초재산을 기준으로 하여 유류분에 부족분이 생기는 경우 유류분반환청구를 할 수 있도록 하는 등의 조치는 위와 같은 입법목적 달성에 기여하는 적합한 수단이다.

(나) 개별 조항의 합리성 여부

심판대상조항에 따른 유류분제도를 구성하는 각 유류분 조항이 합리적으로 규정되어 입법재량의 범위 내에 있는지 여부에 대하여 살펴본다.

1) 민법 제1112조

가) 민법 제1112조는 유류분권리자와 유류분에 관하여 획일적으로 피상속인의 직계비속과 배우자는 법정상속분의 2분의 1(제1호 및 제2호), 직계존속과 형제자매는 법정상속분의 3분의 1(제3호 및 제4호)로 규정하고 있다. 유류분에 관한 다양한 사례에 맞추어서 유류분권리자와 각 유류분을 적정하게 정하는 입법을 하는 것이 현실적으로 매우 어려운 점, 법원이 재판에서 구체적 사정을 고려하여 유류분권리자와 각 유류분을 개별적으로 정할 수 있도록 하는 것은 심리의 지연 및 재판비용의 막대한 증가 등을 초래할 수 있는 점 등을 고려하면, 민법 제1112조가 유류분권리자와 각 유류분을 획일적으로 규정한 것이 매우 불합리하다고 단정하기 어렵다.

나) 다만, 비록 민법 제1004조 소정의 상속인 결격사유에는 해당하지 않지만 피상속인을 장기간 유기하거나 정신적·신체적으로 학대하는 등의 패륜적인 행위를 일삼은 상속인의 유류분을 인정하는 것은 일반 국민의 법감정과 상식에 반한다고 할 것이다. 따라서 민법 제1112조에서 유류분상실사유를 별도로 규정하지 아니한 것은 불합리하다고 아니할 수 없다.

다) 오늘날 사회구조가 산업화를 거쳐 정보화 사회로 변화하면서 가산의 개념이 사라지고, 가족구조도 부모와 자녀로만 구성되는 핵가족제도로 보편화되었으며, 1인 가구도 증가하는 등 가족의 의미와 형태에 많은 변화가 이루어진 상황에서, 피상속인의 형제자매는 상속재산형성에 대한 기여나 상속재산에 대한 기대 등이 거의 인정되지 않음에도 불구하고 피상속인의 의사를 제한하여 유류분권을 부여하는 것은 그 타당한 이유를 찾기 어렵다. 유류분제도에 관한 외국의 입법례를 살펴보아도, 독일·오스트리아·일본 등에서는 피상속인의 형제자매를 유류분권리자에서 제외하고 있다(독일민법 제2303조 및 제2309조; 오스트리아일반민법 제757조; 일본민법 제1042조 각 참조).

라) 결국 민법 제1112조에서 유류분권리자와 각 유류분을 획일적으로 정하고 있는 것 자체는 불합리하다고 보기 어렵다. 그러나 민법 제1112조 제1호부터 제3호가 유류분상실사유를 별도로 규정하지 않고, 같은 조 제4호가 유류분권리자의 범위에 피상속인의 형제자매를 포함하는 것은 현저히 불합리하다고 할 것이다.

2) 민법 제1113조 및 제1114조 전문

가) 민법 제1113조 제1항에서는 유류분은 피상속인의 상속개시시에 있어서 가진 재산의 가액에 증여재산의 가액을 가산하고 채무의 전액을 공제하여 이를 산정하도록 규정하고 있다.

유류분제도는 피상속인의 증여나 유증으로 인해 법정상속분이 침해된 경우 그러한 증여나 유증이 이루어진 개별적·구체적인 사정에 관계없이 유류분권리자로 하여금 상속재산의 일정 부분에 대해서만큼은 법적으로 취득할 수 있도록 함으로써 유류분권리자를 보호하고자 하는 데에 그 의의가 있다. 따라서 피상속인이 생전에 증여를 통해 상속재산을 감소시키는 경우 유류분권리자의 보호를 위해 위와 같은 증여재산의 가액을 산입하여 유류분을 산정하도록 하는 것은 어느 정도 불가피한 측면이 있다(헌재 2013. 12. 26. 2012헌바467 참조).

나) 민법 제1114조 전문은 민법 제1113조 제1항에 따른 유류분 산정 기초재산에 산입되는 증여의 범위를 피상속인이 상속개시 전 1년간에 행한 증여로 한정하고 있다. 이는 유류분 산정 기초재산에 산입되는 증여의 범위를 한정하여 선의의 수증자를 보호하고 거래의 안전을 유지하기 위한 것이다.

다) 이처럼 민법 제1113조 및 제1114조 전문은 피상속인의 생전 처분에 의하여 유류분제도를 회피하지 못하도록 증여재산을 유류분 산정 기초재산에 산입하도록 하여 유류분권리자를 보호하면서도, 거래의 안전을 위하여 산입되는 증여의 범위를 일정 부분으로 한정하고 있어 양자의 합리적 조화를 도모하고 있다. 따라서 민법 제1113조 및 제1114조 전문이 불합리하다고 볼 수 없다.

3) 민법 제1114조 후문 및 민법 제1118조 중 제1008조를 준용하는 부분

가) 민법 제1113조의 유류분 산정 기초재산에 산입되는 증여의 범위와 관련하여, 민법 제1114조 후문은 상속개시 전 1년간에 행한 증여로 한정하는 민법 제1114조 전문에 대한 예외로서, 당사자 쌍방이 유류분권리자에 손해를 가할 것을 알고(이하 '해의'라 한다) 증여를 한 경우에는 1년 전에 행한 증여도 포함하여 그 증여의 시기와 상관없이 모두 유류분 산정 기초재산에 산입하도록 규정하고 있다.

이처럼 민법 제1114조 후문에서 당사자 사이에 유류분권리자에 대한 해의의 의사로 증여가 이루어진 경우에는 그 시기를 불문하고 유류분 산정 기초재산에 산입하도록 한 것은, 그러한 증여는 더 이상 보호할 필요가 없으므로 거래의 안전보다는 유류분권리자를 두텁게 보호하는 것이 타당하다는 입법자의 의사에 따른 것으로 합리적이라고 할 수 있다.

나) 한편, 민법 제1118조는 공동상속인 중 특별수익자의 상속분 산정에 관한 민법 제1008조를 유류분에 준용하고 있다. 이 때문에 공동상속인이 피상속인으로부터 생전에 특별수익으로 증여를 받은 경우에는 민법 제1114조의 적용이 배제되고 그러한 증여는 그 시기를 불문하고 모두 유류분 산정 기초재산에 산입된다. 이는 공동상속인 중에 피상속인으로부터 재산의 증여를 받은 특별수익자가 있는 경우에 공동상속인들 사이의 공평을 기하기 위하여 그 수증재산을 상속분의 선급으로 다루어 구체적인 상속분이나 유류분을 산정함에 있어 이를 참작하도록 하려는 데 그 취지가 있다(대법원 1996. 2. 9. 선고 95다17885 판결 등 참조).

공동상속인에 대한 증여의 경우에도 피상속인이 상속개시 전의 1년간에 행한 증여만 유류분 산정의 기초재산에 산입하고, 상속개시 전의 1년 이전에 행한 증여는 당사자 쌍방이 유류분권리자에게 손해를 가할 것을 알고 한 증여에 한하여 유류분 산정 기초재산에 산입하는 것을 상정해 볼 수 있다(민법 제1114조 참조).

그러나 이와 같이 입법한다면 피상속인이 상속개시 전의 1년 이전에 대다수의 재산을 공동상속인 중 일부에게 증여하는 경우 유류분권리자는 증여행위의 당사자 쌍방인 피상속인과 공동상속인인 수증자가 증여 당시 해당 유류분권리자에게 손해를 가할 것을 알고 한 것임을 입증하여야만 유류분반환청구를 할 수 있게 되는데, 이는 유류분권리자의 지위를 매우 불안정하게 하고, 유류분제도 자체를 유명무실하게 만들 우려가 크다.

따라서 공동상속인이 피상속인으로부터 특별수익으로 증여 받은 재산은 그 증여가 이루어진 시기를 묻지 않고 모두 유류분 산정을 위한 기초재산에 산입하도록 하는 것이 현저히 불합리하다고 보기 어렵다(헌재 2010. 4. 29. 2007헌바144 참조).

다) 유류분 산정 기초재산에 산입되는 증여재산의 평가시기를 상속개시시로 하는 것이 적절한지 여부에 관하여 살펴본다.

대법원은 "유류분반환범위는 상속개시 당시 피상속인의 순재산과 문제된 증여재산을 합한 재산을 평가하여 그 재산액에 유류분청구권자의 유류분을 곱하여 얻은 유류분액을 기준으로 하는 것인바, 그 유류분액을 산정함에 있어 반환의무자가 증여받은 재산의 시가는 상속개시 당시를 기준으로 하여 산정하여야 한다."라고 판시하여 (대법원 2009. 7. 23. 선고 2006다28126 판결), 민법 제1113조에 따라서 유류분 산정 기초재산에 산입되는 증여재산의 평가시기를 상속개시시로 보고 있다.

유류분 산정의 기초재산에 산입되는 증여재산의 평가시기는 특별수익자의 상속분이나 구체적 상속분 산정을 위한 기여분의 평가시기와 동일하여야 한다. 왜냐하면 유류분, 특별수익분, 기여분은 모두 각 상속인의 구체적

상속분을 산정하기 위하여 고려해야 할 하나의 요소이기 때문이다. 그런데 민법 제1008조의2는 기여분의 산정 시기를 상속개시시로 규정하고 있으므로, 유류분 산정 기초재산, 특별수익재산, 구체적 상속분의 산정시기 등도 상속개시시로 보아야 합리적이다.

나아가 대법원은 수증자가 증여받은 재산을 상속개시 전에 처분하였거나 증여재산이 수용되었다면 유류분을 산정함에 있어서 그 증여재산의 가액은 증여재산의 현실 가치인 처분 당시의 가액을 기준으로 상속개시까지 사이의 물가변동률을 반영하는 방법으로 산정하도록 판시하여 공정한 평가를 추구하고 있고(대법원 2023. 5. 18. 선고 2019 다222867 판결 참조), 수증자가 증여받은 재산의 가액이 상속개시시에 이르러 반드시 증가한다는 보장이 없으며, 오히려 증여받은 재산의 가액이 상속개시시에 이르러 처분 당시의 가격보다 낮게 될 가능성도 배제할 수 없다. 따라서 유류분 산정 기초재산에 증여재산의 가액을 산입하면서 그 가액을 상속개시시를 기준으로 평가하는 것이 불합리하거나 부당하다고 보기 어렵다(헌재 2010. 4. 29. 2007헌바144 참조).

라) 따라서 민법 제1114조 후문 및 제1118조 중 제1008조를 준용하는 부분은 불합리하다고 볼 수 없다.

4) 민법 제1115조 및 제1116조

가) 민법 제1115조 제1항은 피상속인의 증여 또는 유증으로 인하여 유류분권리자가 받은 상속재산이 자신의 유류분에 부족한 때에 그 부족한 한도에서만 유류분반환을 청구할 수 있도록 규정하고 있다.

아울러 비록 민법 제1115조 제1항은 유류분의 반환을 원물로써 하도록 하고 있지만, 원물반환이 불가능한 경우에는 법원이 가액반환을 명할 수 있어 구체적 타당성을 함께 고려하고 있다(대법원 2005. 6. 23. 선고 2004다51887 판결 참조).

민법 제1115조 제2항은 유류분의 반환 시 유증 또는 증여를 받은 자가 수인인 경우 각자가 얻은 증여가액 또는 유증 가액의 비례로 반환하도록 규정하여 수인의 유류분반환의무자 사이의 공평하고 합리적인 부담을 도모하고 있다.

나) 민법 제1116조는 증여와 유증이 병존하는 경우 그 순서와 관련하여 유류분권리자가 유증을 먼저 반환받은 후 그것으로도 부족한 경우에 비로소 증여에 대하여 반환청구를 할 수 있도록 규정하고 있다. 이는 증여가 상속개시에 앞서 유증보다 먼저 효력이 발생한 것이므로 수증자의 신뢰보호의 필요성이 수유자보다 더 크다는 점을 고려하고, 유류분반환청구로부터 거래의 안전을 최대한 보호하기 위한 것이다.

다) 따라서 민법 제1115조와 제1116조는 불합리하다고 볼 수 없다.

5) 민법 제1118조 중 제1001조와 제1010조를 준용하는 부분

민법 제1118조는 대습상속에 관한 민법 제1001조와 제1010조를 유류분에 준용하여 대습상속인도 피대습상속인의 상속분 범위 내에서 유류분권을 가지도록 하고 있는데, 이는 대습상속인의 상속에 대한 기대를 보호하고 상속에서의 공평을 실현하고자 하는 이념을 유류분에도 적용하기 위한 것으로 그 타당성과 합리성이 인정된다.

6) 제1008조의2를 준용하는 규정을 두지 않은 민법 제1118조

민법이 1990. 1. 13. 법률 제4199호로 개정되면서 상속과 관련하여 피상속인을 특별히 부양하거나 피상속인의 재산의 유지 또는 증가에 특별히 기여한 공동상속인(이하 '기여상속인'이라 한다)에 대한 기여분을 인정하는 제도를 도입하였다(제1008조의2 참조). 그런데 민법 제1118조는 유류분반환청구 사건의 성질과 절차에 반하지 않는 범위 내에서 기여분에 관한 민법 제1008조의2를 유류분에 준용하는 규정을 두고 있지 않아서 상속에서의 기여분제도와 유류분제도는 서로 관계가 없는 단절된 상태로 남아있다(대법원 2015. 10. 29. 선고 2013다60753 판결 참조). 이 때문에 피상속인으로부터 기여에 대한 보답으로 재산의 일부를 증여받은 기여상속인은 비기여상속인의 유류분반환청구에 대하여 기여의 대가로 받은 증여재산을 유류분 산정 기초재산에서 공제해달라는 취지의 항변을 할 수 없고(대법원 1994. 10. 14. 선고 94다8334 판결 참조), 그 결과 기여상속인이 기여의 대가로 피상속인으로부터 증여받은 재산도 유류분 산정 기초재산에 산입되어 비기여상속인에게 반환하여야 하는 부당한 상황이 발생하게 된다.

이와 같이 기여분에 관한 제1008조의2를 유류분에 준용하지 않은 민법 제1118조 때문에 기여분제도와 유류분제도가 단절되고 이로 인하여 기여상속인이 정당한 대가로 받은 기여분 성격의 증여까지도 유류분반환의 대상

이 됨으로써, 기여상속인과 비기여상속인 간의 실질적 형평과 연대가 무너지고, 기여상속인에게 보상을 하려고 하였던 피상속인의 의사가 부정되는 불합리한 결과를 초래한다.

최근 대법원은 피상속인으로부터 생전 증여를 받은 상속인이 피상속인을 특별히 부양하였거나 피상속인의 재산의 유지 또는 증가에 특별히 기여하였고, 피상속인의 생전 증여에 상속인의 위와 같은 특별한 부양 내지 기여에 대한 대가의 의미가 포함되어 있는 경우와 같이 상속인이 증여받은 재산을 상속분의 선급으로 취급한다면 오히려 공동상속인들 사이의 실질적인 형평을 해치는 결과가 초래되는 경우에는 그러한 한도 내에서 생전 증여를 특별수익에서 제외할 수 있다고 판시하여(대법원 2022. 3. 17. 선고 2021다230083, 230090 판결), 기여상속인이 자신의 기여에 대한 대가로 피상속인으로부터 증여를 받은 경우에는 해당 증여가 유류분 산정 기초재산에 산입되지 않을 수 있는 가능성을 열어 놓았다. 그러나 대법원의 2021다230083, 230090 판결에도 불구하고 민법 제1118조가 기여분에 관한 제1008조의2를 준용하지 않은 결과 기여분과 유류분의 단절로 인하여 기여상속인의 정당한 이익이 침해되는 불합리한 문제는 여전히 남아있게 된다.

그렇다면 기여분에 관한 민법 제1008조의2를 유류분반환청구 사건의 성질과 절차에 반하지 않는 범위 내에서 유류분에 준용하지 않고 있는 민법 제1118조가 합리적이거나 정당하다고 보기 어렵다.

(다) 법익의 균형성

1) 개인의 존엄과 양성의 평등을 기초로 한 가족생활의 보장을 규정한 헌법 제36조 제1항에 비추어 볼 때, 심판대상조항에 따른 유류분제도가 추구하는 유족의 생존권 보호, 상속재산형성에 대한 기여, 상속재산에 대한 기대보장 및 가족 간의 연대라는 공익은 매우 중요하다.

2) 다만, 형제자매까지 유류분권리자로 규정하고 있는 민법 제1112조 제4호, 유류분상실사유를 별도로 규정하지 않은 민법 제1112조 제1호부터 제3호 및 기여분에 관한 제1008조의2를 준용하지 않음으로써 유류분과 기여분을 단절하는 민법 제1118조는 현저히 불합리하고 부당하여 이로 인해 피상속인과 수증자(수유자)가 받는 재산권의 침해가 위 공익보다 더 중대하고 심각하다고 할 것이다. 따라서 위 조항들에 관하여는 법익균형성이 충족되지 않는다.

3) 민법 제1112조 중 유류분권리자와 각 유류분을 획일적으로 정하고 있는 부분, 유류분 산정 기초재산을 규정한 민법 제1113조, 유류분 산정 기초재산에 산입되는 증여의 범위를 규정한 민법 제1114조, 유류분의 반환을 규정한 민법 제1115조, 유증을 증여보다 먼저 반환하도록 규정한 민법 제1116조, 그리고 대습상속에 관한 제1001조 및 제1010조와 공동상속인 중 특별수익자의 상속분에 관한 제1008조를 각 준용한 민법 제1118조는 모두 합리적이어서 이들로 인하여 침해되는 사익이 공익보다 더 크다고 보기 어렵다. 따라서 위 조항들은 모두 법익균형성을 충족한다.

(4) 소결

(가) 심판대상조항에 따른 유류분제도 자체의 입법목적의 정당성은 인정된다.

(나) 그러나 각 유류분 조항을 살펴보면, 민법 제1112조의 경우 유류분권리자와 각 유류분을 획일적으로 정한 부분은 헌법에 위반되지 않지만, 유류분상실사유를 별도로 정하고 있지 않은 부분(제1호부터 제3호)과 피상속인의 형제자매를 유류분권리자에 포함시키는 부분(제4호)은 불합리하고 자의적이어서 헌법 제37조 제2항의 기본권제한의 입법한계를 일탈하여 재산권을 침해하므로 헌법에 위반된다.

민법 제1118조의 경우 대습상속에 관한 제1001조 및 제1010조와 공동상속인 중 특별수익자의 상속분에 관한 제1008조를 유류분에 준용하는 부분은 헌법에 위반되지 않지만, 기여분에 관한 제1008조의2를 준용하는 내용을 두지 않아서 결과적으로 기여분과 유류분의 관계를 단절하고 있는 것은 현저히 불합리하고 자의적이어서 헌법 제37조 제2항에 따른 기본권제한의 입법한계를 일탈하여 재산권을 침해하므로 헌법에 위반된다.

(다) 심판대상조항에 따른 유류분제도 중 유류분 산정 기초재산을 규정하고 조건부권리 또는 불확정한 권리에 대한 가격을 감정인이 정하도록 한 민법 제1113조, 유류분 산정 기초재산에 산입되는 증여의 범위를 피상속인이 상속개시 전 1년간에 행한 증여로 한정하면서도 예외적으로 당사자 쌍방이 유류분권리자에 대한 해의를

가지고 증여한 경우에는 상속개시 1년 전에 행한 증여도 유류분 산정 기초재산에 산입하도록 하는 민법 제1114조, 유류분 부족분을 원물로 반환하도록 하고 증여 및 유증을 받은 자가 수인인 경우 각자가 얻은 각각의 가액에 비례하여 유류분을 반환하도록 한 민법 제1115조 및 유류분반환시 유증을 증여보다 먼저 반환하도록 한 민법 제1116조는 모두 합리적이어서 헌법 제37조 제2항에 따른 기본권제한의 입법한계를 일탈하지 아니하므로 헌법에 위반되지 않는다.

2. 기타 주장에 관한 판단

(1) 민법 제1118조 중 제1008조를 준용하는 부분이 피상속인으로부터 증여를 받은 공동상속인 수증자를 피상속인으로부터 증여를 받은 공동상속인이 아닌 수증자와 다르게 취급하는 것이 평등원칙에 위반된다는 주장에 대하여 살펴본다(2021헌바16, 2022헌바111).

공동상속인인 수증자의 경우에 수증자가 피상속인으로부터 받은 증여재산은 상속분의 선급으로서의 성격을 가지고 있는 반면에, 공동상속인이 아닌 수증자의 경우에는 단순한 증여재산에 불과하다. 따라서 민법 제1118조가 피상속인으로부터 증여를 받은 공동상속인의 상속분을 규정한 제1008조를 유류분에 준용하여 공동상속인인 수증자를 공동상속인이 아닌 수증자와 다르게 취급하는 것은 합리적인 이유가 있으므로 평등원칙에 위반되지 않는다(헌재 2010. 4. 29. 2007헌바144 참조).

(2) '부양의 정도에 차이가 현저한 상속인들' 사이나 '혈연관계에 있는 상속인과 혈연관계에 있지 아니한 상속인' 사이 또는 '기여상속인과 비기여상속인' 사이에 일률적으로 똑같이 유류분을 보장하는 것은 불합리한 차별이어서 평등원칙에 위반된다는 주장도 있으나(2020헌바342), 이는 사실상 민법 제1112조 및 제1118조의 위헌성에 관한 것으로서 이미 재산권 부분에서 위 조항들이 헌법에 위반된다고 판단한 이상, 더 나아가 판단하지 않기로 한다.

3. 민법 제1112조 제1호부터 제3호 및 제1118조에 대한 헌법불합치결정

(1) 피상속인의 형제자매의 유류분을 규정한 민법 제1112조 제4호는 헌법 제37조 제2항에 따른 기본권제한의 입법한계를 일탈하여 피상속인 및 유류분반환청구의 상대방인 수증자 및 수유자의 재산권을 침해하므로 헌법에 위반된다. 따라서 민법 제1112조 제4호는 위헌선언을 통하여 재산권에 대한 침해를 제거함으로써 합헌성이 회복될 수 있다(헌재 2014. 1. 28. 2012헌마409등 참조).

(2) 한편, 유류분상실사유를 별도로 규정하지 아니한 민법 제1112조 제1호부터 제3호 및 기여분에 관한 제1008조의2를 유류분에 준용하지 아니한 민법 제1118조는 모두 헌법 제37조 제2항에 따른 기본권제한의 입법한계를 일탈하여 재산권을 침해하므로 헌법에 위반된다. 그런데 민법 제1112조 제1호부터 제3호는 피상속인의 직계비속, 배우자 및 직계존속의 각 유류분이라는 핵심적 사항을 규정하고 있고, 민법 제1118조는 대습상속에 관한 제1001조 및 제1010조, 그리고 공동상속인 중 특별수익자의 상속분에 관한 제1008조를 유류분에 준용하는 기본적인 사항을 규정하고 있다.

따라서 위 조항들에 대하여 위헌결정을 선고하여 효력을 상실시키면, 남은 조항만으로는 유류분제도를 제대로 시행할 수 없게 되어 오히려 법적 혼란이나 공백이 발생할 우려가 있을 뿐 아니라, 심판대상조항에 따른 유류분제도 자체가 헌법에 위반된다는 것이 아니라 이를 구성하는 유류분 조항들 중 일부의 내용이 헌법에 위반된다는 이 사건 결정의 취지에도 반하게 된다.

아울러 심판대상조항에 따른 유류분제도를 그대로 유지하면서 이 사건 결정의 취지에 따라서 위 각 위헌적 규정들의 구체적 위헌성을 제거하고 유류분제도를 헌법에 합치되도록 개선하는 임무는 1차적으로 입법형성의 권한을 가진 입법자에게 속한다고 할 것이고, 입법자는 충분한 사회적 합의를 거쳐 그 방안을 강구할 필요가 있다. 그러므로, 민법 제1112조 제1호부터 제3호 및 제1118조에 대하여 위헌결정을 선고하는 대신 입법자의 개선입법이 있을 때까지 계속 적용을 명하는 헌법불합치결정을 선고함이 타당하다. 입법자는 가능한 빠른 시일 내에 개선입법을 하여야 할 의무가 있고, 2025. 12. 31.까지 개선입법이 이루어지지 않으면 그 다음날부터 위 조항들은 효력을 상실한다.

Ⅳ. 결론

그렇다면 2020헌가4 사건의 위헌법률심판제청은 부적법하므로 이를 각하하고, 민법 제1112조 제4호는 헌법에 위반되며, 민법 제1112조 제1호부터 제3호 및 제1118조는 모두 헌법에 합치되지 아니하나 2025. 12. 31.을 시한으로 입법자의 개선입법이 이루어질 때까지 계속 적용하기로 하고, 민법 제1113조, 제1114조, 제1115조, 제1116조는 모두 헌법에 위반되지 아니하므로 주문과 같이 결정한다.

이 결정에 대하여는 재판관 이영진, 재판관 김기영, 재판관 문형배, 재판관 김형두의 민법 제1114조 후문 및 민법 제1118조 중 제1008조를 준용하는 부분도 포함하여 헌법에 위반된다고 보는 반대의견과 재판관 이영진, 재판관 김형두의 민법 제1112조에 관한 별개의견 및 민법 제1113조 제1항 및 제1115조 제1항에 관한 보충의견이 있는 외에는 관여 재판관들의 의견이 일치되었다.

결정의 의의

우리나라 유류분제도는 민법이 1977. 12. 31. 법률 제3051호로 개정되면서 처음 도입(민법 제1112조부터 제1118조)되었고, 그 이후로 한 차례의 개정도 없이 그대로 현재까지 유지되고 있다. ☞ 헌법재판소는 과거에 ① 피상속인의 상속개시시에 있어서 가진 재산의 가액에 증여재산의 가액을 가산하여 유류분을 산정하도록 규정한 민법 제1113조 제1항 중 증여재산의 가액을 가산하는 부분과 ② 민법 제1118조 중 공동상속인 중 특별수익자의 상속분 산정에 관한 제1008조를 유류분에 준용하는 부분에 대하여 두 차례에 걸쳐 합헌으로 판단한 적이 있음(헌재 2010. 4. 29. 2007헌바144 및 헌재 2013. 12. 26. 2012헌바467)

헌법재판소는 2023. 5. 17. 유류분제도의 위헌성 여부에 관한 변론을 실시하였고, 이후 재판관들이 여러 차례 평의를 통하여 유류분에 관한 치열하고 심도 있는 논의를 진행하였으며, 그 결과 재판관 전원의 일치된 의견으로 심판대상조항(민법 제1112조, 제1113조, 제1114조, 제1115조, 제1116조, 제1118조) 중 ① 형제자매의 유류분을 규정한 민법 제1112조 제4호에 대하여 단순위헌결정을, ② 유류분상실사유를 규정하지 아니한 민법 제1112조 제1호부터 제3호에 대하여 헌법불합치결정을, 그리고 ③ 기여분에 관한 제1008조의2를 준용하는 규정을 두지 아니한 민법 제1118조에 대하여 헌법불합치결정을 선언하게 되었다. ☞ 법정의견, 재판관 4인(이영진 재판관, 김기영 재판관, 문형배 재판관, 김형두 재판관)의 반대의견과 재판관 2인(이영진 재판관, 김형두 재판관)의 별개의견 및 보충의견에 대한 자세한 분석은 [별지] 참조

이번 결정은, 헌법재판소가 민법상 유류분제도와 관련하여, 제도 자체의 입법목적의 정당성 및 유류분제도를 구성하는 각 유류분 조항(민법 제1112조, 제1113조, 제1114조, 제1115조, 제1116조, 제1118조) (유류분반환청구의 소멸시효를 규정한 민법 제1117조는 이번 사건과는 본질적으로 관련이 없어 제외함(심판대상 부분 참조))의 합헌성 여부까지 종합적으로 검토하고 판시한 최초의 결정으로써, 그 결과 유류분제도는 오늘날에도 유족들의 생존권을 보호하고, 가족의 긴밀한 연대를 유지하기 위하여 필요하다는 점에서 헌법적 정당성은 계속 인정하면서도 일부 유류분 조항(유류분상실사유를 규정하지 아니한 민법 제1112조 제1호부터 제3호, 형제자매의 유류분을 규정한 민법 제1112조 제4호, 기여분에 관한 민법 제1008조의2를 유류분에 준용하는 규정을 두지 아니한 민법 제1118조)에 대하여 위헌(헌법불합치)을 선언하고 입법개선을 촉구하였다는데 의의가 있다.

☞ 앞서 본 바와 같이, 헌법재판소는 과거에 유류분 조항들 중 민법 제1113조 제1항 중 증여재산의 가액을 가산하는 부분과 민법 제1118조 중 민법 제1008조를 유류분에 준용하는 부분에 대하여 두 차례에 걸쳐 합헌으로 판단한 적이 있지만, 이번 결정과 같이 유류분 조항들을 종합적으로 판단한 것은 이번 결정이 처음임(이번 결정에서도 법정의견은 위 민법 제1113조 제1항 중 증여재산의 가액을 가산하는 부분과 민법 제1118조 중 제1008조를 준용하는 부분에 대하여는 선례와 마찬가지로 합헌으로 판단하였음)

결정의 효력

- 단순위헌 결정된 민법 제1112조 제4호는 선고시부터 효력을 상실한다.
- 헌법불합치 결정된 민법 제1112조 제1호부터 제3호, 제1118조는 2025. 12. 31.을 시한으로 입법자가 개정할 때까지 그 효력을 유지한다.

[별지]

○ 재판관별의 결론에 따른 구분

법정의견
이종석 재판관,
이은애 재판관,
이미선 재판관,
정정미 재판관,
정형석 재판관
	• 민법 제1112조
	  – 유류분권리자와 유류분을 일률적으로 정한 부분 ☞ **합헌**
	  – 형제자매의 유류분을 규정한 부분(제4호) ☞ **단순위헌**
	  – 유류분상실사유를 규정하지 아니한 입법부작위(제1호부터 제3호) ☞ **위헌(헌법불합치)**
	• 민법 제1118조
	  – 대습상속에 관한 제1001조 및 제1010조, 공동상속인 중 특별수익자의 상속분에 관한 제1008조를 유류분에 준용하는 부분 ☞ **합헌**
	  – 기여분에 관한 민법 제1008조의2를 유류분에 준용하는 규정을 두지 아니한 입법부작위 ☞ **위헌(헌법불합치)**
	• 민법 제1113조, 제1114조, 제1115조, 제1116조 ☞ **합헌**

반대의견 이영진 재판관, 김기영 재판관, 문형배 재판관, 김형두 재판관	• 법정의견(유류분상실사유를 별도로 규정하지 않고 유류분권리자의 범위에 피상속인의 형제자매를 포함하는 **민법 제1112조** 및 기여분에 관한 제1008조의2를 준용하지 아니한 **민법 제1118조**는 위헌)+ • 증여의 시기를 불문하고 피상속인이 행한 증여를 유류분 산정 기초 재산에 산입하여 유류분반환의 대상이 되도록 한 **민법 제1114조 후문 및 민법 제1118조 중 제1008조를 준용하는 부분도 위헌(헌법불합치)**
별개의견 및 보충의견 이영진 재판관, 김형두 재판관	• 반대의견(민법 제1112조 및 민법 제1118조의 위헌 부분, 민법 제1114조 후문 및 민법 제1118조 중 제1008조를 준용하는 부분 모두 위헌) • 법정의견 중 민법 제1112조에 관한 결론(위헌)에는 동의하지만, 그 이유에 민법 제1112조가 피상속인의 직계비속과 배우자의 유류분을 동일하게 규정하고 있는 부분(제1호 및 제2호)도 포함하여 위헌 ☞ **민법 제1112조에 관한 별개의견** • 피상속인의 공익목적 증여나 가업승계목적의 증여까지도 유류분 산정 기초재산에 산입하는 민법 제1113조 제1항과 유류분반환시 원물반환의 원칙을 규정한 민법 제1115조 제1항에 대한 입법촉구(위헌×) ☞ **민법 제1113조 제1항 및 제1115조 및 제1115조 제1항에 대한 보충의견**

○ 심판대상조항 중 유류분 조항별 구분

민법 제1112조	– 형제자매의 유류분을 규정한 제4호 – **위헌** – 유류분상실사유를 규정하지 아니한 입법부작위(제1호부터 제3호) – **헌법불합치**	**재판관 전원일치**
	– 피상속인의 직계비속과 배우자의 유류분이 동일한 것을 포함(제1호 및 제2호)하여 유류분권리자와 유류분이 획일적인 부분 – **합헌**	합헌[다수의견(7인)]/위헌[별개의견(2인)]
민법 제1113조	– 피상속인이 행한 증여를 유류분 산정 기초재산에 산입(제1항) – **합헌** – 조건부권리 또는 물확정한 권리에 대한 감정인 평가(제2항) – **합헌**	**재판관 전원일치** (보충의견은 제1항에 대해 입법촉구)
민법 제1114조	– 상속개시전의 1년간에 행한 증여만 유류분 산정 기초재산에 산입(전문) – **합헌**	**재판관 전원일치**
	– 당사자 쌍방의 해외의 의한 증여는 1년 전에 한 것도 유류분 산정 기초재산에 산입(후문) – **합헌**	합헌[법정의견(5인)] : 위헌[반대의견(4인)]
민법 제1115조	– 유류분반환의 범위 및 원물반환원칙(제1항) – 합헌 – 수증자 또는 수유자가 수인인 경우 각자의 유증가액 비례로 반환(제2항) – **합헌**	**재판관 전원일치** (보충의견은 제1항에 대해 입법촉구)
민법 제1116조	– 유증반환 후 증여반환 청구 – **합헌**	**재판관 전원일치**
민법 제1118조	– 대습상속에 관한 민법 제1001조와 제1010조를 유류분에 준용 – **합헌**	**재판관 전원일치**
	– 공동상속인 중 특별수익자의 상속분을 규정한 민법 제1008조를 유류분에 준용 – **합헌**	합헌[법정의견(5인)] : 위헌[반대의견(4인)]
	– 기여분에 관한 제1008조의2를 유류분에 준용하는 규정을 두지 아니한 입법부작위 – **헌법불합치**	**재판관 전원일치**

2024.5.30. 2021헌가3 [가축전염병 예방법 제48조 제1항 제3호 단서 위헌제청]　　　　**[헌법불합치]**

1. 사건의 개요

(1) 당해 사건의 원고인 주식회사 ○○는 계약사육농가에 가축, 사료 등 사육자재 등을 공급하여 가축을 사육하게 하고, 사육된 가축 또는 그 가축으로부터 생산된 축산물을 계약사육농가로부터 다시 출하받는 사업인 '축산계열화사업'(축산계열화사업에 관한 법률 제2조 제4호 참조)을 영위하는 법인이다.

신○○는 주식회사 ○○와 돼지 위탁사육계약을 체결한 축산업자이고, 당해 사건의 피고들은 신○○의 채권자인 주식회사 □□ 및 농업협동조합중앙회이다.

(2) 주식회사 ○○는 신○○와 계약기간은 2018. 11. 1.부터 2023. 10. 31.까지, 사육 두수는 1회 2,500두, 사육비는 입식되는 가축의 두(頭)당 40,000원(다만, 입식 두당 10,000원씩 매월 선지급)으로 정하는 돼지 위탁사육계약을 체결하였고, 신○○는 위 계약에 따라 주식회사 ○○로부터 자돈(새끼돼지)을 받아 이를 사육하였다.

위 계약에는 "을(신○○)은 갑(주식회사 ○○)과 계약 생산한 돼지 전량을 갑에게 출하하여야 하며, 갑은 을에게 비육돈 위탁사육비 지급기준에 의거 사육경비를 지급하여야 한다(제2조 제4호). 을이 사육하고 있는 위탁돈은 갑의 소유이며 을은 어떠한 이유로든 타인에게 양도하거나 처분 혹은 질권을 설정할 수 없다(제10조)."라는 약정이 있었다.

위 계약이 체결된 후인 2018. 12. 31. '가축전염병 예방법'이 개정되어, 가축의 소유자가 축산계열화사업자인 경우에는 계약사육농가의 수급권 보호를 위하여 살처분 보상금을 계약사육농가에 지급하도록 하는 제48조 제1항 제3호 단서가 신설되었다.

(3) 파주시는 2019. 10.경 아프리카돼지열병 발생을 이유로 신○○가 사육하던 돼지 1,065두에 대하여 살처분 명령을 하여 그 무렵 살처분이 이루어졌다. 파주시는 위 살처분 돼지에 대한 보상금을 합계 400,688,354원으로 평가하였고, 개정된 위 조항에 따라 계약사육농가인 신○○에게 이러한 보상금의 수급권이 인정되었다.

한편, 신○○는 주식회사 ○○로부터 살처분된 가축 및 출하된 가축에 대한 사육수수료를 전부 지급받았다. 신○○는 2019. 10. 28. 파주시로부터 1차로 받은 살처분 보상금 159,750,000원을 주식회사 ○○에 송금하였고, 2020. 2. 4. 2차로 지급될 나머지 보상금 수령권한 일체를 주식회사 ○○에 위임하였다.

(4) 그런데 위 2차 보상금 수급권에 대하여 신○○를 채무자로, 파주시를 제3채무자로 하여 주식회사 □□ 및 농업협동조합중앙회가 각 채권압류 및 추심명령을 받아, 위 각 추심명령이 2020. 3. 2. 파주시에 송달되었다. 그 후 주식회사 ○○는 파주시에 위 2차 보상금의 지급을 요청하였으나 파주시는 위 채권자들에 의한 위 각 추심명령이 있었다는 등의 이유로 그 지급을 거절하였다.

(5) 주식회사 ○○는 2020. 6. 12. 파주시에 대한 위 2차 보상금 수급권이 자신에게 귀속됨을 주장하며 위 채권자들을 상대로 위 2차 보상금 수급권에 대한 강제집행의 불허를 구하는 제3자이의의 소를 제기하였다(의정부지방법원 고양지원 2020가합73504).

제청법원은 위 재판 계속 중 2021. 1. 22. '가축전염병 예방법' 제48조 제1항 제3호 단서에 대하여 직권으로 위헌법률심판을 제청하였다.

2. 심판의 대상

가축전염병 예방법(2018. 12. 31. 법률 제16115호로 개정된 것)
제48조(보상금 등) ① 국가나 지방자치단체는 다음 각 호의 어느 하나에 해당하는 자에게는 대통령령으로 정하는 바에 따라 보상금을 지급하여야 한다.

3. 제20조 제1항 및 제2항 본문(제28조에서 준용하는 경우를 포함한다)에 따라 살처분한 가축의 소유자. 다만, 가축의 소유자가 축산계열화사업자인 경우에는 계약사육농가의 수급권 보호를 위하여 계약사육농가에 지급하여야 한다.

3. 주 문

가축전염병 예방법(2018. 12. 31. 법률 제16115호로 개정된 것) 제48조 제1항 제3호 단서는 헌법에 합치되지 아니한다. 위 법률조항은 2025. 12. 31.을 시한으로 입법자가 개정할 때까지 계속 적용된다.

Ⅰ. 판시사항

1. 살처분된 가축의 소유자가 축산계열화사업자인 경우에는 계약사육농가의 수급권 보호를 위하여 보상금을 계약사육농가에 지급한다고 규정한 '가축전염병 예방법' 제48조 제1항 제3호 단서(이하 '심판대상조항'이라 한다)가 축산계열화사업자의 재산권을 침해하는지 여부(적극)
2. 헌법불합치 결정을 선고하면서 계속적용을 명한 사례

Ⅱ. 판단

1. 쟁점의 정리

　　(1) 심판대상조항은 축산계열화사업자가 가축의 소유자인 경우에는 축산계열화사업자가 아니라 계약사육농가에 살처분 보상금을 지급하도록 규정하고 있어, 가축의 소유자인 축산계열화사업자의 재산권이 제한된다.

　　(2) 한편, 제청법원의 제청이유 중 평등원칙 위반의 주된 취지는, 심판대상조항은 축산계열화사업자가 가축의 소유자인 경우를 그 외의 가축의 소유자와 차별적으로 취급하고 있다는 것이다. 그런데 이렇게 가축의 소유자 가운데 축산계열화사업 유형의 사육과 그 외 사육유형 사이에 살처분 보상금 수급권의 귀속을 달리하는 것이 평등원칙에 위배되는지 여부는 결국, 축산계열화사업자에게 살처분 보상금 수급권을 배제한 것이 그의 재산권을 침해하는지 여부를 판단하는 것과 다르지 않다.

따라서 심판대상조항에 대해서는 재산권 침해 여부를 살펴보는 것 외에, 평등원칙 위배 여부를 별도로 판단하지 않는다.

2. 재산권 침해 여부

(1) 살처분의 법적 성격과 심사기준

가축의 살처분으로 인한 재산권의 제약은 헌법 제23조 제3항에 따라 보상을 요하는 수용에 해당하지 않고, 가축의 소유자가 수인해야 하는 사회적 제약의 범위에 속한다(헌재 2014. 4. 24. 2013헌바110 참조).

그러나 헌법 제23조 제1항 및 제2항에 따라 재산권의 사회적 제약을 구체화하는 법률조항이라 하더라도 권리자에게 수인의 한계를 넘어 가혹한 부담이 발생하는 예외적인 경우에는 이를 완화하는 보상규정을 두어야 한다(헌재 1998. 12. 24. 89헌마214등 참조). 이러한 조정적 보상의 일환으로 '가축전염병 예방법'은 가축을 살처분한 경우에는 원칙적으로 가축의 소유자에게 보상금을 지급하도록 하고 있는데, 다만 심판대상조항에 따라 가축의 소유자가 축산계열화사업자인 경우에는 보상금 수급권이 계약사육농가에게 인정된다. 결국 심판대상조항으로 인하여 축산계열화사업자는 계약사육농가와의 정산과정을 거쳐야 보상금을 수령할 수 있게 되므로, 살처분에 따른 실제 보상이 이루어지기까지 수반되는 절차적 부담 또는 계약사육농가 측의 정산불능에 따른 위험 등이 늘어나게 되었다.

입법자에게는 헌법적으로 가혹한 부담의 조정이란 '목적'을 달성하기 위하여 어떠한 '방법'으로 보상하여 가혹한 부담을 완화조정할 것인가를 선택함에 있어서는 광범위한 형성의 자유가 부여된다(헌재 2015. 10. 21. 2014헌바170; 헌재 2020. 9. 24. 2018헌마1163 참조). 그렇다 하더라도 이렇게 축산계열화사업자가 가축 소유자인 경우

심판대상조항으로 개정되기 전의 조정적 보상조치와 달리 그에게는 추가적인 절차적 부담 내지 정산불능의 위험을 감수하게 한다면, 그로 인해 더 이상 그의 재산권 제한이 합헌적으로 조정되지 못하여 재산권의 침해로까지 이르게 되는지를 살펴볼 필요가 있다.

따라서 심판대상조항이 재산권을 침해하는지 여부는 조정적 보상조치의 규율에 관하여 입법자가 갖는 입법형성재량의 한계를 일탈하였는지 여부로 심사하기로 한다.

(2) 이 사건의 경우

(가) 앞서 본 바와 같이 '가축전염병 예방법'에 따라 가축을 살처분하게 되면 계약의 내용과 살처분 경위 등에 따라 최종적인 부담의 내용이 달라질 수 있더라도 축산계열화사업자는 사육된 가축의 대금 상당액에서 사육비 등 농가지급금을 뺀 나머지를, 계약사육농가는 사육비 등 농가지급금을 얻지 못하는 경제적 가치의 손실을 입게 되는 것이 일반적이다.

그런데 축산계열화사업자는 가축의 소유권이 자신에게 있는 만큼 담보권을 설정할 수 없으므로, 살처분 보상금 중 그가 정산받아야 할 몫을 보전하기 위해서 살처분 보상금 수급권에 대하여 물상대위 등 대세효 있는 사전적 보호조치를 취할 방법은 없고, 가압류 등의 보전처분만 취할 수 있다. 그 결과 당해 사건처럼 계약사육농가의 채권자가 축산계열화사업자의 보상금 수령 전에 먼저 보상금 수급권에 대하여 압류하여 전부명령 또는 추심명령을 받을 경우 축산계열화사업자보다 앞서 채권의 변제를 받을 수 있게 되는 등 계약사육농가의 채권자가 계약사육농가의 손실에 상응하는 몫을 넘는 보상금 즉, 축산계열화사업자의 손실에 상응하는 몫의 보상금으로 예상하지 않은 이익을 얻게 된다. 또한, 축산화계열화사업자가 보전처분으로 가압류를 했더라도 계약사육농가의 채권자와 동순위에서 살처분 보상금을 안분배당받게 되므로, 그러한 방법으로는 축산계열화사업자가 보상금 중 자신의 손실에 상응하는 몫 전부를 받기 어렵다.

아무리 축산계열화사업자가 계약사육농가와 살처분 보상금 정산에 관한 사항을 자유롭게 협의하여 정할 수 있고, 그 외에도 추가적 담보 요구, 계속적 거래관계에서 새로이 발생할 농가지급금 채무에서 정산 받지 못한 보상금만큼을 공제하는 방식 등을 활용할 수 있다고 하더라도, 이러한 보완수단은 계약사육농가의 선의와 경제력 등이 뒷받침되어야 실현될 수 있으므로, 살처분 보상금 수급권이 계약사육농가에게만 귀속하도록 법정되어 있는 한, 축산계열화사업자는 그가 입은 재산상 부담을 완화하는 데에 한계가 있다.

(나) 살처분 보상금의 분배는 대상 가축의 살처분으로 인하여 입은 경제적 가치의 손실에 비례하여야 함에도 심판대상조항에 따라 계약사육농가만이 가축의 살처분으로 인한 경제적 가치의 손실을 완전히 회복할 수 있도록 하는 것은, 열세에 놓인 계약사육농가가 갖는 교섭력의 불균형을 시정하기 위하여 필요한 정도를 넘어서는 개입이다.

심판대상조항이 계약사육농가의 보상금 수급 이후 당사자 간의 정산을 통한 축산계열화사업자로의 분배를 금지하지 않고 있다는 점은, 축산계열화사업자가 이러한 불이익을 살처분 대상 가축의 소유자로서 수인하여야 한다고 정당화하기에 부족하다. 계약사육농가뿐 아니라 축산계열화사업자 역시 축산업 발달의 중요한 축을 맡고 있으므로, 계약사육농가의 수급권 보호에만 일방적으로 치중한 나머지 축산계열화사업자의 재산권 보호가 간과되어서는 안 된다.

(다) 살처분 보상금을 대상 가축의 소유자인 축산계열화사업자와 계약사육농가에게 개인별로 지급함으로써 대상 가축의 살처분으로 인한 각자의 경제적 가치의 손실에 비례한 보상을 실시하는 것은 입법기술상으로 불가능하지 않다. 가령 '공익사업을 위한 토지 등의 취득 및 보상에 관한 법률' 제64조에서는 토지 수용보상금을 토지소유자 및 관계인(사업시행자가 취득하거나 사용할 토지에 관하여 지상권·지역권·전세권·저당권·사용대차 또는 임대차에 따른 권리 또는 그 밖에 토지에 관한 소유권 외의 권리를 가진 자나 그 토지에 있는 물건에 관하여 소유권이나 그 밖의 권리를 가진 자)에게 개인별로 보상하도록 규정하고 있고, 같은 법 제77조 및 같은 법 시행규칙 제48조 제4항에서는 농지의 수용으로 인해 발생한 영농손실을 농지의 소유자 및 경작자에게 각각 나누어 보상하는 방안을 두고 있다. 이와 유사하게 축산계열화사업자와 계약사육농가에게 계약서와 각자가 지출한 비용 내역 등을 세출하도록 하여, 살처분 보상금 중에서 사육비와 장려금 등 농가지급금(축산계열화법 제2조 제7호 참조)에 상응하는 부분

은 계약사육농가에게 지급하고, 그 나머지는 가축의 소유자인 축산계열화사업자에게 지급하는 방안을 마련할 수 있을 것이다.

(라) 이러한 사정들을 종합하면, 축산계열화사업자가 가축의 소유자라 하여 살처분 보상금을 오직 계약사육농가에게만 지급하는 방식은 축산계열화사업자에 대한 재산권의 과도한 부담을 완화하기에 적절한 보상조치라고 할 수 없다.

따라서 심판대상조항은 입법형성재량의 한계를 벗어나 가축의 소유자인 축산계열화사업자의 재산권을 침해한다.

3. 헌법불합치결정의 필요성

심판대상조항의 위헌성은 살처분 보상금 중에서 가축의 소유자인 축산계열화사업자에게 지급되어야 하는 몫까지도 계약사육농가에게 지급한다는 점에 있다. 그런데 심판대상조항에 대하여 단순위헌결정을 하게 되면, 가축의 소유자인 축산계열화사업자에게 살처분 보상금이 전액 지급되는 불합리한 결과가 발생한다. 나아가 보상금을 축산계열화사업자와 계약사육농가에게 개인별로 나누어 지급하기 위해서는 그들이 시장·군수 등에게 제출할 각자의 지출비용 등 대상 가축의 살처분으로 인한 경제적 가치의 손실 내역에 관하여 세부적인 사항과 절차를 마련하여야 하며, 입법자는 의견 수렴을 거쳐 이를 입법으로 구체화할 필요가 있다.

이러한 점들을 고려하면, 심판대상조항에 대하여는 단순위헌결정을 하는 대신 입법자의 개선입법이 있을 때까지 계속 적용을 명하는 헌법불합치결정을 선고함이 타당하다. 입법자는 가능한 한 빠른 시일 내에 개선입법을 하여야 할 의무가 있고, 2025. 12. 31.까지 개선입법이 이루어지지 않으면 심판대상조항은 그 다음 날부터 효력을 상실한다.

Ⅲ. 결론

그렇다면 심판대상조항은 헌법에 합치되지 아니하나 2025. 12. 31.을 시한으로 입법자의 개선입법이 이루어질 때까지 계속 적용하기로 하여 주문과 같이 결정한다. 이 결정은 재판관 정정미, 재판관 정형식의 반대의견이 있는 외에는 관여 재판관들의 일치된 의견에 의한 것이다.

결정의 의의

헌법재판소는 이 사건에서 최초로 가축의 살처분 보상금 수급권을 가축의 소유자인 축산계열화사업자가 아니라 가축을 사육한 계약사육농가에 인정한 가축전염병 예방법 조항이 헌법에 위반되는지 여부를 판단하였다. 축산계열화사업자가 계약사육농가에게 위탁사육한 가축이 가축전염병의 확산 방지를 위해 살처분된 경우 지급되는 보상금 중에는 가축의 소유자인 축산계열화사업자와 위탁사육한 계약사육농가가 각각 투입한 자본 내지 노동력 등에 따라 각자 지급받아야 할 몫이 혼재되어 있다. 그런데 살처분 보상금 전액을 어느 일방에게만 지급하도록 하는 형태를 취하게 되면 당해 사건에서처럼, 살처분 보상금 수급권에 대한 제3자의 채권압류·전부명령 등 예기치 못한 사정으로 상대방으로서는 보상금을 정산받지 못하는 문제가 발생할 수 있다. 이 사건 계속적용 헌법불합치 결정에 따라, 입법자는 2025. 12. 31.까지 살처분 보상금은 가축의 소유자인 축산화계열화사업자와 계약사육농가에게 가축의 살처분으로 인한 각자의 경제적 가치의 손실에 비례하여 개인별로 지급하는 방식으로 입법을 개선하여야 하며, 그 전까지는 심판대상조항이 적용된다.

사무장병원으로 확인된 의료기관에 대한 의료급여비용 지급보류 사건

2024.6.27. 2021헌가19 [의료급여법 제11조의5 위헌제청] **[헌법불합치]**

1. 사건의 개요

제청신청인은 요양병원에 관한 개설허가를 받아 이를 운영하는 의료법인이다. 사법경찰관은 청구인의 대표이사가 의료인의 면허나 의료법인 등의 명의를 대여받아 의료기관을 운영(이하 이러한 의료기관을 편의상 '사무장병원'이라 한다)하였다고 보고, 이러한 수사결과를 경산시장에 통보하였다. 이에 경산시장은 의료급여법 제11조의5, 의료급여법 시행령 제13조의2에 따라 청구인에 대하여 의료급여비용의 지급을 보류하는 처분을 하였다.

청구인은 위 지급보류처분의 취소를 구하는 행정소송을 제기하였고, 위 소송 계속 중 의료급여법 제11조의5에 대한 위헌법률심판제청신청을 하였다. 제청법원은 이를 받아들여 위헌법률심판제청을 하였다.

2. 심판의 대상

의료급여법(2015. 12. 29. 법률 제13657호로 개정된 것)
제11조의5(급여비용의 지급 보류) ① 제11조 제3항에도 불구하고 시장·군수·구청장은 급여비용의 지급을 청구한 의료급여기관이 「의료법」 제33조 제2항 또는 「약사법」 제20조 제1항을 위반하였다는 사실을 수사기관의 수사결과로 확인한 경우에는 해당 의료급여기관이 청구한 급여비용의 지급을 보류할 수 있다.

3. 주 문

의료급여법(2015. 12. 29. 법률 제13657호로 개정된 것) 제11조의5 제1항 중 '의료법 제33조 제2항'에 관한 부분은 헌법에 합치되지 아니한다. 위 법률조항은 2025. 6. 30.을 시한으로 개정될 때까지 계속 적용된다.

I. 판시사항

1. 심판대상조항이 무죄추정의 원칙에 위반되는지 여부(소극)
2. 심판대상조항이 과잉금지원칙에 위반되어 재산권을 침해하는지 여부(적극)

II. 판단

1. 무죄추정원칙 위반 여부

심판대상조항은 사후적인 부당이득 환수절차의 한계를 보완하고, 의료급여기금의 재정 건전성이 악화될 위험을 방지하고자 마련된 조항이다. 그렇다면 사무장병원일 가능성이 있는 의료급여기관이 일정 기간 동안 의료급여비용을 지급받지 못하는 불이익을 받더라도 이를 두고 유죄의 판결이 확정되기 전에 죄 있는 자에 준하여 취급하는 것이라고 보기 어렵다. 따라서 심판대상조항은 무죄추정의 원칙에 위반된다고 볼 수 없다.

2. 과잉금지원칙 위반 여부

(1) 심판대상조항은 사무장병원의 개설·운영을 보다 효과적으로 규제하여 의료급여기금 재정의 건전성을 확보하기 위한 것이다. 이러한 점을 고려하면, 지급보류처분의 요건이 상당히 완화되어 있는 것 자체는 일응 수긍이 가는 측면이 있다.

(2) 그런데 지급보류처분은 잠정적 처분이고, 그 처분 이후 사무장병원에 해당하지 않는다는 사실이 밝혀져서 무죄판결의 확정 등 사정변경이 발생할 수 있으며, 이러한 사정변경사유는 그것이 발생하기까지 상당히 긴

시간이 소요될 수 있다. 이러한 점을 고려하면, 지급보류처분의 '처분요건'뿐만 아니라 위와 같은 사정변경이 발생할 경우 잠정적인 지급보류상태에서 벗어날 수 있는 '지급보류처분의 취소'에 관하여도 명시적인 규율이 필요하고, 그 '취소사유'는 '처분요건'과 균형이 맞도록 규정되어야 한다. 또한 무죄판결이 확정되기 전이라도 하급심 법원에서 무죄판결이 선고되는 경우에는 그때부터 일정 부분에 대하여 의료급여비용을 지급하도록 할 필요가 있다. 나아가, 앞서 본 사정변경사유가 발생할 경우 지급보류처분이 취소될 수 있도록 한다면, 이와 함께 지급보류기간동안 의료기관의 개설자가 수인해야 했던 재산권 제한상황에 대한 적절하고 상당한 보상으로서의 이자 내지 지연손해금의 비율에 대해서도 규율이 필요하다.

(3) 이러한 사항들은, 심판대상조항으로 인한 기본권 제한이 입법목적 달성에 필요한 최소한도에 그치기 위해 필요한 조치들이지만, 현재 이에 대한 어떠한 입법적 규율도 없다. 이러한 점을 종합하면, 심판대상조항은 과잉금지원칙에 반하여 의료급여기관 개설자의 재산권을 침해한다.

3. 헌법불합치결정의 필요성

다만, 위와 같은 위헌적 요소들을 제거하고, 지급보류처분의 취소 사유나, 지급보류처분에 의하여 발생한 의료급여기관 개설자의 재산권 제한 정도를 완화하기 위한 적절하고 상당한 보상으로서의 이자 내지 지연손해금 등 제도적 대안 등을 어떠한 내용으로 형성할 것인지에 관하여는, 입법자에게 폭넓은 재량이 부여되어 있다. 또한 심판대상조항에 대하여 단순위헌결정을 하여 당장 그 효력을 상실시키는 경우 의료급여기금 재정의 건전성 확보라는 입법목적을 달성하기 어려운 법적 공백이 발생할 수 있다. 따라서 심판대상조항에 대하여 2025. 6. 30.을 시한으로 입법자가 개정할 때까지 계속 적용을 명하는 헌법불합치 결정을 한다.

결정의 의의

헌법재판소는 2023. 3. 23. 2018헌바433등 결정에서 심판대상조항과 유사한 내용으로 요양기관에 대한 요양급여비용의 지급을 보류할 수 있도록 규정한 국민건강보험법(2020. 12. 29. 법률 제17772호로 개정된 것) 제47조의2 제1항 전문 중 '의료법 제33조 제2항'에 관한 부분 등에 대하여 2024. 12. 31.을 입법시한으로 하는 헌법불합치결정을 한 바 있고, 위 결정 취지에 따른 개선입법이 2024. 2. 20. 법률 제20324호로 이루어져 2024. 8. 21. 시행될 예정이다. 이 사건은, 의료급여법에 대하여도 위 사안의 취지가 유효하다고 보아, 의료급여기관 개설자의 재산권을 침해하는 심판대상조항에 대하여 헌법불합치결정을 한 것이다.

이 사건 결정에 따라 입법자는 심판대상조항을 2025. 6. 30.까지 개정하여야 하고, 위 시한까지 개선입법이 이루어지지 않으면 심판대상조항은 2025. 7. 1.부터 효력을 상실하게 된다.

2024.2.28. 2020헌마139 【고용보험 및 산업재해보상보험의 보험료징수 등에 관한 법률 제33조 제1항 등 위헌확인】　　　　　　　　　　　　　　　　　　　　　　　　　　　　　　　　　**【기각】**

1. 사건의 개요

보험사무대행제도는 사업주가 국가로부터 인가받은 보험사무대행기관을 통하여 보험료 신고 등 고용보험 및 산업재해보상보험(이하 '산재보험'이라 한다)에 관한 사무(이하 '보험사무'라 한다)를 처리할 수 있도록 함으로써 사업주의 보험사무 처리 부담을 완화하고, 행정기관에 대해서는 보험관리 · 운영의 효율성을 도모하고자 하는 제도이다.

공인회계사인 청구인들은 사업주로부터 위임을 받아 보험사무를 대행할 수 있는 보험사무대행기관으로 공인회계사를 규정하지 않고 있는 '고용보험 및 산업재해보상보험의 보험료징수 등에 관한 법률' 제33조 제1항, 같은 법 시행령 제44조로 인하여 청구인들의 직업선택의 자유 등이 침해되었다고 주장하면서 2020. 1. 28. 이 사건 헌법소원심판을 청구하였다.

2. 심판의 대상

고용보험 및 산업재해보상보험의 보험료징수 등에 관한 법률(2014. 3. 24. 법률 제12526호로 개정된 것)

제33조(보험사무대행기관) ① 사업주 등을 구성원으로 하는 단체로서 특별법에 따라 설립된 단체, 「민법」 제32조에 따라 고용노동부장관의 허가를 받아 설립된 법인 및 <u>그 밖에 대통령령으로 정하는 기준에 해당하는 법인, 공인노무사 또는 세무사</u>(이하 "법인등"이라 한다)는 사업주로부터 위임을 받아 보험료 신고, 고용보험 피보험자에 관한 신고 등 사업주가 지방고용노동관서 또는 공단에 대하여 하여야 할 보험에 관한 사무(이하 "보험사무"라 한다)를 대행할 수 있다. 이 경우 보험사무를 위임할 수 있는 사업주의 범위 및 법인등에 위임할 수 있는 업무의 범위는 대통령령으로 정한다.

고용보험 및 산업재해보상보험의 보험료징수 등에 관한 법률 시행령(2014. 9. 24. 대통령령 제25629호로 개정된 것)

제44조(보험사무대행기관) 법 제33조 제1항 전단에서 "<u>대통령령으로 정하는 기준에 해당하는 법인, 공인노무사 또는 세무사</u>"란 다음 각 호의 어느 하나에 해당하는 자를 말한다.

1. 관계 법률에 따라 주무관청의 인가 또는 허가를 받거나 등록 등을 한 법인
2. 「공인노무사법」 제5조에 따라 등록한 사람으로서 같은 법 제2조에 따른 직무를 2년 이상 하고 있는 사람
3. 「세무사법」 제6조에 따라 등록을 하고 같은 법 제2조에 따른 직무를 2년 이상 하고 있는 사람으로서 고용노동부장관이 정하는 교육을 이수한 사람

3. 주 문

이 사건 심판청구를 모두 기각한다.

Ⅰ. 판시사항

사업주로부터 위임을 받아 고용보험 및 산업재해보상보험에 관한 보험사무를 대행할 수 있는 기관의 자격을 일정한 기준을 충족하는 단체 또는 법인, 공인노무사 또는 세무사로 한정한 '고용보험 및 산업재해보상보험의 보험료징수 등에 관한 법률' 제33조 제1항 전문 및 같은 법 시행령 제44조가 과잉금지원칙에 위배되어 공인회계사인 청구인들의 직업수행의 자유를 침해하는지 여부(소극)

Ⅱ. 판단

1. 제한되는 기본권

심판대상조항은 사업주로부터 위임을 받아 고용보험 및 산재보험에 관한 보험사무를 대행할 수 있는 기관의 자격을 일정한 기준을 충족하는 단체 또는 법인, 공인노무사, 세무사로 한정하고 있다. 이로 인해 개인 공인회계사는 보험사무대행기관으로서 보험사무를 대행할 수 없게 되므로, 심판대상조항은 청구인들의 직업수행의 자유를 제한한다.

한편, 청구인들은 심판대상조항이 세무사, 세무사 자격 보유 공인회계사, 회계법인에 대해서는 보험사무대행기관의 자격을 부여하면서 세무사 자격을 보유하지 않은 개인 공인회계사에게는 그 자격을 부여하지 않는 것은 합리적 이유 없는 차별이라고 주장한다. 그러나 심판대상조항의 직업수행의 자유에 대한 제한 내용에는 이미 심판대상조항에 따라 보험사무대행기관의 범위에 포함된 세무사 등과 그 범위에 포함되지 않은 개인 공인회계사를 달리 취급하는 문제가 내포되어 있으므로, 직업수행의 자유 침해 여부를 판단하는 이상 평등권 침해 여부에 대해서는 별도로 살피지 아니한다.

따라서 심판대상조항이 청구인들의 직업수행의 자유를 침해하는지 여부를 살펴본다.

2. 직업수행의 자유 침해 여부

(1) 심사기준

직업수행의 자유가 보장된다 하더라도 헌법 제37조 제2항에 따라 국가안전보장·질서유지 또는 공공복리를 위하여 불가피한 경우에는 이를 제한할 수 있고, 이 경우 직업선택의 자유에 비하여 상대적으로 폭넓은 입법적 규제가 가능하다. 물론 이러한 경우 그 수단은 목적달성에 적절한 것이어야 하고, 또한 필요한 정도를 넘는 지나친 것이어서는 아니 된다(헌재 2009. 9. 24. 2007헌마1345 참조).

따라서 보험사무대행기관이 될 수 있는 자의 범위를 구체적으로 어떻게 설정할 것인지는 보험사무대행제도의 취지 및 현황, 보험사무의 특성, 관련 전문자격사의 보험사무에 대한 직무 관련성 및 전문성, 사업주들의 접근 및 이용의 편의성, 해당 기관의 공신력 및 신용도 등을 종합적으로 고려하여 입법자가 재량으로 정할 수 있고, 심판대상조항의 위헌 여부를 판단할 때에는 위와 같은 입법형성의 재량을 충분히 감안할 필요가 있다.

(2) 목적의 정당성 및 수단의 적합성

보험사무대행제도는 사업주가 국가로부터 인가를 받은 보험사무대행기관을 통하여 보험사무를 처리할 수 있도록 함으로써 사업주의 보험사무 처리 부담을 완화하고, 고용보험·산재보험 업무를 운용하는 행정기관에 대해서는 보험관리와 그 운영의 효율성을 도모하고자 하는 제도이다. 심판대상조항은 보험사무대행기관의 자격을 규정함으로써 보험사무대행업무의 품질을 유지하고 보험사무를 효율적으로 관리하며 사업주의 보험사무 관련 행정처리 부담을 효과적으로 덜어주고자 하는 것으로, 그 입법목적이 정당하다. 그리고 보험사무대행기관의 자격을 일정한 기준을 충족하는 단체 또는 법인, 공인노무사, 세무사로 한정하는 것은 위와 같은 입법목적을 달성하기 위한 적합한 수단이라고 볼 수 있다.

(3) 침해의 최소성

(가) 앞서 보았듯이 보험사무대행기관이 사업주로부터 위임을 받는 업무는 고용산재보험료징수법 제16조의 10에 따른 보수총액 등의 신고, 개산보험료·확정보험료의 신고, 고용보험 피보험자의 자격 관리에 관한 사무, 보험관계의 성립·변경·소멸의 신고, 그 밖에 사업주가 지방노동관서 또는 공단에 대하여 하여야 할 보험에 관한 사무이다.

그런데 공인회계사는 회계에 관한 감사·감정·증명·계산·정리·입안 또는 법인설립등에 관한 회계, 세무대리, 그리고 위 업무들에 부대되는 업무를 수행하므로(공인회계사법 제2조), 공인회계사의 직무가 위 보험사무대행업무와 높은 관련성이 있다고 보기는 어렵다.

(나) 심판대상조항에 따르면, 보험사무대행기관이 될 수 있는 자는 ① 사업주 등을 구성원으로 하는 단체로서 특별법에 따라 설립된 단체, ② 민법 제32조에 따라 고용노동부장관의 허가를 받아 설립된 법인, ③ 관계 법률에 따라 주무관청의 인가 또는 허가를 받거나 등록 등을 한 법인, ④ 공인노무사법 제5조에 따라 등록한 사람으로서 같은 법 제2조에 따른 직무를 2년 이상 하고 있는 사람, ⑤ 세무사법 제6조에 따라 등록을 하고 같은 법 제2조에 따른 직무를 2년 이상 하고 있는 사람으로서 고용노동부장관이 정하는 교육을 이수한 사람이다. 위 ①은 사업주 등을 구성원으로 하는 단체로서 사업주들의 접근이 비교적 용이할 것으로 보인다. 그리고 위 ①은 특별법에 따라 설립된 단체이고, 위 ②, ③의 법인은 고용노동부장관의 허가를 받아 설립된 비영리법인이거나 관계 법률에 따라 주무관청의 인가 또는 허가를 받거나 등록 등을 한 법인으로서, 그 설립근거나 설립절차 등을 고려할 때 공신력과 신용도를 일정 수준 이상 담보할 수 있고 사업주와의 관계에서 업무의 연속성이 단절될 우려가 비교적 적다고 할 수 있으므로, 위 단체 또는 법인들이 보험사무대행업무의 품질을 유지하고 효율적으로 보험사무를 관리하는 데 적합하다고 본 입법자의 판단이 불합리하다고 볼 수 없다.

공인노무사법 제2조 제1항 제1호, 제2호에 따르면, 위 ④의 개인 공인노무사는 노동 관계 법령에 따라 관계 기관에 대하여 행하는 신고·신청·보고·진술·청구 및 권리 구제 등의 대행 또는 대리 업무, 노동 관계 법령에 따른 서류의 작성 및 확인 업무를 수행하는데, 같은 법 시행령 제2조 제1항에 따른 [별표 1]은 위 '노동 관계 법령' 중 하나로 고용산재보험료징수법을 규정하고 있다. 그렇다면 앞서 살펴본 보험사무대행업무는 공인노무사의 업무 범위에 해당하므로, 개인 공인노무사는 보험사무를 대행할 수 있는 전문성을 갖추고 있다고 볼 수 있다. 이에 더하여 심판대상조항은 2년 이상의 공인노무사 직무 경력을 요구하여 보험사무대행업무의 품질을 유지할 수 있도록 하는 장치도 두고 있으므로, 심판대상조항이 개인 공인노무사를 보험사무대행기관에 포함시키고 있는 것 역시 그 취지를 수긍할 수 있다.

위 ⑤의 개인 세무사의 경우 그 직무가 조세에 관한 신고·신청·청구 등의 대리, 세무조정계산서와 그 밖의 세무 관련 서류의 작성, 조세에 관한 신고를 위한 장부 작성의 대행, 조세에 관한 상담 또는 자문 등을 수행하는 것으로서(세무사법 제2조 참조), 보험사무대행업무와 직접적인 관련성이 있다고 보기는 어렵다.

그런데 입법자료에 따르면, 2014. 3. 24. 법률 제12526호로 고용산재보험료징수법이 개정될 당시 보험사무대행기관의 범위에 개인 세무사가 추가된 것은, 대부분의 영세 사업주들이 개인 세무사에게 기장대행이나 세무신고 업무를 위임하고 있는데, 종전에 개인 세무사들이 위 업무들을 처리하면서 별도의 수수료를 받지 않거나 소액의 수수료만 받고 보험사무대행업무까지 수행하는 경우가 상당히 많았으나, 이들이 보험사무대행기관 자격이 없어 공단의 전산망에 접근할 수 없었기에 많은 보험사무 처리가 팩스로 이루어지는 등 행정적 비효율이 발생하여 이를 해결할 필요가 있었기 때문이었다.

위와 같이 보험사무대행기관의 범위에 개인 세무사를 포함시킨 것은 상당수의 영세 사업주들이 개인 세무사를 통하여 보험사무를 처리하고 있는 현실을 반영하여 보험사무를 효율적으로 처리하고 영세 사업장의 사회보험 사각지대를 해소하기 위한 것이었던 점, 심판대상조항은 개인 세무사에게 2년 이상의 직무 경력을 요구하고 있고, 세무사가 보험사무에 대한 전문성이 부족할 수 있는 점을 감안하여 고용노동부장관이 정하는 교육을 이수하도록 함으로써 보험사무대행업무의 품질을 유지할 수 있도록 하는 장치를 두고 있는 점 등을 종합하여 보면, 심판대상조항이 개인 세무사를 보험사무대행기관에 포함시키고 있는 것 역시 그 취지를 수긍할 수 있다. 이처럼 심판대상조항이 규정하고 있는 단체, 법인이나 개인들은 사업주들의 접근이 비교적 용이하거나, 관계 법령에 의해 설립된 단체나 법인으로서 그 공신력과 신용도를 일정 수준 이상 담보할 수 있거나, 그 직무상 보험사무대행업무의 전문성이 있거나, 이미 상당수의 영세 사업장에서 사실상 보험사무대행업무를 수행하여 와서 보험사무대행기관으로 추가할 현실적 필요성이 있었다는 점에서 보험사무대행기관의 범위에 포함될 나름의 합리적인 이유를 갖고 있다고 볼 수 있다.

(다) 반면 개인 공인회계사의 경우는 앞서 보았듯이 그 직무와 보험사무대행업무 사이의 관련성이 높다고 보기 어렵고, 사업주들의 접근이 용이하다거나 보험사무대행기관으로 추가해야 할 현실적 필요성이 있다고 보기도 어렵다. 게다가 상당수의 공인회계사들이 소속되어 있는 회계법인은 심판대상조항이 정한 '관계 법률에

따라 주무관청의 인가 또는 허가를 받거나 등록 등을 한 법인'에 해당하여 보험사무대행기관이 될 수 있어 개인 공인회계사를 보험사무대행기관에 별도로 추가할 실익이 상대적으로 적은 점까지 고려하면, 심판대상조항이 보험사무대행기관에 개인 공인회계사를 포함시키지 않은 것이 입법자의 형성재량을 벗어나 불합리하다고 보기는 어렵다.

나아가 회계법인은 개인 공인회계사에 비하여 공신력과 신용도가 높고 사업주와의 관계에서 업무의 연속성이 단절될 우려가 적어 보험사무대행업무의 품질을 유지하고 효율적으로 보험사무를 관리하는 데 더 적합하다고 볼 수 있는 점에 비추어 볼 때, 심판대상조항이 보험사무대행기관에 회계법인을 포함하면서 개인 공인회계사를 포함시키지 않은 것 역시 불합리하다고 보기는 어렵다.

(라) 따라서 심판대상조항이 보험사무대행기관의 범위에 개인 공인회계사를 포함하지 않았다고 하여 청구인들의 직업수행의 자유를 필요 이상으로 제한한다고 보기는 어려우므로, 심판대상조항은 침해의 최소성 요건을 충족한다.

(4) 법익의 균형성

심판대상조항으로 인해 청구인들은 보험사무대행기관이 될 수 없는 불이익을 입지만, 그러한 불이익이 심판대상조항이 보험사무대행기관의 자격을 한정함으로써 달성하고자 하는 보험사무대행업무의 품질 유지, 보험사무의 효율적 관리, 사업주의 보험사무 행정처리 부담 경감이라는 공익에 비하여 크다고 보기 어려우므로, 심판대상조항은 법익의 균형성 요건도 충족한다.

(5) 소결

심판대상조항은 과잉금지원칙에 위배되어 청구인들의 직업수행의 자유를 침해한다고 볼 수 없다.

Ⅲ. 결론

그렇다면 이 사건 심판청구는 이유 없으므로 이를 기각하기로 하여, 주문과 같이 결정한다. 이 결정은 재판관 이종석, 재판관 이은애, 재판관 이영진, 재판관 김형두의 반대의견이 있는 외에는 관여 재판관들의 일치된 의견에 의한 것이다.

Ⅳ. 재판관 이종석, 재판관 이은애, 재판관 이영진, 재판관 김형두의 반대의견

(1) 보험의 의무 가입, 보험료 납부의무, 납부의무 위반 시의 연체금 징수 및 국세 체납처분의 예에 따른 강제징수 등의 사정을 고려하면, 사업주에 대하여는 고용·산재보험의 보험료가 이른바 준조세의 성격을 갖는다고 볼 수 있으므로, 세무사의 직무가 반드시 보험사무대행업무와 관련성이 낮다고 볼 수는 없다. 따라서 심판대상조항이 보험사무대행기관의 범위에 개인 세무사를 포함시킨 것은 그 합리성을 충분히 수긍할 수 있다. 공인회계사는 세무대리도 수행할 수 있고, 세무사법은 2012. 1. 26. 개정되기 전까지 약 50년 간 공인회계사에게 세무사 자격을 자동으로 부여하여 왔다. 이와 같은 사정을 감안하면, 앞서 세무사와 관련하여 살펴본 직무관련성 논의는 공인회계사에게도 동일하게 적용될 수 있으므로, 보험사무대행기관에 개인 세무사는 포함하면서 개인 공인회계사를 제외할 합리적인 이유를 찾기 어렵다.

게다가 회계법인에 소속된 공인회계사는 지금도 보험사무대행업무를 하고 있으므로, 심판대상조항이 개인 공인회계사만 보험사무대행기관에서 제외하는 것은 공인회계사들 사이의 형평성도 훼손하는 것이다.

보험사무대행업무의 대부분은 관계 기관에 대하여 행하는 신고의 대행업무로서 특별히 난이도가 높은 업무라고 보기는 어렵다. 개인 세무사나 회계법인 소속 공인회계사는 지금도 보험사무대행업무를 무리 없이 수행하고 있다는 점까지 고려하면, 개인 공인회계사에게도 개인 세무사와 마찬가지로 일정한 직무 경력을 갖출 것을 요구함과 동시에 교육을 이수하도록 한다면 보험사무대행업무를 처리하는 데 있어서 별다른 문제가 발생하지 않을 것으로 보인다.

이처럼 보험사무대행기관의 범위에 개인 공인회계사를 포함시키더라도 입법목적을 동등하게 달성할 수 있음에도 불구하고, 심판대상조항은 합리적인 이유 없이 보험사무대행기관의 범위에서 개인 공인회계사를 제외함으로써 이들이 보험사무대행기관으로서 보험사무대행업무를 수행하는 것을 원천적으로 봉쇄하고 있으므로, 침해의 최소성 요건을 충족하지 못하였다.

(2) 심판대상조항이 달성하고자 하는 보험사무대행업무의 품질 유지, 보험사무의 효율적 관리, 사업주의 보험사무 행정처리 부담 경감이라는 공익은 보험사무대행기관의 범위에 개인 공인회계사를 포함시키더라도 충분히 달성이 가능하다. 나아가 공인회계사는 회계에 관한 지식도 갖추고 있다는 점을 고려하면, 보험사무대행기관의 범위에 공인회계사를 포함시킬 경우 사업주들에게 선택의 폭을 넓혀준다는 점에서 오히려 공익을 증진시키는 면도 있을 것으로 보인다.

반면, 심판대상조항이 보험사무대행기관의 범위에서 개인 공인회계사를 제외함으로 인해 개인 공인회계사는 보험사무대행기관으로서 보험사무대행업무를 수행하는 것이 원천적으로 불가능하다. 따라서 심판대상조항이 달성하고자 하는 공익에 비하여 청구인들이 입는 불이익의 정도가 결코 작다고 볼 수 없으므로, 심판대상조항은 법익의 균형성 요건도 충족하지 못하였다.

(3) 심판대상조항은 과잉금지원칙에 위배되어 청구인들의 직업수행의 자유를 침해한다.

결정의 의의

이 결정은 고용·산재보험의 보험사무대행기관의 자격을 규정한 고용산재보험료징수법 조항 및 같은 법 시행령 조항의 위헌 여부를 판단한 최초의 결정이다.

고용산재보험료징수법 제정 이전에는 고용보험법과 산업재해보상보험법에서 보험사무조합제도를 두어 사업주의 위임 내지 보험가입자의 위탁을 받아 보험료 등의 납부와 기타 보험사무를 행할 수 있도록 하면서, 보험사무조합이 될 수 있는 자를 일정한 요건을 갖춘 단체 또는 법인으로 한정하였다.

그러나 2003. 12. 31. 제정된 고용산재보험료징수법 및 그 시행령은 '보험사무조합' 대신 '보험사무대행기관'이라는 명칭을 사용하면서 보험사무대행기관이 될 수 있는 자로 위 단체 또는 법인 외에 일정한 직무 경력을 가진 공인노무사를 추가하였고, 2014. 3. 24.에는 일정한 직무 경력을 가진 세무사를 추가하였다.

이 결정에서 법정의견은 위 단체, 법인이나 개인(공인노무사 및 세무사)과 달리 개인 공인회계사는 그 직무와 보험사무대행업무 사이의 관련성이 높다고 보기 어렵고, 사업주들의 접근이 용이하다거나 보험사무대행기관으로 추가해야 할 현실적 필요성이 있다고 보기도 어려우므로, 보험사무대행기관의 범위에 개인 공인회계사를 포함하지 않았다고 하여 과잉금지원칙에 위배되지는 않는다고 보았다.

반면 재판관 4인의 반대의견은 보험사무대행기관에 개인 세무사는 포함하면서 개인 공인회계사를 제외할 합리적인 이유를 찾기 어렵고, 개인 공인회계사에게도 개인 세무사와 마찬가지로 일정한 직무 경력을 요구하고 교육을 이수하도록 한다면 보험사무대행업무를 처리하는 데 별다른 문제가 발생하지 않을 것으로 보인다는 이유로, 심판대상조항이 과잉금지원칙에 위배된다고 보았다.

2024.2.28. 2019헌마500 [최저임금법 제8조 제1항 등 위헌확인] [기각, 각하]

1. 사건의 개요

청구인들은 사업주들 내지 근로자로 고용되었거나 고용되려는 사람들이다.

청구인들은 고용노동부장관으로 하여금 최저임금위원회의 안에 따라 최저임금을 결정하도록 한 최저임금법 제8조 제1항, 최저임금위원회의 구성에 관한 같은 법 제14조, 위원회 위원의 위촉 등에 관한 같은 법 시행령 제12조, 1주간에 12시간을 한도로 근로시간을 연장할 수 있도록 한 근로기준법 제53조 제1항 등이 청구인들의 계약의 자유 등 기본권을 침해한다고 주장하면서, 2019. 5. 14. 이 사건 헌법소원심판을 청구하였다.

2. 심판의 대상

최저임금법(2010. 6. 4. 법률 제10339호로 개정된 것)

제8조(최저임금의 결정) ① 고용노동부장관은 매년 8월 5일까지 최저임금을 결정하여야 한다. 이 경우 고용노동부장관은 대통령령으로 정하는 바에 따라 제12조에 따른 최저임금위원회(이하 "위원회"라 한다)에 심의를 요청하고, 위원회가 심의하여 의결한 최저임금안에 따라 최저임금을 결정하여야 한다.

최저임금법(2008. 3. 21. 법률 제8964호로 개정된 것)

제14조(위원회의 구성 등) ① 위원회는 다음 각 호의 위원으로 구성한다.

　　1. 근로자를 대표하는 위원(이하 "근로자위원"이라 한다) 9명

　　2. 사용자를 대표하는 위원(이하 "사용자위원"이라 한다) 9명

　　3. 공익을 대표하는 위원(이하 "공익위원"이라 한다) 9명

② 위원회에 2명의 상임위원을 두며, 상임위원은 공익위원이 된다.

③ 위원의 임기는 3년으로 하되, 연임할 수 있다.

④ 위원이 궐위(闕位)되면 그 보궐위원의 임기는 전임자(前任者) 임기의 남은 기간으로 한다.

⑤ 위원은 임기가 끝났더라도 후임자가 임명되거나 위촉될 때까지 계속하여 직무를 수행한다.

⑥ 위원의 자격과 임명·위촉 등에 관하여 필요한 사항은 대통령령으로 정한다.

근로기준법(2018. 3. 20. 법률 제15513호로 개정된 것)

제50조(근로시간) ① 1주 간의 근로시간은 휴게시간을 제외하고 40시간을 초과할 수 없다.

제53조(연장 근로의 제한) ① 당사자 간에 합의하면 1주 간에 12시간을 한도로 제50조의 근로시간을 연장할 수 있다.

최저임금법 시행령(2010. 7. 12. 대통령령 제22269호로 개정된 것)

제12조(위원회 위원의 위촉 또는 임명 등) ① 법 제14조 제1항에 따른 근로자위원·사용자위원 및 공익위원은 고용노동부장관의 제청에 의하여 대통령이 위촉한다.

② 법 제14조 제2항에 따른 상임위원은 고용노동부장관의 제청에 의하여 대통령이 임명한다.

③ 근로자위원은 총연합단체인 노동조합에서 추천한 사람 중에서 제청하고, 사용자위원은 전국적 규모의 사용자단체 중 고용노동부장관이 지정하는 단체에서 추천한 사람 중에서 제청한다.

최저임금법 시행령(2009. 6. 26. 대통령령 제21572호로 개정된 것)

제12조(위원회 위원의 위촉 또는 임명 등) ④ 위원이 궐위된 경우에는 궐위된 날부터 30일 이내에 후임자를 위촉하거나 임명하여야 한다. 다만, 전임자의 남은 임기가 1년 미만인 경우에는 위촉하거나 임명하지 아니할 수 있다.

3. 주 문

1. 청구인 김□□, 이◇◇, 이◎◎의 근로기준법(2018. 3. 20. 법률 제15513호로 개정된 것) 제53조 제1항에

대한 심판청구를 모두 기각한다.

2. 청구인 김ㅁㅁ, 이◇◇, 이◎◎의 나머지 심판청구와 나머지 청구인들의 심판청구를 모두 각하한다.

Ⅰ. 판시사항

1. 최저임금 결정 권한 등을 정하고 있는 최저임금법 제8조 제1항, 최저임금위원회의 구성 등을 정하고 있는 최저임금법 제14조, 최저임금위원회 위원의 위촉 또는 임명 등을 정하고 있는 최저임금법 시행령 제12조(이하 위 조항들을 합하여 '최저임금법령조항'이라 한다)에 대한 심판청구와 사업주인 청구인 중 상시 5명 이상 근로자를 사용하는 사업주가 아닌 청구인들의 주 52시간 상한제를 정하고 있는 근로기준법 제53조 제1항(이하 '주 52시간 상한제조항'이라 한다)에 대한 심판청구가 적법한지 여부(소극)

2. 주 52시간 상한제조항이 상시 5명 이상 근로자를 사용하는 사업주인 청구인의 계약의 자유와 직업의 자유, 근로자인 청구인들의 계약의 자유를 침해하는지 여부(소극)

Ⅱ. 판단

1. 제한되는 기본권과 기본권 제한의 한계 등

(1) 제한되는 기본권

(가) 헌법 제10조에 의하여 보장되는 행복추구권 속에는 일반적 행동자유권이 포함되고, 이 일반적 행동자유권으로부터 계약 체결의 여부, 계약의 상대방, 계약의 방식과 내용 등을 당사자의 자유로운 의사로 결정할 수 있는 계약의 자유가 파생된다. 또한 헌법은 제15조에서 직업의 자유를 보장하고 있고 여기에는 직업을 자기가 원하는 방식으로 자유롭게 수행할 수 있는 영업의 자유도 포함된다(헌재 2019. 12. 27. 2017헌마1366등; 헌재 2011. 6. 30. 2008헌마595 참조).

주 52시간 상한제조항은 사용자와 근로자 간에 합의를 한 경우에도 1주간 12시간을 한도로 근로시간을 연장할 수 있도록 제한하고 있고, 휴일근로시간도 그 한도에 포함된다. 주 52시간 상한제조항은 연장근로시간에 관한 사용자와 근로자 간의 계약 내용을 제한한다는 측면에서는 사용자와 근로자의 계약의 자유를 제한하고, 근로자를 고용하여 재화나 용역을 제공하는 사용자의 활동을 제한한다는 측면에서는 직업의 자유를 제한한다(헌재 2020. 6. 25. 2019헌마15 참조).

따라서 주 52시간 상한제조항이 본안 청구인들의 계약의 자유와 청구인 이◇◇의 직업의 자유를 침해하는지 여부가 문제된다.

(나) 본안 청구인들은 그 밖에도 주 52시간 상한제조항이 위 청구인들의 재산권, 근로의 권리 등을 침해한다고 주장한다.

헌법상 보장된 재산권은 원래 사적 유용성 및 그에 대한 원칙적인 처분권을 내포하는 재산가치 있는 구체적인 권리이므로 구체적 권리가 아닌 영리획득의 단순한 기회나 기업활동의 사실적·법적 여건은 기업에게는 중요한 의미를 갖는다고 하더라도 재산권 보장의 대상이 아니다(헌재 2019. 12. 27. 2017헌마1366등 참조). 주 52시간 상한제조항으로 인해 연장근로시간이 제한되는 결과 사업주로서는 근로자를 추가로 고용해야 해서 지급해야 할 임금이 늘어나거나 그밖에 사업상 어려움이 발생할 수 있고, 근로자로서는 임금 감소나 새로운 직장을 추가로 찾아야 하는 불이익 그밖에 고용상 어려움이 발생할 수 있다고 하더라도, 이는 영리획득의 단순한 기회가 제한되는 것이거나 기업활동의 사실적·법적 여건에 관한 것으로서 재산권 침해는 문제되지 않는다.

근로의 권리에는 '일할 자리에 관한 권리'뿐만 아니라 '일할 환경에 관한 권리'가 포함되나, 이는 근로자를 보호하기 위한 것이므로, 사용자와 근로자 모두 주 52시간 이외에 더 이상 연장근로를 할 수 없도록 금지하는 것이 기본권 침해라고 주장하고 있는 이 사건에서는 계약의 자유와 직업의 자유 침해 문제는 별론으로 하고 근로의 권리 침해는 문제된다고 보기 어려우므로 이에 대해서는 별도로 살피지 않는다.

또한 본안 청구인들은 주 52시간 상한제조항이 위 청구인들의 신체의 자유를 침해한다고 주장하고 있는데, 이는 주 52시간 상한제조항 위반에 따른 제재로 인한 것이지 주 52시간 상한제조항 자체에 의하여 본안 청구인들의 신체의 자유가 제한된다고 볼 수 없다.

　(다) 그러므로 이 사건의 쟁점은 주 52시간 상한제조항이 본안 청구인들의 계약의 자유와 청구인 이◇◇의 직업의 자유를 침해하는지 여부이다.

(2) 근로관계에서 계약의 자유 제한의 한계와 심사기준

사업주와 근로자의 근로관계에 관한 계약의 자유와 직업의 자유는 절대적인 것이 아니므로 사회적 약자의 보호, 독점 방지, 실질적 평등, 경제 정의 등의 관점에서 법률상 제한될 수 있고, 다만 이 경우 헌법 제37조 제2항에 규정된 기본권 제한의 한계를 준수할 것이 요구된다.

한편, 헌법 제32조 제3항은 "근로조건의 기준은 인간의 존엄성을 보장하도록 법률로 정한다."라고 규정하고 있는데, 이는 근로시간법제에 대한 헌법상 근거규정이다. 근로시간은 중요한 근로조건으로서 인간의 존엄성을 보장하기 위해서는 근로시간의 한계를 제시할 필요가 있고, 이에 따라 주 52시간 상한제조항이 마련되었다. 따라서 주 52시간 상한제조항과 같은 근로시간법제는 개인의 본질적이고 핵심적인 자유 영역에 관한 것이라기보다 사회적 연관관계에 놓여 있는 경제 활동을 규제하는 사항에 해당한다고 볼 수 있다. 그러므로 그 위헌성 여부를 심사함에 있어서는 완화된 심사기준이 적용된다(헌재 2013. 10. 24. 2010헌마219등; 헌재 2019. 12. 27. 2017헌마1366등 참조).

나아가 우리 헌법은 제119조 제1항에서 "대한민국의 경제질서는 개인과 기업의 경제상의 자유와 창의를 존중함을 기본으로 한다."라고 규정하여 자유경쟁을 존중하는 시장경제를 기본으로 하면서도, 같은 조 제2항에서 "국가는 균형 있는 국민경제의 성장 및 안정과 적정한 소득의 분배를 유지하고, 시장의 지배와 경제력의 남용을 방지하며, 경제주체간의 조화를 통한 경제의 민주화를 위하여 경제에 관한 규제와 조정을 할 수 있다."라고 규정함으로써 국가의 규제와 조정을 허용하고 있다. 따라서 입법자는 경제현실의 역사와 미래에 대한 전망, 목적달성에 소요되는 경제적·사회적 비용, 당해 경제문제에 관한 국민 내지 이해관계인의 인식 등 제반 사정을 두루 감안하여 경제영역에서의 국가목표를 이루기 위하여 가능한 여러 정책 중 필요하다고 판단되는 경제정책을 선택할 수 있고, 입법자의 그러한 정책판단과 선택은 그것이 현저히 합리성을 결여한 것이라고 볼 수 없는 한 경제에 관한 국가적 규제·조정권한의 행사로서 존중되어야 한다(헌재 2019. 12. 27. 2017헌마1366등 참조).

2. 계약의 자유와 직업의 자유 침해 여부

(1) 목적의 정당성 및 수단의 적합성

주 52시간 상한제조항은 사용자와 근로자가 합의한 경우에도 1주간 12시간을 한도로 연장근로를 할 수 있고 휴일근로도 이와 같은 연장근로 상한의 범위 내에서만 가능하도록 정하고 있다. 이로써 근로시간은 1주간 최대 52시간으로 한정된다. 주 52시간 상한제조항은 실근로시간을 단축시키고 휴일근로를 억제하여 근로자에게 휴식시간을 실질적으로 보장함으로써 근로자의 건강과 안전을 보호하기 위한 것으로 그 입법목적은 정당하다. 2018. 3. 20. 법률 제15513호로 근로기준법이 개정되기 전에는 연장근로시간에 휴일근로시간이 포함되지 않은 결과 1주 최대 68시간의 근로가 가능했던 반면, 주 52시간 상한제조항으로 인해 그 상한을 52시간으로 감축하게 되었는바, 근로시간 단축은 휴식시간을 보장하고 과도한 근로로부터 근로자를 보호하여 그 건강과 안전에 기여할 수 있으므로, 이는 위 입법목적에 기여하는 적합한 수단이 된다.

(2) 침해의 최소성

　(가) 장시간 노동은 근로자의 건강·안전은 물론 생산성도 저하시키는 등 복합적인 사회문제를 일으킨다. 장시간 노동은 근로자에게 휴식·회복시간을 부족하게 하므로 근로자의 신체적·정신적 건강에 위해요소가 된다. 또한 근로시간이 늘어날수록 업무상 재해에 노출될 가능성도 높아지므로 산업재해율도 증가시킨다. 장시간 노동은 여가시간 부족을 초래하여 근로자 개인의 인격발현에 있어서도 격차를 조장할 수 있다.

(나) 주 52시간 상한제조항은 당사자 간의 합의에 의해서도 연장근로의 상한을 넘지 못하도록 강제하고 있다. 근로시간은 사용자와 근로자 사이에서 결정하여야 할 사안이므로 당사자의 자율적 합의를 존중하는 것이 원칙이다. 다만 헌법 제32조 제3항은 근로조건의 기준을 법률로 정하도록 입법자에게 특별히 위임하고 있는데, 이는 개별 근로자들이 사용자에 비해 경제적·사회적으로 열위에 있는 경우가 많으므로 인간의 존엄에 상응하는 근로조건에 관한 기준을 확보하여 근로자에게 불리하지 않도록 국가가 최소한의 기준을 마련할 필요가 있다는 것을 의미한다.

장시간 노동을 규제하면서도 노사의 자율적 합의의 원칙에 충실하기 위해 연장근로의 상한을 법정화하여 강제하지 않거나 당사자 간의 합의의 방식을 보다 구체화하여 객관적 의사를 확인할 경우 그 상한을 넘어서는 연장근로도 가능하도록 예외를 마련하는 방법도 있을 수 있다. 비교법적으로 살펴보더라도 연장근로의 상한을 법으로 강제하지 않고 노사 또는 당사자 간의 합의에 따라 연장근로를 할 수 있도록 정하고 있는 나라들도 있다. 특히 실근로시간의 단축은 노사 모두에게 부담이 될 수 있기 때문에 이를 고려하여 현실에 맞는 근로시간을 운영하고, 이를 통해 근로시간 법제가 사업장 내에서 실질적으로 준수될 수 있도록 노사 간의 자율적 합의의 방식을 따르는 것이 보다 유용하다는 주장도 있다.

그럼에도 불구하고 입법자는 주 52시간 상한제조항을 도입하여 당사자 간의 합의가 있더라도 연장근로의 상한을 넘기지 못하도록 법정하고 일률적으로 강제하는 방법을 유지하였는데, 이는 우리나라의 현실을 고려할 때 사용자와 근로자의 자율적 합의에만 맡겨두어서는 장시간 노동의 문제가 쉽게 해결될 수 없다고 보았기 때문이다. 이와 같은 상황에서 당사자 간의 합의에 따라 연장근로의 상한에 대한 예외를 설정할 수 있도록 한다면 그 상한이 적절한 수준에서 제한되어 실근로시간을 단축시킬 수 있을 것인지는 확실하지 않다. 노동조합이 있는 사업장의 경우에도 임금보전을 위해 휴일근로를 원하는 근로자들의 요구로 인해 단체협약에서 연장근로나 휴일근로를 방만하게 허용하고 있는 경우도 있었기 때문이다.

따라서 당사자의 합의에 따라 연장근로의 상한에 대한 예외를 설정할 수 있도록 하는 방법으로는 주 52시간 상한제조항의 입법목적을 제대로 달성할 수 없다고 본 입법자의 판단이 현저히 합리성을 결여하였다고 볼 수 없다.

(다) 이를 종합하면, 주 52시간 상한제조항이 청구인들의 계약의 자유와 직업의 자유를 제한한다고 하더라도 장시간 노동의 문제를 해결하기 위해 도입할 필요가 있다고 본 입법자의 판단이 합리성을 결여하였다고 볼 수는 없다. 따라서 주 52시간 상한제조항은 침해의 최소성에 반하지 않는다.

(3) 법익의 균형성

사용자 및 근로자는 주 52시간 상한제조항으로 인하여 근로시간에 대한 계약의 자유 등이 제한되고 실근로시간 단축으로 인해 기업운영의 부담 내지 임금감소 등의 불이익을 입게 된다. 그러나 우리나라는 세계적으로 장시간 노동이 일상화되어 있는 국가로서 그로 인한 문제점이 오랜 기간 누적되어 왔는바, 주 52시간 상한제조항을 통해 실근로시간을 단축시킴으로써 장시간 노동의 문제를 개선하고자 하는 입법목적은 매우 중대하다. 사용자는 연장근로 상한의 제한에 대한 예외로 기능하는 제도들을 활용하여 경영상 어려움에 대처할 수 있고, 주 52시간 상한제로 인한 피해를 완화시키기 위해 각종 지원금 등 다양한 정책이 마련되어 시행되고 있다.

따라서 주 52시간 상한제조항으로 인해 사용자와 근로자에게 불이익이 발생한다고 하더라도, 이는 장시간 노동을 해결하고 실근로시간 단축을 통해 근로자에게 휴식을 보장하고자 하는 공익보다 더 크다고 할 수 없으므로, 주 52시간 상한제조항은 법익의 균형성에 반한다고 볼 수 없다.

(4) 소결

그러므로 주 52시간 상한제조항은 과잉금지원칙에 반하여 본안 청구인들의 계약의 자유 및 청구인 이◇◇의 직업의 자유를 침해하지 않는다.

Ⅲ. 결론

따라서 본안 청구인들의 주 52시간 상한제조항에 대한 심판청구는 이유 없으므로 이를 모두 기각하고, 위 청구인들의 나머지 심판청구와 나머지 청구인들의 심판청구는 부적법하므로 이를 모두 각하하기로 하여, 관여 재판관 전원의 일치된 의견으로 주문과 같이 결정한다.

결정의 의의

헌법재판소는 주 52시간 상한제가 비록 사용자와 근로자가 근로시간에 관하여 자유롭게 계약할 수 있는 자유를 제한하고 사용자의 직업의 자유를 제한하지만, 우리나라의 장시간 노동 문제를 해결하기 위해 이와 같은 조치가 필요하다고 본 입법자의 판단이 합리적이므로, 이는 과잉금지원칙에 반하여 사용자와 근로자의 계약의 자유와 사용자의 직업의 자유를 침해하지 않는다고 판단했다.

입법자는 기존에 법정근로시간 외에 연장근로와 휴일근로가 당연한 것으로 인식되어 주 68시간 근로제처럼 활용되어 온 근로시간법제의 왜곡된 관행을 개선하고자, 연장근로의 틀 안에 법정근로시간 외 근로를 일원화하는 주 52시간 상한제를 도입했다.

헌법재판소는 근로시간법제가 헌법 제32조 제3항의 근로조건 법정주의의 헌법적 근거를 지니고 있고, 사회적 연관관계에 놓여 있는 경제 활동을 규제하는 사항으로서 그와 같은 입법자의 정책판단에 대한 위헌 심사를 할 때에는 현저히 합리성을 결여한 것이라고 볼 수 없는 한 입법자의 판단을 존중해야 한다는 점에서 완화된 심사를 해야 한다고 판단했다.

이 결정은 근로시간법제와 같이 다양한 당사자의 입장이 첨예하게 대립하는 사회구조적인 문제에 대해, 헌법재판소가 입법자의 역할을 존중하여 위헌심사를 했다는 점에 의의가 있다.

14 지방공사 상근직원 선거운동 금지 사건

2024.1.25. 2021헌가14 [구 공직선거법 제60조 제1항 제5호 등 위헌제청]　　　　　　[위헌]

1. 사건의 개요

제청신청인들은 안산도시공사의 상근직원으로 근무하였던 사람이고, 안산도시공사는 '안산시 안산도시공사설립 및 운영에 관한 조례'에 따라 설립·운영되는 지방공기업법상 지방공사이다.

제청신청인들은 지방공기업법상 지방공사의 상근직원임에도 불구하고 선거운동을 하여 공직선거법을 위반하였다는 사실로 공소가 제기되었다(당해 사건).

제청신청인들은 당해 사건 계속 중 지방공사 상근직원의 선거운동을 금지하고 이를 위반한 경우 처벌하는 공직선거법 조항들에 대하여 위헌법률심판제청을 신청하였고, 제청법원은 위 신청을 받아들여 구 공직선거법(2020. 3. 25. 법률 제17127호로 개정되기 전의 것) 제60조 제1항 제5호 중 제53조 제1항 제6호 가운데 지방공사의 상근직원 부분, 같은 법 제255조 제1항 제2호 중 위 해당부분 및 구 공직선거법(2020. 12. 29. 법률 제17813호로 개정되기 전의 것) 제60조 제1항 제5호 중 제53조 제1항 제6호 가운데 지방공사의 상근직원 부분, 같은 법 제255조 제1항 제2호 중 위 해당부분에 대하여 위헌법률심판제청 결정을 하였다.

2. 심판의 대상

구 공직선거법(2010. 1. 25. 법률 제9974호로 개정되고, 2020. 3. 25. 법률 제17127호로 개정되기 전의 것)

제60조(선거운동을 할 수 없는 자) ① 다음 각 호의 어느 하나에 해당하는 사람은 선거운동을 할 수 없다. 다만, 제1호에 해당하는 사람이 예비후보자·후보자의 배우자인 경우와 제4호부터 제8호까지의 규정에 해당하는 사람이 예비후보자·후보자의 배우자이거나 후보자의 직계존비속인 경우에는 그러하지 아니하다.

　5. 제53조(공무원 등의 입후보) 제1항 제2호 내지 제8호에 해당하는 자(제4호 내지 <u>제6호의 경우에는 그 상근직원</u>을 포함한다)

제255조(부정선거운동죄) ① 다음 각 호의 어느 하나에 해당하는 자는 3년 이하의 징역 또는 600만 원 이하의 벌금에 처한다.

　2. 제60조(선거운동을 할 수 없는 자) 제1항의 규정에 위반하여 선거운동을 하거나 하게 한 자 또는 같은 조 제2항이나 제205조(선거운동기구의 설치 및 선거사무관계자의 선임에 관한 특례) 제4항의 규정에 위반하여 선거사무장 등으로 되거나 되게 한 자

[관련조항]

공직선거법(2015. 8. 13. 법률 제13497호로 개정된 것)

제53조(공무원 등의 입후보) ① 다음 각 호의 어느 하나에 해당하는 사람으로서 후보자가 되려는 사람은 선거일 전 90일까지 그 직을 그만두어야 한다. 다만, 대통령선거와 국회의원선거에 있어서 국회의원이 그 직을 가지고 입후보하는 경우와 지방의회의원선거와 지방자치단체의 장의 선거에 있어서 당해 지방자치단체의 의회의원이나 장이 그 직을 가지고 입후보하는 경우에는 그러하지 아니하다.

　6. 「지방공기업법」 제2조(적용범위)에 규정된 지방공사와 지방공단의 상근 임원

3. 주 문

구 공직선거법(2010. 1. 25. 법률 제9974호로 개정되고, 2020. 3. 25. 법률 제17127호로 개정되기 전의 것) 제60조 제1항 제5호 중 '제53조 제1항 제6호 가운데 지방공사의 상근직원'에 관한 부분, 구 공직선거법(2020. 3. 25. 법률 제17127호로 개정되고, 2020. 12. 29. 법률 제17813호로 개정되기 전의 것) 제60조 제1항 제5호 중 '제53조 제1항 제6호 가운데 지방공사의 상근직원'에 관한 부분, 공직선거법(2020. 12. 29. 법률 제17813호로 개정된 것) 제60조 제1항 제5호 중 '제53조 제1항 제6호 가운데 지방공사의 상근직원'에 관한 부분, 공직선거법(2010. 1. 25. 법률 제

9974호로 개정된 것) 제255조 제1항 제2호 중 구 공직선거법(2010. 1. 25. 법률 제9974호로 개정되고, 2020. 3. 25. 법률 제17127호로 개정되기 전의 것) 제60조 제1항 제5호의 '제53조 제1항 제6호 가운데 지방공사의 상근직원'에 관한 부분, 공직선거법(2010. 1. 25. 법률 제9974호로 개정된 것) 제255조 제1항 제2호 중 구 공직선거법(2020. 3. 25. 법률 제17127호로 개정되고, 2020. 12. 29. 법률 제17813호로 개정되기 전의 것) 제60조 제1항 제5호의 '제53조 제1항 제6호 가운데 지방공사의 상근직원'에 관한 부분, 공직선거법(2010. 1. 25. 법률 제9974호로 개정된 것) 제255조 제1항 제2호 중 공직선거법(2020. 12. 29. 법률 제17813호로 개정된 것) 제60조 제1항 제5호의 '제53조 제1항 제6호 가운데 지방공사의 상근직원'에 관한 부분은 모두 헌법에 위반된다.

Ⅰ. 판시사항

1. 헌법재판소법 제41조 제1항에 의한 위헌법률심판절차에서 보조참가신청의 적법 여부(소극)

2. 지방공사 상근직원의 선거운동을 금지하고, 이를 위반한 자를 처벌하는 구 공직선거법(2010. 1. 25. 법률 제9974호로 개정되고, 2020. 3. 25. 법률 제17127호로 개정되기 전의 것) 제60조 제1항 제5호 중 '제53조 제1항 제6호 가운데 지방공사의 상근직원'에 관한 부분, 구 공직선거법(2020. 3. 25. 법률 제17127호로 개정되고, 2020. 12. 29. 법률 제17813호로 개정되기 전의 것) 제60조 제1항 제5호 중 '제53조 제1항 제6호 가운데 지방공사의 상근직원'에 관한 부분, 공직선거법(2020. 12. 29. 법률 제17813호로 개정된 것) 제60조 제1항 제5호 중 '제53조 제1항 제6호 가운데 지방공사의 상근직원'에 관한 부분, 공직선거법(2010. 1. 25. 법률 제9974호로 개정된 것) 제255조 제1항 제2호 중 구 공직선거법(2010. 1. 25. 법률 제9974호로 개정되고, 2020. 3. 25. 법률 제17127호로 개정되기 전의 것) 제60조 제1항 제5호의 '제53조 제1항 제6호 가운데 지방공사의 상근직원'에 관한 부분, 공직선거법(2010. 1. 25. 법률 제9974호로 개정된 것) 제255조 제1항 제2호 중 구 공직선거법(2020. 3. 25. 법률 제17127호로 개정되고, 2020. 12. 29. 법률 제17813호로 개정되기 전의 것) 제60조 제1항 제5호의 '제53조 제1항 제6호 가운데 지방공사의 상근직원'에 관한 부분, 공직선거법(2010. 1. 25. 법률 제9974호로 개정된 것) 제255조 제1항 제2호 중 공직선거법(2020. 12. 29. 법률 제17813호로 개정된 것) 제60조 제1항 제5호의 '제53조 제1항 제6호 가운데 지방공사의 상근직원'에 관한 부분(이하 위 조항들을 모두 합하여 '심판대상조항'이라 한다)이 지방공사 상근직원의 선거운동의 자유를 침해하는지 여부(적극)

Ⅱ. 판단

1. 제한되는 기본권

심판대상조항은 지방공사 상근직원에 대하여 공직선거와 관련한 선거운동을 원칙적으로 금지하고 이에 위반한 행위를 처벌함으로써 지방공사 상근직원의 선거운동의 자유를 제한한다(헌재 2018. 2. 22. 2015헌바124; 헌재 2022. 11. 24. 2020헌마417 참조).

2. 선거운동의 의의와 선거운동의 자유

선거운동이란 특정 선거에서 특정 후보자를 '당선되거나 되게 하거나 되지 못하게 하기 위한 행위'를 말한다(공직선거법 제58조 제1항 본문). 선거운동의 자유는 널리 선거과정에서 자유로이 의사를 표현할 자유의 일환이므로, 정치적 표현의 자유의 한 태양으로서 헌법이 정한 언론·출판·집회·결사의 자유 보장규정에 의해 보호된다. 또한 우리 헌법은 참정권의 내용으로서 모든 국민에게 법률이 정하는 바에 따라 선거권을 부여하고 있는데, 선거권이 제대로 행사되기 위하여는 후보자에 대한 정보의 자유 교환이 필연적으로 요청된다 할 것이므로, 선거운동의 자유는 선거권 행사의 전제 내지 선거권의 중요한 내용으로서도 보호된다.

물론 선거운동의 자유도 무제한일 수는 없는 것이고, 선거의 공정성이라는 또 다른 가치를 위하여 어느 정도 선거운동의 주체, 기간, 방법 등에 대한 규제가 행하여지지 않을 수 없다. 다만 선거운동은 국민주권 행사의 일환일 뿐 아니라 정치적 표현의 자유의 한 형태로서 민주사회를 구성하고 움직이게 하는 요소이므로, 그 제한 입법의 위헌 여부에 대하여는 엄격한 심사기준이 적용되어야 할 것이다(헌재 2022. 11. 24. 2020헌마417).

3. 선거운동의 자유 침해 여부

(1) 입법목적의 정당성 및 수단의 적합성

심판대상조항은 지방공사 상근직원이 그 지위와 권한을 선거운동에 남용하는 것을 방지함으로써 선거의 형평성과 공정성을 확보하려는 것이므로, 그 입법목적의 정당성을 인정할 수 있다. 그리고 지방공사 상근직원에 대하여 원칙적으로 모든 선거운동을 할 수 없도록 하고 이를 위반한 행위를 처벌하는 것은 위와 같은 목적을 달성하기 위한 적합한 수단이다.

(2) 침해의 최소성

(가) 지방공사의 상근임원이 될 수 있는 자로는 사장, 감사, 이사가 있는데, 사장과 감사는 지방자치단체장이 임면하고, 사장은 공사를 대표하면서 그 업무를 총괄하여 경영성과에 대하여 책임을 지며, 사장과 이사는 지방공사의 업무에 관한 중요사항을 심의·의결하는 이사회의 구성원이다(지방공기업법 제58조 제2항, 제59조 제3항, 제62조 제1항, 제2항 등 참조).

반면 지방공사의 상근직원은 시험성적, 근무성적, 그 밖의 능력의 실증에 따라 사장이 임면하고(지방공기업법 제63조 제1항, 제2항) 원칙적으로 공개경쟁시험으로 채용되는바(지방공기업법 제63조 제4항), 관련 법령에 비추어 이들에게 지방공사의 경영에 관여하거나 실질적인 영향력을 미칠 수 있는 권한이 있다고 인정하기 어렵다(헌재 2022. 6. 30. 2021헌가24 참조).

이러한 지방공사 상근직원의 지위와 권한을 종합하면, 지방공사의 상근직원이 공직선거에서 선거운동을 한다고 하여 그로 인한 부작용과 폐해가 일반 사기업 직원의 경우보다 크다고 보기 어렵다. 공직선거법 제53조 제1항 제6호가 지방공사의 상근임원과 달리 상근직원은 그 직을 유지한 채 공직선거에 입후보할 수 있도록 규정한 것도 상근직원의 영향력이 상근임원보다 적다는 점을 고려한 것이다. 그럼에도 불구하고 심판대상조항이 지방공사 상근임원의 선거운동을 금지하는 데 더하여 상근직원에게까지 선거운동을 금지하는 것은 과도한 제한이라고 볼 수 있다(헌재 2021. 4. 29. 2019헌가11; 헌재 2022. 6. 30. 2021헌가24 참조).

(나) 따라서 지방공사의 상근직원은 심판대상조항에 의하지 않더라도 직무상 행위를 이용하여 선거운동을 하거나 하도록 하는 행위를 할 수 없고, 선거에 영향을 미치는 전형적인 행위도 할 수 없다. 그럼에도 불구하고 심판대상조항에 의하여 선거운동 일체를 금지하고 이에 위반한 경우 처벌하는 것은 지방공사 상근직원의 선거운동의 자유를 과도하게 제한하는 것이다(헌재 2018. 2. 22. 2015헌바124 참조).

(다) 가사 위와 같은 제반 규정들만으로는 선거의 공정성을 담보하기 부족하다고 하더라도, 직급에 따른 업무 내용과 수행하는 개별·구체적인 직무의 성격을 고려하여 지방공사 상근직원 중 선거운동이 제한되는 주체의 범위를 최소화하거나, 지방공사 상근직원에 대하여 '그 지위를 이용하여' 또는 '그 직무 범위 내에서' 하는 선거운동을 금지하는 방법으로도 선거의 공정성은 충분히 담보될 수 있으므로 일률적으로 모든 상근직원에 대하여 일체의 선거운동을 원칙적으로 금지하는 것은 선거운동의 자유에 대한 과도한 제한이다. 이에 관해서는 '지위를 이용하여'와 같은 개념이 추상적인 측면이 있어 금지조항으로서의 실효성 또는 규범력이 약화될 우려가 있다는 의견이 있을 수 있으나, 선거운동과 관련하여 '지위를 이용하여'란 개인의 자격으로서가 아니라 지위와 결부되어 선거운동 등을 하는 것을 뜻하는 것으로, 지방공사 상근직원의 지위에 있기 때문에 특히 선거운동을 효과적으로 할 수 있는 영향력 또는 편익을 이용하는 것을 의미하며, 구체적으로는 그 지위에 수반되는 신분상의 지휘감독권, 직무권한, 담당사무 등과 관련하여 해당 직원이 직무를 수행하는 사무소 내부 또는 외부의 사람에게 작용하는 것도 포함되는 것으로 해석할 수 있다(헌재 2008. 5. 29. 2006헌마1096; 헌재 2023. 5. 25. 2021헌바136; 대법원 2018. 4. 19. 선고 2017도14322 전원합의체 판결 참조). 그러므로 적용대상에 있어서 불확정성이 있다는 우려만으로는 선거운동의 자유가 제한되는 영역을 적절한 범위로 조정하지 않는 것이 정당화 된다고 보기 어렵다.

(라) 이상과 같은 점을 고려하면 심판대상조항은 침해의 최소성을 충족하지 못하였다.

(3) 법익의 균형성

지방공사 상근직원의 직무에 공익적 성격이 있다고 하더라도, 그러한 공익적 업무를 수행하는 자의 영향력 행사를 배제하여 선거의 공정성을 확보한다는 공익은 그 지위를 이용한 선거운동 내지 영향력 행사만을 금지하는 것으로 충분히 확보될 수 있다. 그러므로 심판대상조항과 같이 지방공사 상근직원에 대하여 일체의 선거운동을 금지하는 것은, 선거운동의 자유를 중대하게 제한하는 정도에 비하여 선거의 공정성 및 형평성의 확보라는 공익에 기여하는 바가 크지 않으므로, 법익의 균형성을 충족하지 못하는 것이다(헌재 2018. 2. 22. 2015헌바124 참조).

(4) 소결

심판대상조항은 과잉금지원칙을 위반하여 지방공사 상근직원의 선거운동의 자유를 침해한다.

Ⅲ. 결론

그렇다면 심판대상조항은 헌법에 위반되므로 주문과 같이 결정한다. 이 결정은 재판관 이종석, 재판관 이영진의 반대의견이 있는 외에는 나머지 관여 재판관들의 일치된 의견에 의한 것이다.

결정의 의의

이 사건은 지방공사 상근직원의 선거운동을 금지·처벌하는 공직선거법 조항들이 헌법에 위반되는지 여부가 쟁점이 된 사건이다.

법정의견은, 선거운동을 전면적으로 금지하여야 할 정도로 지방공사 상근직원의 권한이 크다고 보기 어려운 점, 공직선거법은 이미 지방공사의 상근직원이 직무상 행위를 이용하여 선거의 공정성 및 형평성을 해할 수 있는 행위를 금지하고 그 위반행위를 처벌하는 규정을 별도로 마련하고 있는 점, 선거운동의 전면금지 외에 선거운동의 자유가 제한되는 영역을 적절한 범위로 조정할 방법이 있는 점 등을 고려하여 위 조항들이 지방공사 상근직원의 선거운동의 자유를 침해하여 헌법에 위반된다고 판단하였다.

이에 대하여 재판관 이종석, 재판관 이영진의 반대의견은 지방공사가 공공성의 실현에 기여하는 광범위한 영역의 사업에 관해 특정 지역에서 이를 집중적으로 수행할 수 있는 점, 지방공사 상근직원의 선거운동은 선거의 형평성과 공정성을 해할 우려가 있는 점 등을 고려하여 위 조항들이 지방공사 상근직원의 선거운동의 자유를 침해하지 않아 헌법에 위반된다고 볼 수 없다고 판단하였다.

과거 선고되었던 관련 선례의 동향은 다음과 같다.

– 헌법재판소는 한국철도공사 상근직원의 선거운동을 금지·처벌하는 구 공직선거법 조항들이 헌법에 위반된다고 결정하였다(헌재 2018. 2. 22. 2015헌바124). 공직선거법은 위 결정의 취지를 고려하여 2020. 3. 25. 법률 제17127호로 개정되어, 선거운동이 원칙적으로 금지되던, 정부가 100분의 50 이상의 지분을 가지고 있는 공공기관의 상근직원이 선거운동 금지 대상자에서 제외되었다.

– 헌법재판소는 광주광역시 광산구 시설관리공단, 서울교통공사 및 안성시시설관리공단의 상근직원이 당원이 아닌 자에게도 투표권을 부여하는 당내경선에서 경선운동을 할 수 없도록 금지·처벌하는 공직선거법 조항들이 헌법에 위반된다고 각각 결정한 바 있다(헌재 2021. 4. 29. 2019헌가11; 2022. 6. 30. 2021헌가24; 헌재 2022. 12. 22. 2021헌가36). 공직선거법은 위 헌법재판소 결정들의 취지를 고려하여 2023. 8. 30. 법률 제19696호로 개정되어, 지방공사와 지방공단의 상근직원이 당내경선에서의 경선운동 금지 대상자에서 제외되었다.

이 사건에서 헌법재판소는, 선거운동 또는 당내 경선운동을 제한하는 조항 중 개별 기관의 상근직원에 관한 부분으로 심판대상을 한정하였던 종전 헌법재판소 선례들과 달리, '지방공사 상근직원'에 관한 부분을 심판대상으로 삼아 더 광범위한 판단을 한 것이다.

15 공직선거법상 허위사실공표죄 및 후보자비방죄에 관한 사건

| 2024.6.27. 2023헌바78 [공직선거법 제250조 제2항 등 위헌소원] | [위헌, 합헌] |

1. 사건의 개요

청구인은 2018. 6. 13. 실시된 제7회 전국동시지방선거에서 구청장 후보자로 출마하였다가 낙선한 사람이다.

청구인은 '2018. 6. 13. 실시된 제7회 전국동시지방선거에 구청장 후보자로 출마하고자 하는 자 및 같은 날 실시된 지역구 국회의원 보궐선거에 출마하고자 하는 자가 당선되지 못하게 할 목적으로, 2018. 4. 22. 및 2018. 5. 6. 각각 허위사실을 공표함과 동시에 비방하였다'는 공직선거법위반 등의 혐의로 기소되어 2019. 9. 27. 1심에서 벌금 600만 원을 선고받았고, 항소심 및 상고심을 거쳐 최종적으로 벌금 600만 원을 선고받고 그 판결이 확정되었다.

청구인은 상고심 계속 중 공직선거법 제250조 제2항 및 제251조에 대하여 위헌법률심판제청신청을 하였으나 위 신청은 기각되었다.

이에 청구인은 2023. 3. 15. 이 사건 헌법소원심판을 청구하였다.

2. 심판의 대상

공직선거법(1997. 1. 13. 법률 제5262호로 개정된 것)

제250조(허위사실공표죄) ② 당선되지 못하게 할 목적으로 연설·방송·신문·통신·잡지·벽보·선전문서 기타의 방법으로 후보자 (참고로, 제250조 제1항에서, '후보자'는 '후보자가 되고자 하는 자를 포함한다'고 정하고 이하 제250조에서 같다고 규정하고 있다. 이 사건은 '후보자가 되고자 하는 자'에 관한 것이다.)에게 불리하도록 후보자, 그의 배우자 또는 직계존·비속이나 형제자매에 관하여 허위의 사실을 공표하거나 공표하게 한 자와 허위의 사실을 게재한 선전문서를 배포할 목적으로 소지한 자는 7년 이하의 징역 또는 500만 원 이상 3천만 원 이하의 벌금에 처한다.

공직선거법(1994. 3. 16. 법률 제4739호로 제정된 것)

제251조(후보자비방죄) 당선되거나 되게 하거나 되지 못하게 할 목적으로 연설·방송·신문·통신·잡지·벽보·선전문서 기타의 방법으로 공연히 사실을 적시하여 후보자(후보자가 되고자 하는 자를 포함한다), 그의 배우자 또는 직계존·비속이나 형제자매를 비방한 자는 3년 이하의 징역 또는 500만 원 이하의 벌금에 처한다. 다만, 진실한 사실로서 공공의 이익에 관한 때에는 처벌하지 아니한다.

3. 주 문

1. 공직선거법(1994. 3. 16. 법률 제4739호로 제정된 것) 제251조 중 '후보자가 되고자 하는 자'에 관한 부분은 헌법에 위반된다.

2. 공직선거법(1997. 1. 13. 법률 제5262호로 개정된 것) 제250조 제2항 중 '후보자가 되고자 하는 자에 관하여 허위의 사실을 공표한 자'에 관한 부분은 헌법에 위반되지 아니한다.

I. 판시사항

1. 이 사건 허위사실공표금지 조항이 명확성원칙을 위배하고 정치적 표현의 자유를 침해하는지 여부(소극)
2. 이 사건 비방금지 조항이 명확성원칙에 위배되는지 여부(소극)
3. 이 사건 비방금지 조항이 정치적 자유를 침해하는지 여부(적극)

Ⅱ. 판단

1. 쟁점의 정리

이 사건 허위사실공표금지 조항 중 '허위의 사실' 부분과 이 사건 비방금지 조항 중 '비방' 부분이 죄형법정주의의 명확성원칙에 위배되는지, 그리고 심판대상조항이 과잉금지원칙에 위배되어 정치적 표현의 자유를 침해하는지 여부가 문제된다.

2. 이 사건 허위사실공표금지 조항

(1) 죄형법정주의의 명확성원칙 위배 여부

헌법재판소는 헌재 2021. 2. 25. 2018헌바223 결정에서 공직선거법 제250조 제1항 중 '당선될 목적으로 기타의 방법으로 후보자에게 유리하도록 후보자의 행위에 관하여 허위의 사실을 공표한 자'에 관한 부분이 죄형법정주의의 명확성원칙에 위배되지 않는다고 결정하였다. 공직선거법 제250조 제1항 중 '허위의 사실' 부분은 이 사건 허위사실공표금지 조항에도 동일하게 원용되므로, 이 사건 허위사실공표금지 조항은 죄형법정주의의 명확성원칙에 위배되지 아니한다.

(2) 정치적 표현의 자유 침해 여부

헌법재판소는 헌재 2023. 7. 20. 2022헌바299 결정에서 이 사건 허위사실공표금지 조항이 과잉금지원칙에 위배되어 정치적 표현의 자유를 침해하지 않는다고 결정하였다. 이 사건에서 선례와 달리 판단해야 할 사정의 변경이나 필요성이 인정된다고 볼 수 없다. 따라서 이 사건 허위사실공표금지 조항은 과잉금지원칙에 위배되어 정치적 표현의 자유를 침해하지 않는다.

3. 이 사건 비방금지 조항

(1) 죄형법정주의의 명확성원칙 위배 여부

헌법재판소는 헌재 2010. 11. 25. 2010헌바53 결정에서, 공직선거법(1994. 3. 16. 법률 제4739호로 제정된 것) 제251조 중 '후보자'에 관한 부분에서 '비방' 부분은 그 의미가 애매모호하거나 불분명하다고 할 수 없으므로 죄형법정주의의 명확성원칙에 위배되지 않는다고 결정하였다. 따라서 이 사건 비방금지 조항은 죄형법정주의의 명확성원칙에 위배되지 아니한다.

(2) 정치적 표현의 자유 침해 여부

선거운동 등에 대한 제한이 정치적 표현의 자유를 침해하는지 여부를 판단함에 있어서는 표현의 자유의 규제에 관한 판단기준으로서 엄격한 심사기준을 적용하여야 한다(헌재 2022. 7. 21. 2017헌바100등).

이 사건 비방금지 조항은 후보자가 되고자 하는 자의 인격과 명예를 보호하고 선거의 공정성을 보장하기 위한 것으로 목적의 정당성과 수단의 적합성은 인정된다.

정치적 표현의 자유는 우리 헌법상 민주주의의 근간이 되는 핵심적 기본권이므로 최대한 보장되어야 하고, 이에 대한 제한은 입법목적을 달성하는 데에 필요최소한으로 이루어져야 한다.

공직선거법 제110조 제1항이 사생활 비방만을 금지하고 있으나 이 사건 비방금지 조항이 정한 비방의 대상에는 아무런 제한이 없으므로, 남을 헐뜯어 말함으로써 그의 사회적 가치평가를 저하시킬 수 있는 사실이면 허위의 사실인지 진실한 사실인지를 불문하고 모두 해당하게 된다. 그러나 후보자가 되고자 하는 자의 공직 적합성에 관한 부정적 사실을 지적하거나 의혹을 제기하는 것은 그를 헐뜯는 행위일 수밖에 없다.

비방행위가 허위사실에 해당할 경우에는 처벌이 사건 허위사실공표금지 조항으로 처벌하면 족하다. 그러나 후보자가 되고자 하는 자에 대하여 허위가 아닌 사실에 근거하여 문제가 제기되는 경우, 이에 대한 반박을 하도록 하여야 하고, 그 과정을 통해 유권자들이 후보자가 되고자 하는 자의 능력, 자질 및 도덕성을 올바르게 판단할 수 있는 자료를 얻도록 하여야 한다. 그럼에도 이를 이 사건 비방금지 조항으로 처벌하게 되면, 후보자가 되고자 하는 자들 사이에 고소와 고발이 남발하여 선거를 혼탁하게 보이게 하는 결과가 초래될 수 있고, 유권자들의 공직 적합성에 대한 자료를 얻을 수 있는 기회를 제한하게 된다.

이 사건 비방금지 조항이 없더라도 사실을 적시하여 후보자가 되고자 하는 자의 명예를 훼손한 경우에는 형법 제307조 제1항의 사실 적시 명예훼손죄로 처벌하여 그 가벌성을 확보할 수 있다. 일본, 독일, 미국의 입법례를 보더라도 진실한 사실 적시에 의한 후보자 비방을 독자적으로 처벌하는 규정을 발견할 수 없다.

이 사건 비방금지 조항 단서에 "다만, 진실한 사실로서 공공의 이익에 관한 때에는 처벌하지 아니한다."라는 위법성 조각사유가 규정되어 있기는 하다. 그러나 공직후보자는 공적 인물이므로, 진실한 사실에 해당할 경우 공공의 이익에 관한 것인지 여부를 또다시 가릴 필요성이 낮다. 게다가 일단 이 사건 비방금지 조항의 구성요건에 해당되는 경우 그러한 사실을 표현한 사람은 수사나 형사재판에 소추될 위험성에 놓이게 되고, 수사기관 및 재판기관에서 어떠한 기준에 의하여 공익성이 입증되고 판단될 것인지 불확실하므로, 표현의 자유에 대한 위축효과가 발생할 수 있다.

'사실 적시 비방행위'를 형법상 사실 적시 명예훼손죄만으로 처벌하는 것이 충분하지 않고 공직선거법상의 특칙이 필요하다는 의견도 있을 수 있다. 그러나 이 사건 비방금지 조항의 법정형이 형법상 사실 적시 명예훼손죄보다 더 중하고, 공직선거법상 특칙이 적용되는 경우 위반자에게 더 큰 불이익이 부여되는 것인데, 이는 스스로 공론의 장에 뛰어든 사람의 명예를 일반인의 명예보다 더 두텁게 보호하는 것이다. 또한 공직선거법상 특별규정들이 적용되지 않더라도 수사기관 및 재판기관이 선거결과와 관련이 있다는 점을 고려하여 수사와 재판을 신속하게 진행할 수도 있다. 따라서 이 사건 비방금지 조항은 침해의 최소성에 반한다.

선거의 공정이란 선거의 혼탁을 방지하는 것만을 의미하는 것이 아니라 공직 적합성에 관한 정보가 공개되고 이에 근거하여 최선의 사람을 선출할 수 있도록 하는 것을 포함하는 것이다. 따라서 후보자가 되고자 하는 자에 대한 사실을 그것이 허위인지 진실인지를 불문하고 비방이라는 이유로 지나치게 제한하게 되면, 이 사건 비방금지 조항이 추구하는 공익인 선거의 공정을 해하는 결과가 초래될 수 있다.

또한 후보자가 되고자 하는 자는 자발적으로 공론의 장에 뛰어든 사람이므로, 자신에 대한 부정적인 표현을 어느 정도 감수하여야 한다. 그러므로 이 사건 비방금지 조항은 법익의 균형성도 인정되지 않는다.

이 사건 비방금지 조항은 과잉금지원칙에 위배되어 정치적 표현의 자유를 침해하므로 헌법에 위반된다.

Ⅲ. 결론

이 사건 허위사실공표금지 조항은 헌법에 위반되지 아니하고, 이 사건 비방금지 조항은 헌법에 위반되므로, 주문과 같이 결정한다. 아울러 종전에 헌법재판소가 이와 견해를 달리하여 이 사건 비방금지 조항이 헌법에 위반되지 아니한다고 판시한 헌재 2013. 6. 27. 2011헌바75 결정은 이 결정과 저촉되는 범위 내에서 변경하기로 한다.

이 사건 허위사실공표금지 조항은 헌재 2023. 7. 20. 2022헌바299 결정 및 헌재 2021. 2. 25. 2018헌바223 결정 선례를 원용하여 재판관 전원일치로 합헌 결정을 유지하였다.

이 사건 비방금지 조항에 관하여, 기존 합헌 결정 선례인 헌재 2013. 6. 27. 2011헌바75 결정을 변경하여 해당 조항 중 '후보자가 되고자 하는 자'에 관한 부분이 청구인의 정치적 표현의 자유를 침해하여 위헌이라고 판단하였다.

- 과거 선례인 2011헌바75 결정에서 헌법재판소는 이 사건 비방금지조항이 과잉금지원칙에 위배되지 아니하여 선거운동의 자유나 정치적 표현의 자유를 침해하지 않는다고 판단하였다. 위 결정에서 합헌의견은 4인, 반대의견은 5인으로, 위헌의견이 다수이나 법률의 위헌선언에 필요한 정족수에 미달하여 합헌결정이 이루어졌다.

- 그러나 이 사건 결정에서 헌법재판소는 이 사건 비방금지 조항이 '허위가 아닌 사실'에 근거한 비방행위를 처벌하는 규정이라는 것에서 위헌성을 발견하였다. 즉 후보자가 되고자 하는 자에 대한 비방행위가 진실한 사실이거나 허위사실로 증명되지 아니한 사실에 대한 것이라면, 후보자가 되고자 하는 자는 이러한 문제제기에 대해 스스로 반박을 하고, 이를 통해 유권자들이 후보자가 되고자 하는 자의 능력, 자질 및 도덕성 등 공직 적합성에 관한 정보를 얻어 선거의 공정성을 달성할 수 있어야 한다고 보았다.

- 선례인 2011헌바75 결정은 이 사건 비방금지 조항이 그 단서에서 "다만, 진실한 사실로서 공공의 이익에 관한 때에는 처벌하지 아니한다."라고 규정하고 있는 점 등을 들어 합헌 결정을 한 반면, 이 사건 결정은 이 사건 비방금지 조항에 근거한 고소·고발, 수사, 형사재판 소추 위험성 등으로 인해 그 자체로 표현의 자유에 대한 위축효과가 발생할 수 있고, 특히 수사기관 및 재판기관에서 어떠한 기준에 의하여 공익성이 입증되고 판단될 것인지 불확실하다는 점을 고려하였다.

- 또한 이 사건 비방금지 조항이 없더라도 진실한 사실을 적시하여 후보자가 되고자 하는 자의 명예를 훼손한 경우에는 형법 제307조 제1항의 사실적시 명예훼손죄로 처벌이 가능하며, 스스로 공론의 장에 뛰어든 사람의 명예를 일반인의 명예보다 더 두텁게 보호할 필요가 없다고 판단하였다.

16 상속분가액지급청구권에 대한 10년 제척기간 사건

> **2024.6.27. 2021헌마1588 [민법 제1014조 등 위헌확인]**　　　　　　　　**[위헌]**
>
> ## 1. 사건의 개요
>
> (1) 이○○(母)는 1969. 11. 7. 청구인을 출산한 다음 1984. 9. 1. 김□□와 혼인하였다. 김□□(表見父, 법률상 父)는 1984. 9. 17. 청구인을 인지('인지'란, 혼인외 출생자의 생부 또는 생모가 그 출생자를 자신의 子로 인정하여 법률 상의 친자관계를 발생시키는 의사표시이다(민법 제855조). 이 사건에서 김□□는 청구인의 생부가 아니었으나 청구인을 子로 인지하여 청구인의 법률상 父가 되었다.)하였다.
>
> (2) 청구인은 2019. 2.경 이○○로부터 망 김△△(1998. 1. 20. 사망)가 생부(生父)라는 이야기를 듣고, 수원가정 법원 여주지원에서 김□□(表見父)의 인지가 무효임을 확인받은 다음, 서울가정법원에서 청구인이 망 김△△(生 父)의 친생자임을 인지받아 그 판결이 2021. 12. 21. 확정되었다.
>
> (3) 청구인은 '상속권의 침해행위가 있은 날부터 10년'의 제척기간으로 인하여 다른 공동상속인에게 상속분가액 지급청구권을 행사할 수 없게 되어 기본권이 침해된다고 주장하며, 2021. 12. 27. 이 사건 헌법소원심판을 청구 하였다.
>
> ## 2. 심판의 대상
>
> **민법**(2002. 1. 14. 법률 제6591호로 개정된 것)
> 제999조(상속회복청구권) ② 제1항의 상속회복청구권은 그 침해를 안 날부터 3년, 상속권의 침해행위가 있은 날부터 10 년을 경과하면 소멸된다.
>
> **[관련조항]**
>
> **민법**(1958. 2. 22. 법률 제471호로 제정된 것)
> 제1014조(분할후의 피인지자 등의 청구권) 상속개시후의 인지 또는 재판의 확정에 의하여 공동상속인이 된 자가 상속재산 의 분할을 청구할 경우에 다른 공동상속인이 이미 분할 기타 처분을 한 때에는 그 상속분에 상당한 가액의 지급을 청구 할 권리가 있다.
>
> ## 3. 주 문
>
> 민법(2002. 1. 14. 법률 제6591호로 개정된 것) 제999조 제2항의 '상속권의 침해행위가 있은 날부터 10년' 중 민법 제1014조에 관한 부분은 헌법에 위반된다.

Ⅰ. 판시사항

심판대상조항이 입법형성의 한계를 일탈하여 청구인의 재산권 및 재판청구권을 침해하는지 여부(적극)

Ⅱ. 판단

1. 제한되는 기본권

심판대상조항은 상속개시 후 인지 또는 재판확정에 의하여 공동상속인이 된 자가 상속분가액지급청구권을 행 사할 경우 그 기간을 '상속권의 침해행위가 있은 날부터 10년'으로 한정하고 그 후에는 상속분가액지급청구의 소를 제기할 수 없도록 하고 있으므로, 청구인의 재산권과 재판청구권을 제한한다.

2. 재산권 및 재판청구권 침해 여부

(1) 재산권의 내용과 한계 및 재판청구권의 실현은 형식적 의미의 법률에 의한 구체적 형성이 불가피하므로 원칙적으로 입법형성의 자유에 속한다. 다만, 헌법이 재산권 및 재판청구권을 법률로 구체화하도록 정하고 있더라도(헌법 제23조 제1항, 제27조 제1항), 입법자가 이를 행사할 수 있는 형식적 권리나 이론적 가능성만을 제공할 뿐 권리구제의 실효성을 보장하지 않는다면 재산권 및 재판청구권의 보장은 사실상 무의미할 수 있으므로, 재산권 및 재판청구권에 관한 입법은 단지 형식적인 권리나 이론적인 가능성만을 허용해서는 아니되고, 권리구제의 실효성을 상당한 정도로 보장해야 한다.

민법 제1014조의 상속분가액지급청구권은 인지 또는 재판확정으로 공동상속인이 추가되기 전에 기존 공동상속인이 상속재산을 분할·처분한 경우, 추가된 공동상속인에게 민법 제999조의 상속회복청구의 방식 중 '원물반환의 방식'을 차단하여 그 분할·처분의 효력을 유지함으로써 제3취득자의 거래 안전을 존중하는 한편, 추가된 공동상속인에게는 '가액반환의 방식'만을 보장함으로써 기존 공동상속인, 제3취득자, 추가된 공동상속인 사이의 이해관계를 조정한다.

(2) 그런데 민법 제999조 제2항의 제척기간은 상속분가액지급청구권에서 제3취득자의 거래 안전과는 무관한 것이므로, 결국 '기존의 공동상속인과 추가된 공동상속인' 사이의 권리의무관계를 조속히 안정시킨다는 기능만 수행한다.

이때 '침해를 안 날'은 인지 또는 재판이 확정된 날을 의미하므로, 그로부터 3년의 제척기간은 공동상속인의 권리구제를 실효성 있게 보장하는 것으로 합리적 이유가 있다. 그러나 '침해행위가 있은 날'(상속재산의 분할 또는 처분일)부터 10년 후에 인지 또는 재판이 확정된 경우에도 추가된 공동상속인이 상속분가액지급청구권을 원천적으로 행사할 수 없도록 하는 것은 '가액반환의 방식'이라는 우회적·절충적 형태를 통해서라도 인지된 자의 상속권을 뒤늦게나마 보상해 주겠다는 입법취지에 반하며, 추가된 공동상속인의 권리구제 실효성을 완전히 박탈하는 결과를 초래한다.

(3) 물론, 기존 공동상속인으로서는 인지 또는 재판확정으로 가액을 반환하게 되는 것이 당혹스러울 수 있다. 그러나 ㉠ 기존 공동상속인이 받았던 상속재산은 자신의 노력이나 대가 없이 법률규정에 의해 취득한 재산이므로 추가된 공동상속인의 상속권을 회복 기회 없이 희생시키면서까지 '기존 공동상속인의 상속권'만을 더 보호해야 할 특별한 이유가 없는 점, ㉡ 기존 공동상속인이 상속재산의 유지·증가에 특별히 기여하였다면 그 기여분은 상속재산에서 공제되므로 이를 통해 기존 공동상속인과 추가된 공동상속인의 이해관계가 조정될 수 있는 점(민법 제1008조의2), ㉢ 민법 제1014조는 제3취득자 보호를 위해 원물반환을 인정하지 않는 대신 가액반환이라는 절충적 형태로 피인지자의 상속권을 보장하겠다는 취지이므로 그 가액반환청구권 행사가능성 자체를 박탈하는 것은 정당화되기 어려운 점, ㉣ 제척기간은 일단 권리가 발생하여 일정기간 존속함을 전제로 하는데 '공동상속인이 아니었던 시점'에 이미 10년 제척기간이 도과된다면 상속분가액지급청구권의 보장은 시원적으로 형해화되는 점, ㉤ 민법은 인지청구의 소를 '사망을 안 날로부터 2년'으로 제한하고(제864조) 상속분가액지급청구권의 행사도 '침해를 안 날부터 3년'으로 제한하므로(제999조 제2항) 인지재판의 확정을 바탕으로 한 상속분가액지급청구권의 행사가 무한정 늦춰지지 않도록 이중으로 제한하는 점을 함께 고려해야 한다.

Ⅲ. 결론

결국 상속개시 후 인지 또는 재판의 확정에 의하여 공동상속인이 된 자의 상속분가액지급청구권의 경우에도 '침해행위가 있은 날부터 10년'의 제척기간을 정하고 있는 것은, 법적 안정성만을 지나치게 중시한 나머지 사후에 공동상속인이 된 자의 권리구제 실효성을 외면하는 것이므로, 심판대상조항은 입법형성의 한계를 일탈하여 청구인의 재산권 및 재판청구권을 침해한다.

결정의 의의

민법 제999조 제2항은 상속회복청구권의 제척기간을 '침해를 안 날부터 3년, 침해행위가 있은 날부터 10년'으로 정하고, 민법 제1014조는 상속개시 후 인지 또는 재판확정에 의해 공동상속인이 된 자의 '상속분가액지급청구권'을 정하고 있다. 이때 상속분가액지급청구권의 행사에는 상속회복청구권의 제척기간이 적용되며, 상속재산의 분할 또는 처분이 있은 후 인지 또는 재판확정된 경우 그 10년의 제척기간은 '인지 또는 재판확정일'이 아닌 '상속재산의 분할 또는 처분일'부터 기산된다.

이와 같은 민법 조항에 따라, 망인(피상속인)의 사망으로 상속재산의 분할 또는 처분이 있은 날부터 10년이 지난 후에야 자신이 망인의 상속인인 사실을 알게 된 경우, 인지 또는 재판이 확정되어도 이미 10년의 제척기간이 도과됨으로써 진정한 상속인으로서의 권리(상속분가액지급청구권)를 전혀 행사할 수 없는 상황이 발생하여 왔다.

이 사건 결정은, 상속개시 후 인지 또는 재판확정으로 공동상속인이 된 자에게 상속권 회복의 기회를 제공하지 아니한 심판대상조항이 입법형성의 한계를 일탈하여 재산권과 재판청구권을 침해함을 선언한 최초의 결정이다.

이 사건 결정에 따라, 심판대상조항과 관련된 기존 합헌 결정(헌재 2010. 7. 29. 2005헌바89)은 이 사건 결정과 저촉되는 범위에서 변경되었다.

---

1. 사건의 개요

(1) [2020헌마468] 청구인 김○○은 <u>지적장애 3급의 장애인으로, 삼촌 등을 준사기, 횡령 혐의로 고소</u>하였으나, 청구인의 동거친족으로서 형면제 사유가 있다는 이유로 공소권없음의 불기소처분이 이루어지자, 2020. 3. 26. 형법 제328조 제1항, 제354조, 제361조에 대하여 헌법소원심판을 청구하였다.

(2) [2020헌바341] 청구인 김ㅁㅁ은 <u>계부를 횡령 혐의로 고소</u>하였으나, 청구인의 동거친족으로서 형면제 사유가 있다는 이유로 공소권없음의 불기소처분이 이루어지자, 재정신청을 하고 그 소송 계속 중 형법 제328조 제1항에 대하여 위헌법률심판제청신청을 하였으나 각 신청이 모두 기각되자, 2020. 6. 26. 형법 제328조 제1항에 대하여 헌법소원심판을 청구하였다.

(3) [2021헌바420] 청구인 장△△은 파킨슨병을 앓고 있는 <u>부친을 대리하여 부친의 자녀들을 업무상횡령 혐의로 고소</u>하였으나, 직계혈족으로서 형면제 사유가 있다는 이유로 공소권없음의 불기소처분이 이루어지자, 재정신청을 하고 그 소송 계속 중 형법 제328조, 제344조, 제361조에 대하여 위헌법률심판제청신청을 하였으나 각 신청이 모두 기각되자, 2021. 12. 30. 형법 제328조 제1항, 제344조, 제361조에 대하여 헌법소원심판을 청구하였다.

(4) [2024헌마146] 청구인 최◆◆는 <u>동생과 그 배우자를 청구인의 어머니(망인) 명의 예금 횡령 혐의로 고소</u>하였으나, 직계혈족과 그 배우자로서 형면제 사유가 있다는 이유로 불송치 결정이 되자, 2024. 2. 7. 형법 제328조 제1항에 대하여 이 사건 헌법소원심판을 청구하였다.

2. 심판의 대상

형법(2005. 3. 31. 법률 제7427호로 개정된 것)
제328조(친족간의 범행과 고소) ① 직계혈족, 배우자, 동거친족, 동거가족 또는 그 배우자간의 제323조의 죄는 그 형을 면제한다.

3. 주 문

형법(2005. 3. 31. 법률 제7427호로 개정된 것) 제328조 제1항은 헌법에 합치되지 아니한다. 법원 기타 국가기관 및 지방자치단체는 2025. 12. 31.을 시한으로 입법자가 개정할 때까지 위 법률조항의 적용을 중지하여야 한다.

Ⅰ. 판시사항

심판대상조항이 형사피해자의 재판절차진술권을 침해하는지 여부(적극)

Ⅱ. 판단

1. 친족상도례의 규정 취지

친족상도례의 규정 취지는, 가정 내부의 문제는 국가형벌권이 간섭하지 않는 것이 바람직하다는 정책적 고려와 함께 가정의 평온이 형사처벌로 인해 깨지는 것을 막으려는 데에 있다. 가족·친족 관계에 관한 우리나라의 역사적·문화적 특징이나 재산범죄의 특성, 형벌의 보충성을 종합적으로 고려할 때, 경제적 이해를 같이하거나 정서적으로 친밀한 가족 구성원 사이에서 발생하는 수인 가능한 수준의 재산범죄에 대한 형사소추 내지 처벌에 관한 특례의 필요성은 수긍할 수 있다.

심판대상조항은 재산범죄의 가해자와 피해자 사이의 일정한 친족관계를 요건으로 하여 일률적으로 형을 면제하도록 규정하고 있다.

2. 재판절차진술권 침해 여부

(1) 심판대상조항은 직계혈족이나 배우자에 대하여 실질적 유대나 동거 여부와 관계없이 적용되고, 또한 8촌 이내의 혈족, 4촌 이내의 인척에 대하여 동거를 요건으로 적용되며, 그 각각의 배우자에 대하여도 적용되는데, 이처럼 넓은 범위의 친족간 관계의 특성은 일반화하기 어려움에도 일률적으로 형을 면제할 경우, 경우에 따라서는 형사피해자인 가족 구성원의 권리를 일방적으로 희생시키는 것이 되어 본래의 제도적 취지와는 어긋난 결과를 초래할 우려가 있다.

(2) 심판대상조항은 강도죄와 손괴죄를 제외한 다른 모든 재산범죄에 준용되는데, 이러한 재산범죄의 불법성이 일반적으로 경미하여 피해자가 수인 가능한 범주에 속한다거나 피해의 회복 및 친족간 관계의 복원이 용이하다고 단정하기 어렵다. 예컨대, '특정경제범죄 가중처벌 등에 관한 법률' 상 횡령이나 업무상 횡령으로서 이득액이 50억 원 이상인 경우 '무기 또는 5년 이상의 징역'으로 가중처벌될 수 있는 중한 범죄이고, 피해자의 임의의사를 제한하는 정도의 폭행이나 협박(공갈), 흉기휴대 내지 2인 이상 합동 행위(특수절도) 등을 수반하는 재산범죄의 경우 일률적으로 피해의 회복이나 관계의 복원이 용이한 범죄라고 보기 어렵다.

피해자가 독립하여 자유로운 의사결정을 할 수 있는 사무처리능력이 결여된 경우에 심판대상조항을 적용 내지 준용하는 것은 가족과 친족 사회 내에서 취약한 지위에 있는 구성원에 대한 경제적 착취를 용인하는 결과를 초래할 염려가 있다.

(3) 그런데 심판대상조항은 위와 같은 사정들을 전혀 고려하지 아니한 채 법관으로 하여금 형면제 판결을 선고하도록 획일적으로 규정하여, 거의 대부분의 사안에서는 기소가 이루어지지 않고 있고, 이에 따라 형사피해자는 재판절차에 참여할 기회를 상실하고 있다. 예외적으로 기소가 되더라도, '형의 면제'라는 결론이 정해져 있는 재판에서는 형사피해자의 법원에 대한 적절한 형벌권 행사 요구는 실질적 의미를 갖기 어렵다.

로마법 전통에 따라 친족상도례의 규정을 두고 있는 대륙법계 국가들의 입법례를 살펴보더라도, 일률적으로 광범위한 친족의 재산범죄에 대해 필요적으로 형을 면제하거나 고소 유무에 관계없이 형사소추할 수 없도록 한 경우는 많지 않으며, 그 경우에도 대상 친족 및 재산범죄의 범위 등이 우리 형법이 규정한 것보다 훨씬 좁다.

(4) 위와 같은 점을 종합하면, 심판대상조항은 형사피해자가 법관에게 적절한 형벌권을 행사하여 줄 것을 청구할 수 없도록 하는바, 이는 입법재량을 명백히 일탈하여 현저히 불합리하거나 불공정한 것으로서 형사피해자의 재판절차진술권을 침해한다.

3. 헌법불합치결정의 필요성

심판대상조항의 위헌성은, 일정한 친족 사이의 재산범죄와 관련하여 형사처벌의 특례를 인정하는 데 있지 않고, '일률적으로 형면제'를 함에 따라 구체적 사안에서 형사피해자의 재판절차진술권을 형해화할 수 있다는 데 있다. 심판대상조항의 위헌성을 제거하는 데에는, 여러 가지 선택가능성이 있을 수 있으며, 입법자는 충분한 사회적 합의를 거쳐 그 방안을 강구할 필요가 있다.

따라서 심판대상조항에 대하여 단순위헌결정을 하는 대신 헌법불합치결정을 선고하되 그 적용을 중지한다. 입법자는 가능한 한 빠른 시일 내에, 늦어도 2025. 12. 31.까지 개선입법을 하여야 할 의무가 있고, 2025. 12. 31.까지 개선입법이 이루어지지 않으면 심판대상조항은 2026. 1. 1.부터 효력을 상실한다.

이 사건은 재산범죄의 가해자와 피해자 사이에 일정한 친족관계가 있는 경우 일률적으로 형을 면제하도록 규정한 형법 제328조 제1항("친족상도례")에 관한 것이다.

〈친족상도례 적용대상 재산범죄: 강도죄와 손괴죄를 제외한 다른 모든 재산범죄〉

- 형법 제344조 – 절도죄(제329조), 야간주거침입절도죄(제330조), 특수절도죄(제331조), 자동차등불법사용죄(제331조의2) 및 각 죄의 상습범(제332조)과 미수범
- 형법 제354조 – 사기죄(형법 제347조), 컴퓨터등사용사기죄(제347조의2), 준사기죄(제348조), 편의시설부정이용죄(제348조의2), 부당이득죄(제349조), 공갈죄(제350조), 특수공갈죄(제350조의2) 및 각 죄의 상습범과 미수범(제351조, 제352조)
- 형법 제361조 – 횡령죄와 배임죄(제355조), 업무상 횡령죄와 업무상 배임죄(제356조), 배임수증재죄(제357조) 및 각 죄의 미수범(제359조), 점유이탈물횡령죄(제360조)
- 장물범죄에 대해서는, 장물범과 피해자 사이에 형법 제328조 제1항, 제2항의 신분관계가 있는 경우에는 형법 제328조를 준용함(형법 제365조 제1항)
- 위와 같은 재산범죄를 가중처벌하는 특별법이 적용되는 경우에도 친족상도례를 배제한다는 명시적 규정이 없는 한 적용됨

〈친족상도례 적용대상 친족관계: "직계혈족, 배우자, 동거친족, 동거가족 또는 그 배우자"〉

- 직계혈족 – 직계혈족은 직계존속과 직계비속을 말함
- 배우자 – 법률상 배우자임을 요하고 사실혼 관계나 내연 관계는 포함되지 않으며, 동거 여부를 불문함
- 동거친족 – 동거친족은 같은 주거에서 일상생활을 공동으로 하는 친족을 말함. '친족'은 배우자, 혈족, 인척을 말하고(민법 제767조), 혈족은 직계혈족(직계존속과 직계비속), 방계혈족(자기의 형제자매와 형제자매의 직계비속, 직계존속의 형제자매와 그 형제자매의 직계비속)을 말하며(민법 제768조), 인척은 혈족의 배우자, 배우자의 혈족, 배우자의 혈족의 배우자를 말함(민법 제769조). 친족관계의 법적 효력은 8촌 이내의 혈족과 4촌 이내의 인척 및 배우자에게 미침(민법 제777조)
- 동거가족 – 동거가족은 '동거친족' 중 민법 제779조에 열거된 친족(배우자, 직계혈족, 형제자매 및 생계를 같이 하는 직계혈족의 배우자, 배우자의 직계혈족 및 배우자의 형제자매)을 말함
- 심판대상조항이 규정하는 '그 배우자'는 동거가족의 배우자만이 아니라 직계혈족, 동거친족, 동거가족 모두의 배우자를 의미함(대법원 2011. 5. 13. 선고 2011도1765 판결).

〈형의 면제〉

- 형면제 판결은 법리적으로는 유죄의 실체판결에 해당함
- 그러나 검찰 실무상, 법률에 따라 형이 면제되는 경우에는 공소권없음의 불기소처분을 하도록 한 검찰사건사무규칙 제115조 제3항 제4호 사목에 따라, 친족상도례가 적용 내지 준용되어 형이 면제되는 사람에 대해서는 공소권없음의 불기소처분을 하고 있어 대부분의 사안에서는 기소가 이루어지지 않음
- 수사 단계에서 심판대상조항의 적용 여부가 불분명하여 예외적으로 기소되는 경우에도 법원은 '형면제' 선고를 하여야 함

헌법재판소는 이 사건 결정을 통하여, 경제적 이해를 같이하거나 정서적으로 친밀한 가족 구성원 사이에서 발생하는 수인 가능한 수준의 재산범죄에 대한 형사소추 내지 처벌에 관한 특례의 필요성을 긍정하였다. 다만, 심판대상조항이 규정하는 일률적 형면제로 인하여 구체적 사안에서 형사피해자의 재판절차진술권을 형해화하는 경우가 발생할 수 있는 점을 인정하여 입법자에게 입법개선을 명하는 적용중지 헌법불합치결정을 한 것이다.

- 헌법재판소는 심판대상조항의 위헌성을 제거하는 데에는, 현실적 가족·친족 관계와 피해의 정도 및 가족·친족 사이 신뢰와 유대의 회복가능성 등을 고려한 피해자의 가해자에 대한 처벌의 의사표시를 소추조건으로 하는 등 여러 가지 선택가능성이 있을 수 있으며, 입법자는 충분한 사회적 합의를 거쳐 그 방안을 강구할 필요가 있다고 보았다.

헌법재판소는 이 사건 결정과 같은 날(2024. 6. 27.), '직계혈족, 배우자, 동거친족, 동거가족 또는 그 배우자 이외의 친족 간에 권리행사방해죄를 범한 때에는 고소가 있어야 공소를 제기할 수 있다'고 규정한 형법 제328조 제2항에 대해 합헌결정을 하였는데(2023헌바449), 해당 결정은 고소를 소추조건으로 규정하여 피해자의 의사에 따라 국가형벌권 행사가 가능하도록 한 조항에 대한 것으로서 형사피해자의 재판절차진술권 침해 여부가 문제되지 않으므로, 형벌조각사유를 정한 심판대상조항에 관한 이 사건 결정과는 구분된다.

제2편

요약판례

01 혼인무효판결로 정정된 가족관계등록부의 재작성 사건

(2024.1.25. 2020헌마65 [가족관계의 등록 등에 관한 법률 제11조 제2항 등 위헌확인]) **[기각]**

Ⅰ. 판시사항

혼인무효로 정정된 가족관계등록부의 재작성 신청을 제한하는 '가족관계등록부의 재작성에 관한 사무처리지침' 제2조 제1호 중 '혼인무효'에 관한 부분 및 제3조 제3항 중 제2조 제1호의 사유로 인한 가족관계등록부재작성신청 시 '혼인무효가 한쪽 당사자나 제3자의 범죄행위로 인한 것임을 소명하는 서면 첨부'에 관한 부분 (이하 위 두 조항을 합하여 '심판대상조항'이라 한다)이 청구인의 개인정보자기결정권을 침해하는지 여부(소극)

Ⅱ. 결정요지

심판대상조항은 신분관계의 이력이 노출됨으로 인한 부당한 피해를 방지하면서도, 진정한 신분관계의 등록·관리·증명 등 가족관계등록제도의 목적과 기능을 달성하기 위한 것이므로 입법목적이 정당하고, 제한적인 경우에만 가족관계등록부 재작성을 허용하는 것은 목적 달성에 적합한 수단이다.

혼인에 따른 법률효과는 제3자에 대한 관계에서도 문제될 수 있고, 법률관계를 안정시키고 명확하게 하기 위하여 공적 증명이 필요한 경우가 있을 수 있으므로, 무효인 혼인에 관한 가족관계등록부 기록사항의 보존은 원칙적으로 필요하다. 심판대상조항도 그 중 하나로, 혼인무효사유가 한쪽 당사자나 제3자의 범죄행위로 인한 경우 등록부 재작성 신청권을 부여한 것은, 당초 등록부에 혼인에 관한 사항이 기재된 데 귀책사유가 인정되지 않고 오히려 피해자의 지위에 있는 사람에 대하여 무효인 혼인에 관한 사항의 정정 표시를 보존하는 것이 진정한 신분관계를 공적으로 증명하는 데 기여한다고 보기 어려운 반면, 개인정보 내지 사생활의 비밀을 보호할 필요가 크기 때문으로, 그 밖의 혼인무효사유가 있는 경우와는 구분된다. 다만, 혼인의 무효가 명백하여 가정법원의 허가를 받아 등록부가 정정된 경우, 관할 가정법원장이 사회통념상 이해관계인에게 현저히 부당하다고 인정하는 경우에는 가족관계등록부 재작성이 허용될 수 있으므로, 혼인무효의 경우 합리적 범위에서 가족관계등록부가 재작성될 수 있는 점 등을 고려하면, 심판대상조항은 침해의 최소성이 인정된다. 심판대상조항은 청구인의 개인정보를 새로이 수집·관리하는 것이 아니고, 그러한 정보는 법령에 따른 교부 청구 등이 없는 한 공개되지 아니하므로, 심판대상조항으로 인하여 청구인이 입는 불이익이 중대하다고 보기는 어렵다. 반면, 심판대상조항이 가족관계의 변동에 관한 진실성을 담보하는 공익은 훨씬 중대하므로 심판대상조항은 법익균형성이 인정된다. 심판대상조항은 과잉금지원칙을 위반하여 청구인의 개인정보자기결정권을 침해하지 않는다.

결정의 의의

이 결정은 혼인무효로 정정된 가족관계등록부의 재작성과 관련하여 헌법재판소에서 처음 판단한 사건이다.

02 **종교단체 내 직무상 지위 이용 선거운동 제한 사건**

(2024.1.25. 2021헌바233 [공직선거법 제255조 제1항 제9호 등 위헌소원]) **[합헌, 각하]**

Ⅰ. 판시사항

1. 선거운동기간 전에 공직선거법에 규정된 방법을 제외하고 선거운동을 한 자를 처벌하는 공직선거법 제254조 제2항(이하 '기간위반 처벌조항'이라 한다)이 공직선거법 제59조 단서 제4호의 개정으로 해당 공소사실에 더는 적용되지 않을 뿐만 아니라, 해당 공소사실에 면소 사유가 있다고 판단한 당해 사건 판결이 확정되어 재심개시의 결정이 이루어질 여지도 없으므로, 이 조항에 대한 재판의 전제성이 부인된 사례

2. 공직선거법 제85조 제3항 중 '누구든지 종교적인 기관·단체 등의 조직내에서의 직무상 행위를 이용하여 그 구성원에 대하여 선거운동을 하거나 하게 할 수 없다' 부분(이하 '직무이용 금지조항'이라 한다)이 죄형법정주의의 명확성원칙에 위배되는지 여부(소극)

3. 직무이용 금지조항 및 공직선거법 제255조 제1항 제9호 중 직무이용 금지조항에 관한 부분(이하 직무이용 금지조항과 합하여 '직무이용 제한조항'이라 한다)이 과잉금지원칙에 위배되어 정치적 표현의 자유를 침해하는지 여부(소극)

Ⅱ. 결정요지

1. 제1심 법원이 기간위반 처벌조항을 적용하여 선거운동기간 위반의 점에 대하여 유죄를 인정한 후 개정된 공직선거법 제59조 단서 제4호에 의하여 '옥내에서 다중을 대상으로 확성장치를 사용하지 아니하고 말로 선거운동을 한 경우'는 선거운동기간의 제한을 받지 않게 되었는바, 당해 사건 법원은 해당 공소사실에 대하여 범죄 후 법률 변경에 의하여 그 행위가 범죄를 구성하지 않는 경우(형사소송법 제326조 제4호)에 해당하는 면소 사유가 있다고 판단하였다. 그렇다면 기간위반 처벌조항은 해당 공소사실에 더는 적용되지 않을 뿐만 아니라, 해당 공소사실에 면소 사유가 있다고 판단한 당해 사건 판결이 확정되어 재심개시의 결정이 이루어질 여지도 없으므로, 기간위반 처벌조항에 대한 심판청구 부분은 어느 모로 보나 재판의 전제성이 인정되지 않는다.

2. 직무이용 금지조항 중 '직무상 행위를 이용하여' 부분이 다소 추상적이고 포괄적인 측면이 있기는 하나, 종교단체 내에서 직무상 행위를 이용하는 구체적 행위 태양을 예상하여 열거하는 것은 불가능하거나 현저히 곤란하고, 구체적으로 어떠한 행위가 종교단체 내에서의 직무상 행위를 이용한 것에 해당하는지는 행위자가 종교단체 안에서 차지한 지위에 기하여 취급하는 직무 내용, 직무상 행위를 하는 시기, 장소, 방법 등 여러 사정을 종합적으로 관찰하여 직무와 관련된 것인지 여부 등을 살펴봄으로써 판단할 수 있으므로, 이는 죄형법정주의의 명확성원칙에 위배되지 않는다.

3. 직무이용 제한조항은 선거의 공정성 확보라는 입법목적을 달성하고자 하는 것이다. 종교단체 내에서 일정한 직무상 행위를 하는 사람이 종교적 신념을 공유하는 신도에게 자신의 지도력, 영향력 등을 기초로 공직선거에서 특정인이나 특정 정당에 대한 맹목적 지지 또는 반대를 끌어내려 하는 경우 대상이 되는 구성원은 그 영향력에 이끌려 왜곡된 정치적 의사를 형성할 가능성이 커지고, 국민의 정치적 의사가 그 형성 단계에서부터 왜곡된다면 선거의 공정성을 확보하기 어렵다.

직무이용 제한조항에 따라 종교단체 내에서의 정치적 표현의 자유가 일정 부분 제한되지만, 공통된 신앙에 기초하여 구성원 상호 간에 밀접한 관계를 형성하는 종교단체의 특성과 성직자 등 종교단체 내에서 일정한 직무를 가지는 사람이 가지는 상당한 영향력을 고려하면, 선거의 공정성을 확보하고 종교단체가 본연의 기능을 할 수 있도록 하며 정치와 종교가 부당한 이해관계로 결합하는 부작용을 방지함으로써 달성되는 공익이 더 크다. 그렇다면 직무이용 제한조항은 과잉금지원칙을 위반하여 선거운동 등 정치적 표현의 자유를 침해하지 않는다.

성직자나 신도 조직의 대표자·간부 등(이하 '성직자 등'이라 한다)은 종교단체 내에서 신도에게 상당한 영향력을 행사할 수 있으므로, '종교단체 안에서의 직무상 행위를 이용하여 그 구성원에 대하여 선거운동을 하거나 하게 하는 행위'를 제한하는 직무이용 제한조항은 선거의 공정성을 확보하는 데 기여한다. 반면, 정치적 표현의 자유가 널리 보장되고 미디어가 발달하여 다양한 정보를 손쉽게 접할 수 있는 현재에 이르러서는 공직선거와 관련한 성직자 등의 정치적 표현이 신도의 의사결정에 직접 영향을 준다고 보기 어려운데도, 직무이용 제한조항은 성직자 등의 영향력을 과대평가하여 이들의 종교단체 내에서의 정치적 표현의 자유를 과도하게 제한한다는 사회 일각의 반론도 있었다.

이 결정은 종교단체의 구성원들이 공통된 종교적 신념을 기초로 빈번하게 종교 집회나 교육 등의 활동을 공동 수행하면서 상호 밀접한 관계를 형성한다는 점, 성직자 등의 종교단체 내 지위와 영향력을 간과할 수 없다는 점을 고려한 것으로, 선거의 공정성 확보가 중요하다는 인식에 바탕을 두고 있다.

헌법재판소의 직무이용 제한조항에 대한 합헌결정에 따라, 종교단체 내에서의 직무상 행위를 이용하여 그 구성원에 대하여 선거운동을 하거나 하게 할 수 없는 제한은 그대로 유지된다.

03 문화재보호구역에 있는 부동산에 대한 재산세 경감 사건

(2024.1.25. 2020헌바479 [지방세법 제106조 제1항 제3호 등 위헌소원]) **[합헌]**

Ⅰ. 판시사항

문화재보호법 제27조에 따라 지정된 보호구역에 있는 부동산에 대한 재산세 경감을 규정하고 있는 구 지방세특례제한법 제55조 제2항 제1호 중 '같은 법 제27조에 따라 지정된 보호구역에 있는 부동산'에 관한 부분이 조세평등주의에 위배되는지 여부(소극)

Ⅱ. 결정요지

보호구역은 문화재가 외부환경과의 직접적인 접촉으로 인하여 훼손되지 않도록 하는 데 목적이 있는 반면, 역사문화환경 보존지역은 문화재 주변 경관을 저해하는 이질적 요소들로 인해 문화재의 가치가 하락하지 않도록 하는 데 목적이 있으므로, 양자는 그 취지와 목적을 달리한다.

보호구역에 있는 부동산의 경우 문화재의 보존에 영향을 미칠 우려가 있는지 여부와 무관하게 대부분의 현상 변경 행위에 대하여 허가가 필요하다. 반면, 역사문화환경 보존지역에 있는 부동산의 경우 건설공사의 시행이 지정문화재의 보존에 영향을 미칠 우려가 있는지 여부를 사전에 검토하여 그러한 우려가 있는 경우에만 허가를 받도록 하고 있고, 미리 고시된 행위기준의 범위 안에서 행하여지는 건설공사에 대하여는 위 검토 절차도 생략되므로, 보호구역에 있는 부동산과 비교하여 건설공사의 시행이 더 자유롭게 이루어질 수 있다. 이처럼 보호구역에 있는 부동산과 역사문화환경 보존지역에 있는 부동산은 그 재산권 행사 제한의 정도에 있어서 상당한 차이가 있다.

이상과 같은 점들을 종합하면, 심판대상조항이 보호구역에 있는 부동산을 재산세 경감 대상으로 규정하면서 역사문화환경 보존지역에 있는 부동산을 재산세 경감 대상으로 규정하지 않은 것이 입법재량을 벗어난 합리적 이유 없는 차별에 해당한다고 볼 수 없으므로, 심판대상조항은 조세평등주의에 위배되지 않는다.

결정의 의의

이 결정은 문화재보호구역에 있는 부동산에 대한 재산세 경감을 규정한 심판대상조항의 위헌 여부를 판단한 최초의 결정이다.

헌법재판소는 보호구역과 역사문화환경 보존지역이 그 취지와 목적을 달리하며 재산권 행사 제한의 정도에 있어서도 상당한 차이가 있다는 이유로, 보호구역에 있는 부동산을 재산세 경감 대상으로 규정하면서 역사문화환경 보존지역에 있는 부동산을 재산세 경감 대상으로 규정하지 않은 심판대상조항이 조세평등주의에 위배되지 않는다고 판단하였다.

04 법률상 근거 없이 송환대기실에 수용되었던 외국인에 대한 보상 입법부작위에 관한 사건

(2024.1.25. 2020헌바475 [형사보상 및 명예회복에 관한 법률 제2조 제1항 위헌소원]) **[각하]**

Ⅰ. 판시사항

1. 헌법재판소법 제68조 제2항에 의한 헌법소원에서 청구인들이 주장하는 입법부작위가 진정입법부작위에 해당한다는 이유로 해당 부분 심판청구를 각하한 사례
2. 외국인이 출입국관리법에 의하여 보호처분을 받아 수용되었다가 이후 난민인정을 받은 경우 및 법률상 근거 없이 송환대기실에 수용되었던 경우에 대하여, 헌법에서 명시적으로 보상을 해주어야 할 입법의무를 부여하고 있다거나 헌법해석상 국가의 입법의무가 발생하였다고 볼 수 있는지 여부(소극)

Ⅱ. 결정요지

1. 성질상 '형사보상 및 명예회복에 관한 법률'이 적용되지 않는 행정작용에 의하여 신체의 자유가 침해된 자에 대하여 위 법과 동일한 정도의 보상을 내용으로 하는 새로운 입법을 하여 달라는 심판청구는 진정입법부작위를 다투는 것에 해당하고, 헌법재판소법 제68조 제2항에 의한 헌법소원에서 진정입법부작위를 다투는 것은 그 자체로 허용되지 않으므로, 청구인들의 이 부분 심판청구는 모두 부적법하다.
2. 헌법에서 명시적으로 입법자에게 국내에서 난민인정신청을 한 외국인이 강제퇴거명령을 받고 보호처분을 받아 수용되었다가 이후 난민인정을 받은 경우 및 출입국항에서 입국불허결정을 받은 외국인이 법률상 근거 없이 송환대기실에 수용되었던 경우에 대하여 보상을 해주어야 할 입법의무를 부여하고 있다고 볼 수 없다. 또한 출입국관리법에 따른 보호명령과 송환대기실에서의 수용은 신체의 자유 제한 자체를 목적으로 하는 형사절차상의 인신구속과 그 목적이나 성질이 다르다는 점, 외국인의 입국과 국내 체류에 관한 사항은 주권국가로서의 기능을 수행하는 데 필요한 것으로서 광범위한 정책재량의 영역에 있고, 외국인의 국내 체류에 관한 사항은 주권국가로서의 기능을 수행하는 데 필수적인 것이므로 엄격하게 관리되어야 하는 점, 국가는 국가배상법 제정을 통해 스스로의 불법행위로 인한 손해를 배상함으로써 그 피해를 회복하여 주는 국가배상제도를 마련하고 있는 점 등에 비추어 보면, 헌법해석상으로도 위와 같은 입법의무가 도출된다고 볼 수 없다.

결정의 의의

이 사건은, 외국인이 출입국관리법에 의하여 보호처분을 받아 수용되었다가 이후 난민인정을 받은 경우 및 법률상 근거 없이 송환대기실에 수용되었던 경우에 대하여, 헌법에서 명시적으로 보상을 해주어야 할 입법의무를 부여하고 있다거나 헌법해석상 국가의 입법의무가 발생하였다고 볼 수 없다고 처음 판단한 사건이다.

05 공무원의 휴업급여·상병보상연금 미도입 사건

(2024.2.28. 2020헌마1587 [공무원 재해보상법 제8조 위헌확인]) **[기각]**

Ⅰ. 판시사항

1. 공무원에게 재해보상을 위하여 실시되는 급여의 종류로 휴업급여 또는 상병보상연금 규정을 두고 있지 않은 '공무원 재해보상법' 제8조(이하 '심판대상조항'이라 한다)가 공무원의 인간다운 생활을 할 권리를 침해하는지 여부(소극)
2. 심판대상조항이 일반 근로자에 대한 산업재해보상보험법과 달리 휴업급여 또는 상병보상연금 규정을 두고 있지 않아 공무원의 평등권을 침해하는지 여부(소극)

Ⅱ. 결정요지

1. 청구인의 인간다운 생활을 할 권리가 침해되었는지 여부는 그에게 지급되는 재해보상의 실질을 가진 급여를 모두 포함하여도 공무상 부상 또는 질병으로 인해 발생한 소득 공백이 보전되고 있지 않은지 여부를 살펴보아야 한다. 공무상 질병 또는 부상으로 인한 공무원의 병가 및 공무상 질병휴직 기간에는 봉급이 전액 지급되고, 그 휴직기간이 지나면 직무에 복귀할 수도 있으며, 직무 복귀가 불가능하여 퇴직할 경우 장해급여를 지급받을 수도 있다. 장해급여가 지급될 수 있는 요건을 충족하지 못하는 경우에도 요양급여와 함께 공무원연금법에 따른 퇴직일시금 또는 퇴직연금이 지급된다. 재해보상으로서의 휴업급여 내지 상병보상연금과, 공무원연금법에서의 퇴직연금 내지 퇴직일시금은, 지급원인이나 지급수준이 다르기는 하나 직무에 종사하지 못해 소득공백이 있는 경우 생계를 보장하기 위한 사회보장적 급여라는 점에서는 같은 기능을 수행한다. 이를 종합하면, 심판대상조항이 현저히 불합리하여 인간다운 생활을 할 권리를 침해할 정도에 이르렀다고 할 수는 없다.
2. 공무원에게 인정되는 신분보장의 정도, 질병휴직 후 직무복귀의 가능성, 공무상 병가 및 공무상 질병휴직기간 동안 지급받는 보수의 수준, 퇴직연금 내지 퇴직일시금 제도에 의한 생계보장 면에서 공무원이 일반 근로자에 비해 대체로 유리하다는 점을 고려하면, 심판대상조항이 휴업급여 내지 상병보상연금이라는 급여를 별도로 규정하지 않았다 하여 공무원의 업무상 재해보상에 관하여 합리적인 이유 없이 일반 근로자와 달리 취급하고 있다고 볼 수 없다. 따라서 심판대상조항은 청구인의 평등권을 침해하지 아니한다.

결정의 의의

2018. 3. 20. 제정된 '공무원 재해보상법'은 공무원연금법에서 연금과 함께 규율되던 공무원 재해보상제도를 독자적인 법률로 분리하였고, 기존 공무원연금법상 인정되던 재해보상급여보다 급여 범위를 확대(요양급여 중 세부항목으로 간병급여·재활급여 등을 추가)하였으나, 휴업급여·상병보상연금은 도입하지 않았다.

휴업급여제도는 일반 근로자에게 적용되는 산재보험법에 규정되어 있는 것으로서, 근로자가 산재로 요양 중이면 기간 제한 없이 계속 평균임금의 70퍼센트(고령자의 경우 일부 감액)가 지급된다(산재보험법 제52조). 한편, 요양을 시작한 지 2년이 경과하여도 부상이나 질병이 치유되지 아니하고, 장해등급이 중한 폐질등급 제1급 내지 제3급에 해당하며, 요양으로 인해 취업하지 못하면 휴업급여를 대신하여 상병보상연금이 지급된다(산재보험법 제66조 및 같은 법 시행령 제65조).

헌법재판소는 공무원 재해보상법에서 공무원에게 휴업급여·상병보상연금 규정을 두고 있지 않다고 하여, 공무원의 인간다운 생활을 할 권리와 평등권을 침해한다고 볼 수 없다고 결정하였다.

06 단기민간임대주택과 아파트 장기일반민간임대주택 등록 말소 사건

(2024.2.28. 2020헌마1482 [민간임대주택에 관한 특별법 제6조 제5항 등 위헌확인]) **[기각, 각하]**

Ⅰ. 판시사항

장기일반민간임대주택 중 아파트 민간매입임대주택과 단기민간임대주택의 임대의무기간이 종료한 날 그 등록이 말소되도록 하는 구 '민간임대주택에 관한 특별법'(이하 '민간임대주택법'이라 한다) 제6조 제5항(이하 '등록말소조항'이라 한다)이 신뢰보호원칙에 반하여 임대사업자인 청구인들의 직업의 자유를 침해하는지 여부(소극)

Ⅱ. 결정요지

정부가 임대주택 등록을 적극 유도한 이후 부동산시장 과열 및 투기수요 가세로 시장불안이 가중되자 임대사업자에 대한 과도한 세제혜택을 조정하고 이들에 대한 대출을 규제하는 방식으로 정책 방향을 변경하였음에도 종전 임대주택 등록활성화 방안이 다주택자에게 특혜를 주는 제도로 악용되었던 점, 주택 임대차에서의 전월세 상한제와 계약갱신요구권 도입 논의에 따라 단기민간임대주택의 폐지 등과 같은 주택임대차 관련 제도의 정합성 확보를 위한 기존 제도의 개편 필요성이 제기되었던 점 등을 고려할 때, 정부가 단기민간임대주택 및 아파트 장기일반민간임대주택을 폐지하고 임대의무기간을 연장하는 등 종전 임대사업자 제도의 개편을 단행하고, 이와 관련한 후속 입법이 이루어질 수 있다는 점에 대하여 임대사업자를 포함한 일반 국민이 전혀 예측할 수 없었다고 보기 어렵다. 나아가 정부는 종전 임대사업자의 신뢰 손상의 정도를 완화하는 세제지원 보완조치를 마련하기도 하였다. 따라서 임대사업자의 신뢰가 침해받는 정도는 임대주택제도의 개편 필요성, 주택시장 안정화 및 임차인의 장기적이고 안정적인 주거 환경 보장과 같은 공익에 비하여 크다고 할 수 없으므로, 등록말소조항은 신뢰보호원칙에 반하여 청구인들의 직업의 자유를 침해하지 아니한다.

결정의 의의

이 사건은 2020. 8. 18. 법률 제17482호로 개정된 '민간임대주택에 관한 특별법'에서 단기민간임대주택과 아파트 장기일반민간임대주택을 폐지하면서, 종전에 등록한 경우에는 그 임대의무기간이 종료한 날 등록이 말소되도록 한 제6조 제5항의 위헌 여부에 대하여 헌법재판소가 처음 판단한 사건이다.

헌법재판소는 민간임대주택의 영역에서 기존의 법적 규율 상태가 앞으로도 동일한 형태로 존속할 것이라는 임대사업자의 기대 또는 신뢰의 보호가치는, 임대주택제도의 개편 필요성, 주택시장 안정화 및 임대주택에 거주하는 임차인의 장기적이고 안정적인 주거 환경 보장이라는 공익보다 크다고 보기 어렵다는 이유를 들어 신뢰보호원칙에 위배되지 않는다고 보아 전원일치로 기각 결정을 하였다.

07 국민권익위원회 공무원 취업제한 사건

(2024.3.28. 2020헌마1527 [공직자윤리법 제17조 제1항 위헌확인]) **[기각]**

Ⅰ. 판시사항

국민권익위원회 심사보호국 소속 5급 이하 7급 이상의 일반직공무원으로 하여금 퇴직일부터 3년간 취업심사 대상기관에 취업할 수 없도록 한 공직자윤리법 제17조 제1항 중 '대통령령으로 정하는 공무원'에 관한 부분과 공직자윤리법 시행령 제31조 제1항 제7호 중 '국민권익위원회 심사보호국 소속 5급 이하 7급 이상의 일반직 공무원'에 관한 부분(이하 두 조항을 합쳐서 '심판대상조항'이라 한다)이 과잉금지원칙에 위배되어 직업선택의 자유를 침해하는지 여부(소극)

Ⅱ. 결정요지

국민권익위원회 심사보호국은 부패관련 각종 신고를 직접 접수, 분류하고 처리하는 부서로서 업무의 공정성과 투명성을 확보하기 위하여서는 소속 공무원들의 재취업을 일정 기간 제한할 필요가 있다. 심판대상조항은 국민권익위원회 소속 공무원이라 하더라도 관할 공직자윤리위원회로부터 퇴직 전 5년 동안 소속되었던 부서의 업무와 취업심사대상기관 간에 밀접한 관련성이 없다는 확인을 받거나 취업승인을 받은 때에는 예외적으로 취업이 가능하도록 규정하고 있는데, 취업을 원칙적으로 제한하지 아니하고 사후심사를 통하여 취업을 제한하거나 특정 이해충돌 행위만을 금지하여서는, 공직자가 재직 중 취업예정기관에 특혜를 부여하거나 퇴직 이후에 재직했던 부서에 부당한 영향력을 행사할 가능성을 방지하기 어렵다. 따라서 심판대상조항은 과잉금지원칙에 위배되어 청구인의 직업선택의 자유를 침해하지 않는다.

결정의 의의

헌법재판소는 2021. 11. 25. 2019헌마555 결정에서, 금융감독원의 4급 이상 직원에 대하여 퇴직일부터 3년간 취업심사대상기관에 취업을 제한한 공직자윤리법 조항에 대하여 합헌 결정을 한 바 있다.

이 사건은 국민권익위원회 심사보호국 소속 5급 이하 7급 이상의 일반직공무원에 대하여 퇴직일부터 3년간 취업심사대상기관에 취업을 제한한 조항이 문제된 사건이다. 국민권익위원회 심사보호국의 업무 내용과 그 권한을 고려할 때, 소속 공무원에 대한 취업제한이 과도하지 않다는 결정을 한 것이다.

이에 대해서는 심판대상조항의 취업제한기간이 지나치게 길고 다른 덜 침해적인 수단도 상정할 수 있다는 취지의 반대의견이 개진되었다.

(2024.3.28. 2020헌마640 [공직선거법 제18조 제1항 제3호 위헌확인]) **[각하]**

Ⅰ. 판시사항

정치자금 부정수수죄를 범한 자 또는 국회의원으로서 그 재임 중의 직무와 관련하여 뇌물수수죄를 범한 자로서 징역형의 선고를 받고 그 형의 집행이 종료된 후 10년을 경과하지 아니한 자는 선거권이 없다고 규정한 공직선거법 제18조 제1항 제3호 중 '정치자금법 제45조에 규정된 죄를 범한 자 또는 국회의원으로서 그 재임 중의 직무와 관련하여 형법(「특정범죄 가중처벌 등에 관한 법률」 제2조에 의하여 가중처벌되는 경우를 포함한다) 제129조 제1항에 규정된 죄를 범한 자로서 징역형의 선고를 받고 그 형의 집행이 종료된 후 10년을 경과하지 아니한 자'에 관한 부분(이하 '심판대상조항'이라 한다)에 대한 심판청구가 청구기간을 준수하였는지 여부(소극)

Ⅱ. 결정요지

공직선거법 제18조 제1항 제3호는 같은 항 제2호와 비교하여 그 대상범죄를 한정하고 있고, 또한 징역형·금고형 뿐만 아니라 100만 원 이상의 벌금형을 선고받거나 형의 집행유예를 받은 경우에도 선거권을 제한하도록 하는 한편, 선거권 제한의 기간을 더욱 길게 정하고 있다. 이처럼 위 두 조항을 비교하여 보면, 공직선거법은 선거범 등 같은 법 제18조 제1항 제3호가 규정하고 있는 범죄를 범한 사람에 대하여는 같은 항 제2호에 규정된 그 밖의 다른 범죄를 범한 사람보다 선거권 제한에 관하여 더 엄격한 제재를 하는 것으로 규정하고 있음을 알 수 있다. 따라서 공직선거법 제18조 제1항 제3호가 정한 범죄로 형을 선고받은 사람에 대하여는 같은 법 제18조 제1항 제2호가 아니라 같은 항 제3호가 적용된다고 보아야 한다.

심판대상조항이 정한 범죄를 범하여 징역형의 판결이 확정된 사람은 그 판결이 확정된 때부터 그 형의 집행이 종료된 후 10년이 경과할 때까지 선거권이 인정되지 않는데, 심판대상조항에 의한 기본권의 침해는 청구인에게 이에 해당하는 구체적인 사유가 발생하였을 때 이루어지는 것이고, 이 사건에서 구체적인 사유발생일은 청구인에 대한 징역형의 판결이 확정된 후 첫 선거일이다. 청구인에 대한 징역형의 판결이 확정된 2017. 3. 22. 이후로서 첫 선거인 제19대 대통령선거가 실시된 2017. 5. 9.에는 청구인에게 심판대상조항에 의한 기본권침해의 사유가 발생하였다고 할 것이고, 이로부터 1년이 경과하였음이 역수상 명백한 2020. 4. 28.에야 제기된 이 사건 심판청구는 청구기간을 경과하였다.

결정의 의의

헌법재판소는 이 사건에서 심판대상조항이 규정한 범죄로 징역형의 판결이 확정된 사람은 그 판결이 확정된 때부터 심판대상조항에 의하여 선거권이 인정되지 않는다고 보았다.

그리고 심판대상조항에 대한 헌법재판소법 제68조 제1항 헌법소원심판청구의 청구기간을 기산함에 있어 헌법재판소법 제69조 제1항의 '그 사유가 있는 날'은 청구인에게 징역형의 판결이 확정된 이후 첫 선거일이라고 판단하였다.

(2024.3.28. 2017헌마372 [고고도미사일방어체계 배치 승인 위헌확인]) **[각하]**

Ⅰ. 판시사항

외교부 북미국장이 2017. 4. 20. 주한미군사령부 부사령관과 사이에 주한미군에 성주 스카이힐 골프장 부지 중 328,779㎡(이하 '이 사건 부지'라 한다)의 사용을 공여하는 내용으로 체결한 협정(이하 '이 사건 협정'이라 한다)에 대한 심판청구에 기본권침해가능성이 인정되는지 여부(소극)

Ⅱ. 결정요지

청구인들은 주한미군이 이 사건 부지에 고고도미사일방어체계[Terminal High Altitude Area Defense (THAAD), 이하 '사드'라 한다]를 배치함으로써 평화적 생존권을 침해한다고 주장하나, 이 사건 협정의 근거인 '대한민국과 미합중국 간의 상호방위조약'은 외부의 무력공격을 전제한 공동방위를 목적으로 하고, 사드 배치는 북한의 핵실험 및 탄도미사일 시험 발사 또는 도발에 대응한 방어태세로 이해되므로, 이 사건 협정이 국민들로 하여금 침략전쟁에 휩싸이게 함으로써 이들의 평화적 생존을 위협할 가능성이 있다고 볼 수 없다. 또한 청구인들은 주한미군이 이 사건 부지에 사드를 배치하면 건강권 및 환경권이 침해된다고 주장하나, 이 사건 협정으로 청구인들의 건강권 및 환경권이 바로 침해된다고 보기 어렵고, 혹시 이러한 우려가 있더라도 이는 주한미군의 사드 체계 운영 과정에서 잠재적으로 나타날 수 있는 것에 불과하다. 다음으로 청구인들은 성주경찰서 소속 경찰이 이 사건 부지 인근 농작지 접근을 제한하고 중국이 제재조치를 시행함으로 인하여 직업의 자유를 침해받는다고 주장하나, 청구인들의 주장과 같은 내용은 성주경찰서 소속 경찰 또는 중국 정부의 조치로 인한 것이므로 이 사건 협정으로 인한 것이라 할 수 없다. 마지막으로 청구인들은 이 사건 부지 일대가 원불교 성지로서 보호되지 않는다면 이와 관련된 교리 역시 보호되기 어려우므로 신앙의 자유가 침해되고, 군 당국의 사전 허가를 받아야 이 사건 부지에서 종교적 활동을 하거나 종교집회를 개최할 수 있어 종교적 행위의 자유 및 종교집회의 자유가 침해받는다는 취지로 주장한다. 살피건대, 주한미군이 이 사건 부지를 사용한다고 하여 특정 종교의 교리를 침해하거나 청구인들의 신앙 활동에 직접적 영향을 미친다고 할 수 없고, 종교적 행위의 자유 및 종교집회의 자유 침해에 관한 청구인들의 주장은 군 당국의 후속 조치 등으로 발생하는 것이므로 이 사건 협정으로 인한 것이라 할 수 없다. 따라서 이 사건 협정은 성주군·김천시 주민 또는 원불교도 및 그 단체인 청구인들의 법적 지위에 아무런 영향을 미치지 아니하므로, 이 사건 협정에 대한 심판청구는 기본권침해가능성이 인정되지 아니한다.

결정의 의의

헌법재판소는, 외교부 북미국장이 2017. 4. 20. 주한미군사령부 부사령관과 사이에 주한미군에 성주 스○○ 골프장 부지 중 일부의 사용을 공여하는 내용으로 체결한 협정은 경북 성주군 및 김천시에 거주하거나 대한민국 국민인 청구인들의 평화적 생존권, 건강권, 환경권, 직업의 자유와 원불교도 및 그 단체인 청구인들의 종교의 자유를 침해할 가능성을 인정하기 어렵다는 이유로, 위 청구인들의 심판청구를 모두 각하하는 결정을 선고하였다.

10 탄핵소추안 철회 및 재발의 권한쟁의 사건

(2024.3.28. 2023헌라9 [국회의원과 국회의장 간의 권한쟁의]) **[각하, 기타]**

Ⅰ. 판시사항

1. 권한쟁의심판절차 계속 중 국회의원직을 상실한 일부 청구인들에 대하여 심판절차종료를 선언한 사례
2. 탄핵소추안에 대해서도 의안의 철회에 대한 일반 규정인 국회법 제90조가 적용되는지 여부(적극)
3. 탄핵소추안이 본회의에 보고되었으나 국회법 제130조 제2항에 따른 표결을 위해 본회의의 안건으로 상정된 바 없는 경우, 해당 탄핵소추안이 국회법 제90조 제2항의 '본회의에서 의제가 된 의안'에 해당하는지 여부(소극)
4. 피청구인 국회의장이 2023. 11. 10. 방송통신위원회 위원장 및 검사 2명에 대한 탄핵소추안(이하 '이 사건 탄핵소추안'이라 한다)의 철회요구를 수리한 행위(이하 '이 사건 수리행위'라 한다)가 국회의원인 청구인들의 이 사건 탄핵소추안 철회 동의 여부에 대한 심의·표결권을 침해할 가능성이 있는지 여부(소극)
5. 피청구인 국회의장이 2023. 12. 1. 이 사건 탄핵소추안과 동일한 내용으로 다시 발의된 위 검사 2명에 대한 탄핵소추안(이하 '재발의 탄핵소추안'이라 한다)을 국회 본회의에서 안건으로 상정하여 표결을 실시한 후, 이에 대하여 가결을 선포한 행위(이하 '이 사건 가결선포행위'라 한다)가 국회의원인 청구인들의 심의·표결권을 침해할 가능성이 있는지 여부(소극)

Ⅱ. 결정요지

1. 이 사건 권한쟁의심판절차 계속 중 일부 청구인들이 퇴직(탈당)으로 인해 국회의원직을 상실하였다. 그런데 발의된 의안의 철회 동의 여부에 관한 국회의원의 심의·표결권은 일신전속적인 것으로서, 그에 관련된 이 사건 권한쟁의심판절차는 수계될 수 있는 성질의 것이 아니다. 따라서 위 청구인들의 이 사건 심판청구는 국회의원직 상실과 동시에 당연히 그 심판절차가 종료되었다.
2. 국회법 제90조가 해당 조항이 적용되는 의안의 종류나 유형에 관하여 아무런 제한을 두고 있지 아니하고, 달리 탄핵소추안의 철회를 허용하는 것이 탄핵소추의 성질에 반한다고 보이지도 아니하므로, 탄핵소추안에 대해서도 의안의 철회에 대한 일반 규정인 국회법 제90조가 적용된다.
3. 국회법 제130조 제1항의 보고는 국회의 구성원인 국회의원들에게 탄핵소추안이 발의되었음을 알리는 것으로, 탄핵소추안을 실제로 회의에서 심의하기 위하여 의사일정에 올리는 상정과 절차적으로 구분된다. 따라서 탄핵소추안도 일반 의안과 마찬가지로, 국회의장이 탄핵소추가 발의되었음을 본회의에 보고하고, 국회법 제130조 제2항에 따른 표결을 위해 이를 본회의의 안건으로 상정한 이후에 비로소 국회법 제90조 제2항의 '본회의에서 의제가 된 의안'이 된다고 할 것이다. 그러므로 탄핵소추안이 본회의에 보고되었다고 할지라도, 본회의에 상정되어 실제 논의의 대상이 되기 전에는 이를 발의한 국회의원은 본회의의 동의 없이 탄핵소추안을 철회할 수 있다.
4. 피청구인은 이 사건 탄핵소추안이 발의되었음을 본회의에 보고하였을 뿐 이 사건 탄핵소추안을 의사일정에 기재하고 본회의의 안건으로 상정한 바가 없으므로, 이 사건 탄핵소추안은 국회법 제90조 제2항의 '본회의에서 의제가 된 의안'에 해당하지 아니한다. 이처럼 이 사건 탄핵소추안이 본회의에서 의제가 된 의안에 해당하지 아니하여 이를 발의한 국회의원이 본회의의 동의 없이 이를 철회할 수 있는 이상, 청구인들에게는 이 사건 탄핵소추안 철회 동의 여부에 대해 심의·표결할 권한 자체가 발생하지 아니하고, 그 권한의 발생을 전제로 하는 권한의 침해 가능성도 없다. 따라서 이 사건 수리행위를 다투는 청구는 부적법하다.

5. 청구인들이 이 사건 수리행위로 인한 권한침해를 다툴 수 없게 된 이상, 이 사건 탄핵소추안 철회의 효력은 여전히 유효하다. 그리고 국회법 제92조의 '부결된 안건'에 적법하게 철회된 안건은 포함되지 아니하므로, 이 사건 탄핵소추안과 동일한 내용으로 발의된 재발의 탄핵소추안은 적법하게 발의된 의안으로 일사부재의 원칙에 위배되지 아니한다. 그렇다면 이 사건 가결선포행위로 인하여 청구인들의 심의·표결권 침해가 발생할 가능성은 인정되지 아니하므로, 이 사건 가결선포행위를 다투는 청구 역시 부적법하다.

결정의 의의

국회법 제90조는 제1항에서 국회의원이 그가 발의한 의안을 철회할 수 있다고 정하면서, 제2항에서 '본회의에서 의제가 된 의안'을 철회할 때에는 본회의의 동의를 받아야 한다고 정하고 있다.

한편, 국회법 제130조는 탄핵소추안에 대한 특수한 의결절차를 정하고 있다. 그렇다면 의안의 철회에 관한 일반 규정인 국회법 제90조가 탄핵소추안의 경우에도 적용되는지, 적용된다면 탄핵소추안이 본회의에서 의제가 된 시점을 언제로 보아야 하는지가 문제된다.

이 결정은 위 쟁점들에 대하여 헌법재판소가 판단한 최초의 결정이다. 헌법재판소는 탄핵소추안에 대해서도 국회법 제90조가 적용되며, 탄핵소추안도 일반 의안과 마찬가지로 국회의장이 표결을 위해 이를 본회의의 안건으로 상정한 이후에 비로소 국회법 제90조 제2항의 '본회의에서 의제가 된 의안'이 된다고 판단하였다.

이어 헌법재판소는, 피청구인은 이 사건 탄핵소추안이 발의되었음을 본회의에 보고하였을 뿐 이 사건 탄핵소추안을 본회의의 안건으로 상정한 바가 없으므로, 이 사건 탄핵소추안은 국회법 제90조 제2항의 '본회의에서 의제가 된 의안'에 해당하지 아니하고, 그 결과 이를 발의한 국회의원이 본회의의 동의 없이 이를 철회할 수 있다고 하였다.

그렇다면 청구인들에게는 이 사건 탄핵소추안 철회 동의 여부에 대해 심의·표결할 권한 자체가 발생하지 아니하고, 그 권한의 발생을 전제로 하는 권한의 침해 가능성도 없으므로, 이 사건 수리행위를 다투는 청구는 부적법하다고 보았다.

나아가 청구인들이 이 사건 수리행위로 인한 권한침해를 다툴 수 없게 된 이상, 이 사건 탄핵소추안 철회의 효력은 여전히 유효하고, 그에 따라 재발의 탄핵소추안은 일사부재의 원칙에 위배되지 아니하므로, 이 사건 가결선포행위로 인하여 청구인들의 심의·표결권 침해가 발생할 가능성도 인정되지 아니하여 이 사건 가결선포행위를 다투는 청구 역시 부적법하다고 보았다.

결론적으로 헌법재판소는 청구인 허은아, 권은희의 심판청구는 심판절차종료를 선언하고, 나머지 청구인들의 심판청구는 모두 부적법하고 그 흠결을 보정할 수 없는 경우에 해당한다는 이유로 헌법재판소법 제40조, 민사소송법 제219조에 의하여 변론 없이 이를 각하하기로 하였다.

11 전자상거래 등을 통한 콘택트렌즈 판매 금지 사건

(2024.3.28. 2020헌가10 [의료기사 등에 관한 법률 제12조 제5항 위헌제청]) **[합헌]**

Ⅰ. 판시사항

안경사가 전자상거래 등의 방법으로 콘택트렌즈를 판매하는 것을 금지하고 있는 '의료기사 등에 관한 법률' 제12조 제5항 제1호 중 '안경사의 콘택트렌즈 판매'에 관한 부분이 과잉금지원칙에 위반하여 안경사의 직업 수행의 자유를 침해하는지 여부(소극)

Ⅱ. 결정요지

전자상거래 등을 통한 콘택트렌즈 거래가 허용된다면, 착용자의 시력 및 눈 건강상태를 고려하지 않은 무분별한 콘택트렌즈 착용이 이뤄질 수 있고, 배송 과정에서 콘택트렌즈가 변질·오염될 가능성을 배제할 수 없으므로, 국민보건의 향상·증진이라는 심판대상조항의 입법목적이 달성되기 어려울 수 있다. 또한 안경사 아닌 자에 의한 콘택트렌즈 판매행위를 규제하기가 사실상 어려워지게 되고, 안경사로 하여금 소비자에게 콘택트렌즈의 사용방법, 유통기한 및 부작용에 관한 정보를 제공하도록 한 '의료기사 등에 관한 법률' 제12조 제7항의 취지가 관철되기도 어려워진다. 우리나라는 소비자의 안경업소 및 안경사에 대한 접근권이 상당히 보장되어 있어, 심판대상조항으로 인한 소비자의 불편이 과도하다고 보기도 어렵다. 따라서 심판대상조항이 과잉금지원칙에 위반하여 안경사의 직업수행의 자유를 침해한다고 볼 수 없다.

결정의 의의

이 결정은 안경사가 전자상거래 등을 통해 콘택트렌즈를 판매하는 행위를 금지하고 있는 '의료기사 등에 관한 법률' 조항의 위헌 여부에 대하여 헌법재판소에서 처음 판단한 사건이다.

헌법재판소는 심판대상조항이 안경사의 직업 수행의 자유를 제한하고 있으나, 국민보건의 향상·증진이라는 입법목적의 달성을 위하여 필요한 정도를 넘어선 과도한 제한이라 보기는 어렵고, 그로 인한 소비자의 불편이 과도하다고 보기도 어렵다고 판단하여, 재판관 8:1의 의견으로 합헌 결정을 하였다.

12 **미성년자에 대한 생활자금 대출상환의무 부과 사건**

(2024.4.25. 2021헌마473 [구 자동차손해배상 보장법 시행령 제18조 제1항 제2호 등 위헌확인]) **[기각, 각하]**

Ⅰ. 판시사항

1. 기본권 침해사유 발생일로부터 1년이라는 청구기간을 준수하지 못한 데에 정당한 사유를 인정하였으나, 기본권 침해사유를 안 날로부터 90일이라는 청구기간을 준수하지 못하여 심판청구가 부적법하다고 본 사례
2. 자동차사고 피해가족 중 유자녀에 대한 대출을 규정한 구 '자동차손해배상 보장법 시행령' 제18조 제1항 제2호 중 '유자녀의 경우에는 생계유지 및 학업을 위한 자금의 대출' 부분(이하 '심판대상조항')이 청구인 강ㅁㅁ의 아동으로서의 인간다운 생활을 할 권리를 침해하는지 여부(소극)
3. 심판대상조항이 청구인 강ㅁㅁ의 평등권을 침해하는지 여부(소극)

Ⅱ. 결정요지

1. 청구인 강○○는 심판대상조항에 의하여 기본권 침해사유가 발생한 날인 대출 신청시부터 약 20년이 지나 헌법소원심판을 청구하였지만, 청구인 강○○의 아버지가 대출을 신청할 당시 청구인 강○○는 만 9세였으므로, 기본권 침해사유가 발생한 날로부터 1년이라는 헌법재판소법 제68조 제1항에 의한 헌법소원심판의 청구기간을 준수하지 못한 데에 정당한 사유가 인정된다. 그러나 이 경우에도 기본권 침해사유를 안 날로부터 90일이라는 청구기간은 별도로 준수하여야 하는데, 청구인 강○○는 2020. 10.경 대출금에 관하여 알게 되었다고 밝히고 있다. 따라서 2021. 4. 26. 청구인 강○○의 심판청구는 기본권 침해사유를 안 날로부터 90일이라는 청구기간을 준수하지 못하여 부적법하다.

2. 심판대상조항이 대출의 형태로 유자녀의 양육에 필요한 경제적 지원을 하는 것은 유자녀가 향후 소득활동을 할 수 있게 된 후에는 자금을 회수하여, 자동차 운전자들의 책임보험료로 마련된 기금을 가급적 많은 유자녀를 위해 사용할 수 있게 하기 위함이다. 심판대상조항에 따르면 대출을 신청한 법정대리인이 상환의무를 부담하지 않으므로 법정대리인과 유자녀 간의 이해충돌이라는 부작용이 일부 발생할 가능성이 있지만, 이를 이유로 생활자금 대출 사업 전체를 폐지하면, 대출로라도 생활자금의 조달이 필요한 유자녀에게 불이익이 돌아가게 될 수 있다.

유자녀에 대한 적기의 경제적 지원 및 자동차 피해지원사업의 지속가능성 확보는 중요하다는 점, 민법상 부당이득반환청구와 같은 구제수단이 있다는 점 등을 고려하면, 심판대상조항은 청구인 강ㅁㅁ의 아동으로서의 인간다운 생활을 할 권리를 침해하지 않는다.

3. 자동차사고를 당한 본인인 중증후유장애인과 그의 가족인 유자녀 및 피부양가족(65세 이상인 자)은 모두 자동차사고로 인한 직·간접적 피해를 겪는 자임은 동일하나, 잠재적 상환가능성에서 차이가 있다. 따라서 유자녀에게는 상환의무 있는 형태인 대출로 생활자금을 지급하고, 중증후유장애인과 피부양가족에게는 상환의무가 없는 재활보조금·생계보조금을 지급함으로써 이들을 달리 취급하는 것은 합리적인 이유가 있는 차별이므로, 심판대상조항은 청구인 강ㅁㅁ의 평등권을 침해하지 않는다.

이 사건에서는 친권자 또는 후견인(법정대리인)의 대출 신청으로 인하여 아동이 자신 명의의 계좌로 대출금을 지급받은 대신 성인이 된 30세 이후, 자신이 신청하는데 관여하지 않은 대출의 상환의무를 부담하는 것이 문제되었다.

이렇게 생활형편이 어려운 계층에 대한 지원을 무상의 보조금이 아닌 대출형태로 한 것에 대해서는 인간다운 생활을 할 권리라는 기본권이 문제된다. 특히 유자녀는 물질적 생존뿐 아니라 인격발달을 위한 보호가 요청되는 등 특별한 집단인 '아동'(18세 미만의 자)에 해당하므로, 헌법재판소는 아동으로서의 인간다운 생활을 할 권리의 침해 여부를 판단함에 있어서는 아동의 최선의 이익에 반하는지 여부를 고려할 필요가 있다고 밝혔다.

다만, 법정의견은 유자녀에 대하여 적기에 경제적 지원을 하는 동시에 자동차 피해지원사업의 지속가능성을 확보할 필요가 있는 점 등을 고려하여 유자녀 대출 상환의무가 헌법에 위배되지 않는다고 판단하였다. 이에 대하여 반대의견은 생계가 어려운 아동의 불확실한 미래 소득을 담보로 하는 대출사업은 국가의 아동에 대한 부양과 양육의 책임과는 조화될 수 없다고 지적하였다.

유자녀 생활자금 대출금의 상환의무에 관하여 심리한 첫 사건이다.

13 코로나19 관련 이태원 기지국 접속자 정보수집 사건

(2024.4.25. 2020헌마1028 [감염병의 예방 및 관리에 관한 법률 제2조 제15호 위헌확인 등]) **[기각, 각하]**

Ⅰ. 판시사항

1. 코로나19 검사 권고 통지를 하기 위하여 기지국 접속자 조회를 통해 이태원 클럽 주변을 방문한 자의 개인정보를 수집한 피청구인의 행위(이하 '이 사건 정보수집'이라 한다)를 다투는 청구의 권리보호이익을 인정할 수 있는지 여부(소극)
2. 감염병 전파 차단을 위한 개인정보 수집의 수권조항인 구 감염병예방법 제76조의2 제1항 제1호(이하 '심판대상조항'이라 한다)가 청구인의 개인정보자기결정권을 침해하는지 여부(소극)

Ⅱ. 결정요지

1. 이 사건 심판청구 당시 이미 이 사건 정보수집은 종료되었고 해당 정보는 모두 파기되었으므로 원칙적으로 권리보호이익이 없고, 처분의 근거조항인 이 사건 심판대상조항에 관하여 판단하는 이상, 반복가능성을 이유로 이 사건 정보수집에 대해 별도의 심판청구 이익을 인정할 실익이 없다.

   심판대상조항을 근거로 인적사항에 관한 정보를 수집하면서 특정 시간의 특정 기지국 접속자와 같은 조건을 부과하는 방법으로 위치정보까지 함께 파악하는 것이 허용되는지 여부에 대한 의문이 있을 수 있으나, 이는 법률에 의하여 부여받은 피청구인의 권한의 범위와 한계를 정하는 문제로서, 개별 사안의 구체적인 사실관계에 따른 법률의 해석과 적용의 문제이므로, 헌법적 해명이 긴요한 사항이 아니다. 따라서 이 사건 정보수집에 관한 청구의 심판이익이 인정되지 않는다.

2. 심판대상조항은 보건당국이 전문성을 가지고 감염병의 성질과 전파정도, 유행상황이나 위험정도, 예방 백신이나 치료제의 개발 여부 등에 따라 정보 수집이 필요한 범위를 판단하여 정보를 요청할 수 있도록 하여 효과적인 방역을 달성할 수 있도록 한다. 또한 정보수집의 목적 및 대상이 제한되어 있고, 관련 규정에서 절차적 통제장치를 마련하여 정보의 남용 가능성을 통제하고 있다. 심판대상조항은 감염병이 유행하고 신속한 방역조치가 필요한 예외적인 상황에서 일시적이고 한시적으로 적용되는 반면, 인적사항에 관한 정보를 이용한 적시적이고 효과적인 방역대책은 국민의 생명과 건강을 보호하고 사회적·경제적인 손실 방지를 위하여 필요한 것인 점에서 그 공익의 혜택 범위와 효과가 광범위하고 중대하다. 따라서 심판대상조항은 과잉금지원칙에 반하여 청구인의 개인정보자기결정권을 침해하지 않는다.

결정의 의의

이 사건 정보수집행위의 정당성 여부는, 해당 사안의 구체적 사실관계에 따라 피청구인이 법률에 의하여 부여받은 권한 범위를 일탈하였는지 여부에 관한 것으로서 법률의 해석과 적용의 문제이고, 헌법적 해명이 필요한 사안이 아니라고 보아 판단하지 않았다.

이 사건 심판대상조항은, 방역당국이 감염병 예방 및 감염 전파의 차단을 위하여 감염병의심자 등의 인적사항에 관한 정보를 수집할 수 있도록 하는 규정으로, 당초 2015년 메르스-코로나바이러스(MERS-CoV) 유행 당시 보건당국의 초동대처가 미흡하고 효율적 방역이 이루어지지 못했다는 지적에 따라 도입된 것이다.

헌법재판소는, 미리 예측하기 어려운 다양한 감염병 유행 상황에 적합한 방역조치를 보건당국이 전문적 판단재량을 가지고 신속하고 적절하게 취할 수 있도록 하여야 한다는 점을 인정하여 이 사건 심판대상조항이 개인정보자기결정권을 침해하지 않는다고 판단하면서도, 이 사건 심판대상조항을 근거로 하는 개별 정보수집 처분은 감염병 예방을 위해 필요한 최소한의 범위 내에서만 허용되는 점을 강조하였다.

이 사건 심판대상조항에 관한 헌법재판소 최초의 결정이다.

(2024.4.25. 2020헌마542 [주민등록법 제24조 제2항 위헌확인 등]) **[기각]**

Ⅰ. 판시사항

1. 시장·군수·구청장으로 하여금 주민등록증 발급신청서를 관할 경찰서 지구대장 등에게 보내도록 한 구 주민등록법 시행규칙 제8조(이하 '이 사건 규칙조항'이라 한다)에 관하여, 주민등록증 발급신청을 하지 않은 청구인에게 기본권침해의 자기관련성 및 현재성이 인정되는지 않는다고 본 선례를 변경하여 자기관련성 및 현재성을 인정한 사례

2. 주민등록증 발급신청서에 열 손가락 지문을 날인하도록 한 구 주민등록법 시행령 제36조 제3항에 의한 별지 제30호 서식 중 열 손가락의 지문을 찍도록 한 부분(이하 '이 사건 시행령조항'이라 한다)이 법률유보원칙을 위반하여 개인정보자기결정권을 침해하는지 여부(소극)

3. 피청구인 경찰청장이 주민등록증 발급신청서에 날인되어 있는 지문정보를 보관·전산화하고 이를 범죄수사목적에 이용하는 행위(이하 '이 사건 보관등행위'라 한다)가 법률유보원칙을 위반하여 개인정보자기결정권을 침해하는지 여부(소극)

4. 주민등록증에 지문을 수록하도록 한 구 주민등록법 제24조 제2항 본문 중 '지문(指紋)'에 관한 부분(이하 '이 사건 법률조항'이라 한다), 이 사건 시행령조항 및 이 사건 보관등행위가 과잉금지원칙을 위반하여 개인정보자기결정권을 침해하는지 여부(소극)

5. 이 사건 규칙조항이 개인정보자기결정권을 침해하는지 여부(소극)

6. 이 사건 규칙조항에 대한 심판청구에 대하여 재판관 2인의 기각의견, 재판관 4인의 인용의견 및 재판관 3인의 각하의견으로 의견이 나뉘어 위 심판청구를 기각한 사례

Ⅱ. 결정요지

1. 청구인은 이 사건 법률조항 및 이 사건 시행령조항에 따라 주민등록증 발급신청서를 제출하여야 하는데, 이 사건 규칙조항은 청구인이 발급신청서를 제출할 경우 시장·군수·구청장으로 하여금 이를 관할 경찰서의 지구대장 또는 파출소장에게 송부하도록 예정하고 있으므로, <u>이 사건 규칙조항에 의한 기본권 침해 또한 이 사건 법률조항 및 이 사건 시행령조항과 마찬가지로 청구인이 주민등록증 발급신청서를 제출할 의무를 부담하게 된 때 발생한다.</u> 이 사건 규칙조항에 대한 심판청구는 기본권침해의 자기관련성 및 현재성이 인정되어 적법하다.

   종래 이 사건 규칙조항과 동일한 내용의 구 주민등록법 <u>시행규칙 조항에 관하여 주민등록증 발급신청서를 제출하지 아니한 청구인은 기본권침해의 자기관련성 및 현재성이 인정되지 않는다고 본 헌재 2005. 5. 26. 99헌마513등 결정은 이 결정과 저촉되는 범위 내에서 이를 변경하기로 한다.</u>

2. 헌법재판소는 2005. 5. 26. 99헌마513등 결정에서 이 사건 시행령조항과 동일한 내용을 규정한 구 주민등록법 시행령 제33조 제2항에 의한 별지 제30호 서식 중 '열 손가락의 회전지문과 평면지문을 날인하도록 한 부분'이 법률유보원칙에 위반되지 않는다고 판단하였고, 또한 2015. 5. 28. 2011헌마731 결정에서도 이 사건 시행령조항과 동일한 내용을 규정한 구 주민등록법 시행령 제36조 제2항에 의한 별지 제30호 서식 중 '열 손가락의 지문을 찍도록 한 부분'이 법률유보원칙에 위반되지 않는다고 판단하였다. 위와 같은 선례들의 결정

이유는 이 사건에서도 그대로 타당하고, 위 선례들이 적시하고 있는 주민등록법 조항들은 법률개정에 따라 위치만 변경되었을 뿐 그 내용이 그대로 유지되고 있으므로(주민등록법 제24조 등), 이 사건에서 위 선례들과 달리 판단하여야 할 특별한 사정변경이나 필요성이 인정되지 않는다. 즉, 이 사건 법률조항은 주민등록증의 수록사항의 하나로 지문을 규정하고 있을 뿐 "오른손 엄지손가락 지문"이라고 특정한 바가 없으며, 이 사건 시행령조항에서는 주민등록법 제17조의8 제5항의 위임규정에 근거하여 주민등록증발급신청서의 서식을 정하면서 보다 정확한 신원확인이 가능하도록 하기 위하여 열 손가락의 지문을 날인하도록 하고 있는 것이므로, 이를 두고 법률에 근거가 없는 것으로서 법률유보의 원칙에 위배되는 것으로 볼 수는 없다.

3. 헌법재판소는 2005. 5. 26. 99헌마513등 결정에서 경찰청장이 주민등록증 발급신청서에 날인되어 있는 지문정보를 보관하고, 이를 전산화하여 범죄수사목적에 이용하는 행위는 법률유보원칙에 위반되지 않는다고 판단하였다. 위 선례가 경찰청장이 지문정보를 보관·전산화하고 이를 범죄수사목적에 이용하는 행위의 법률상 근거로 든 법률조항들은 현행법에서도 여전히 그 내용을 유지하고 있으므로, 이 사건 보관등행위가 법률유보원칙에 위반되지 않는다고 본 선례의 결정 이유는 이 사건에서도 그대로 타당하고, 이 사건에서 위 선례와 달리 판단하여야 할 특별한 사정변경이나 필요성이 인정되지 않는다. 이 사건 보관등행위는 법률유보원칙에 위반되지 않는다.

4. 헌법재판소는 2005. 5. 26. 99헌마513등 결정에서 이 사건 시행령조항과 동일한 내용을 규정한 구 주민등록법 시행령 제33조 제2항에 의한 별지 제30호 서식 중 '열 손가락의 회전지문과 평면지문을 날인하도록 한 부분' 및 경찰청장이 주민등록증 발급신청서에 날인되어 있는 지문정보를 보관하고, 이를 전산화하여 범죄수사목적에 이용하는 행위가 모두 과잉금지원칙에 위반되지 않는다고 판단하였다. 헌법재판소는 또한, 2015. 5. 28. 2011헌마731 결정에서도 이 사건 시행령조항과 동일한 내용을 규정한 구 주민등록법 시행령 제36조 제2항에 의한 별지 제30호 서식 중 '열 손가락의 지문을 찍도록 한 부분'이 과잉금지원칙에 위반되는지 여부에 대하여, 위 99헌마513등 결정의 이유는 그대로 타당하고, 달리 판단하여야 할 아무런 사정변경이 없다고 판단하였다.

이 사건 시행령조항과 이 사건 보관등행위는 불가분의 일체를 이루어 지문정보의 수집·보관·전산화·이용이라는 넓은 의미의 지문날인제도를 구성하는 것이어서, 이 사건 시행령조항과 이 사건 보관등행위의 법률상 근거가 되는 이 사건 법률조항 또한 마찬가지로 넓은 의미의 지문날인제도를 구성한다고 할 것이고, 또한 이 사건 법률조항은 열 손가락 지문을 요구하지 않는다는 점을 제외하고는 이 사건 시행령조항과 기본권 제한의 내용에 큰 차이가 없으므로, 이 사건 시행령조항 및 이 사건 보관등행위가 과잉금지원칙에 위반되지 않는다고 본 선례의 설시는 이 사건 법률조항에 대해서도 그대로 타당하다.

주민등록법상 지문날인제도는 신원확인기능의 효율적인 수행을 도모하고, 신원확인의 정확성 내지 완벽성을 제고하기 위하여 17세 이상 모든 국민의 열 손가락 지문정보를 수집하고 이를 보관·전산화하여 이용하는 것이다. 경찰이 범죄수사나 사고피해자의 신원확인 등을 위하여 지문정보를 효율적으로 이용하기 위해서는 사전에 광범위한 지문정보를 보관하여야 할 필요가 있는 점, 한 손가락 지문정보로는 신원확인이 불가능하게 되는 경우가 흔히 발생할 수 있는 점, 다른 여러 신원확인수단 중에서 정확성·간편성·효율성 등의 종합적인 측면에서 지문정보와 비견할 만한 것은 현재에도 찾아보기 어려운 점을 종합하면, 이 사건 법률조항, 이 사건 시행령조항 및 이 사건 보관등행위는 과잉금지원칙에 위반되지 않는다.

결정의 의의

청구인들의 심판청구는 모두 기각되었는데, 그 분포는 다음과 같다.

- 주민등록증에 지문을 수록하도록 한 이 사건 법률조항에 대한 심판청구가 기각되어야 한다는 점에서는 관여 재판관 전원의 의견이 일치하였다.
- 주민등록증 발급신청서에 열손가락 지문을 날인하도록 한 이 사건 시행령조항에 대한 심판청구는 기각되었고, 다만, 재판관 1인의 반대의견이 있었다.
- 주민등록증 발급신청서를 관할 경찰서의 지구대장 등에게 보내도록 하는 이 사건 규칙조항에 대한 심판청구에 관해서는 재판관 6인이 이에 대한 심판청구가 적법하다는 의견이었으나 이 사건 규칙조항이 개인정보자기결정권을 침해하는지 여부에 대해서는 견해가 나뉘었고(기각의견 2, 인용의견 4), 최종적으로 기각의견 2, 인용의견 4, 각하의견 3이 되어 그 심판청구가 기각되었다.
- 피청구인 경찰청장이 주민등록증 발급신청서에 날인된 지문정보를 보관·전산화하고 이를 범죄수사목적에 이용하는 이 사건 보관등행위에 대한 심판청구는 기각되었고, 다만, 재판관 4인의 반대의견이 있었다.

재판관 구분	재판관 이종석	재판관 이은애	재판관 이영진	재판관 김기영	재판관 문형배	재판관 이미선	재판관 김형두	재판관 정정미	재판관 정형식
이 사건 법률조항 (전원일치)	기각	기각	기각	기각	기각	기각	기각	기각	기각
이 사건 시행령조항 (8:1)	기각	기각	기각	인용 (과잉금지)	기각	기각	기각	기각	기각
이 사건 규칙조항 (2:4:3)	각하	각하	기각	인용 (법률유보)	인용 (법률유보)	인용 (법률유보)	각하	기각	인용 (법률유보)
이 사건 보관등행위 (5:4)	기각	기각	기각	인용 (법률유보)	인용 (법률유보)	인용 (법률유보)	기각	기각	인용 (법률유보)

헌법재판소는 2005. 5. 26. 99헌마513등 결정에서 이 사건 시행령조항과 동일한 내용의 구 주민등록법 시행령조항 및 경찰청장의 지문정보 보관·이용 등 행위가 법률유보원칙 및 과잉금지원칙에 위반되지 않아 개인정보자기결정권을 침해하지 않는다고 판단하였고, 또한 2015. 5. 28. 2011헌마731 결정에서 이 사건 시행령조항과 동일한 내용의 구 주민등록법 시행령조항이 법률유보원칙 및 과잉금지원칙에 위반되지 않아 개인정보자기결정권을 침해하지 않는다고 판단하였다. 이 결정은 기존 선례들의 위와 같은 입장을 그대로 유지하였다.

다만, 위 헌재 2005. 5. 26. 99헌마513등 결정은 이 사건 청구인1과 유사한 지위에 있는 청구인이 이 사건 규칙조항과 동일한 내용을 규정한 구 주민등록법 시행규칙 조항에 대하여 제기한 심판청구가 기본권침해의 자기관련성 및 현재성이 인정되지 않는다고 판단하였었는데, 이 결정은 이 사건 규칙조항에 대한 청구인1의 심판청구가 적법하다고 함으로써, 위 99헌마513등 결정 중 일부를 변경하였다.

이 사건 법률조항이 개인정보자기결정권을 침해하는지 여부는 이 결정에서 처음으로 판단되었다. 헌법재판소는 이 결정에서 이 사건 시행령조항 및 이 사건 보관등행위가 과잉금지원칙에 위반되는지 여부에 대한 선례의 판단을 이 사건 법률조항의 과잉금지원칙 위반 여부에 대한 판단에서 원용함으로써, 이 사건 법률조항은 이 사건 시행령조항 및 이 사건 보관등행위와 마찬가지로 과잉금지원칙에 위반되지 않는다고 판단하였다.

15 학교의 마사토 운동장에 대한 유해물질의 유지·관리 기준 부재 사건

(2024.4.25. 2020헌마107 [학교보건법 시행규칙 [별표 2의2] 제1호 등 위헌확인]) **[기각]**

Ⅰ. 판시사항

학교시설에서의 유해중금속 등 유해물질의 예방 및 관리 기준을 규정한 학교보건법 시행규칙 제3조 제1항 제1호의2 [별표 2의2] 제1호, 제2호(이하, '심판대상조항'이라 한다)에 마사토 운동장에 대한 규정을 두지 아니한 것이 청구인의 환경권을 침해하는지 여부(소극)

Ⅱ. 결정요지

심판대상조항은 학교시설에서의 유해중금속 등 유해물질의 예방 및 관리 기준을 규정하면서 마사토 운동장에 대하여는 규정하지 않고 있다. 그러나 학교보건법 시행규칙과 관련 고시의 내용을 전체적으로 보면 필요한 경우 학교의 장이 마사토 운동장에 대한 유해중금속 등의 점검을 실시하는 것이 가능하고, 또한 토양환경보전법령에 따른 학교용지의 토양 관리체제, 교육부 산하 법정기관이 발간한 운동장 마감재 조성 지침 상의 권고, 학교장이나 교육감에게 학교 운동장의 유해물질 관리를 의무화하고 있는 각 지방자치단체의 조례 등을 통해 마사토 운동장에 대한 유해중금속 등 유해물질의 관리가 이루어지고 있다. 지속적으로 유해중금속 등의 검출 문제가 제기되었던 인조잔디 및 탄성포장재와 천연소재인 마사토가 반드시 동일한 수준의 유해물질 관리 기준으로써 규율되어야 한다고 보기는 어렵다는 점까지 고려하면, 심판대상조항에 마사토 운동장에 대한 기준이 도입되지 않았다는 사정만으로 국민의 환경권을 보호하기 위한 국가의 의무가 과소하게 이행되었다고 평가할 수는 없다. 따라서 심판대상조항은 청구인의 환경권을 침해하지 아니한다.

결정의 의의

헌법재판소는 국가는 국민의 건강하고 쾌적한 환경에서 생활할 권리를 보호할 의무를 진다는 점을 확인하였다. 이 사건 심판대상조항인 학교보건법 시행규칙에서 학교시설에서의 유해중금속 등 유해물질의 예방 및 관리 기준을 규정하면서 마사토 운동장에 대하여는 규정을 두지 아니하고 있으나, 헌법재판소는 그밖에 ① 토양환경보전법에서 학교용지토양에 대해 가장 엄격한 오염 기준을 적용하고 정화조치 등 조치가 가장 적극적으로 이루어질 수 있도록 하고 있는 점, ② 환경부장관은 전국적으로 280개의 학교용지에 측정 지점을 설치하여 전국의 학교 용지 일반에 대한 상시적인 토양 오염 측정을 실시하고 있는 점, ③ 교육부 산하 한국교육시설안전원은 마사토 운동장 조성 현장에 재료 반입 시 반드시 유해중금속 등의 함유량 검사를 하도록 하고 이후 토양 내 유해 요소의 함량을 주기적으로 점검하고 조치할 것을 권고하고 있는 점, ④ 대부분의 지방자치단체에서는 학교 운동장의 유해물질 관리를 위한 조례가 제정 및 시행되어 학교장이나 교육감에게 학교 운동장의 유해물질 관리를 의무화하고 있는 점 등을 고려하여 청구인의 환경권이 침해되지 않는다고 판단하였다.

한편, 헌법재판소는 이 사건과 동일한 심판대상조항에 대하여 인조잔디 및 탄성포장재 설치업자들이 청구한 헌법소원심판 사건(2020헌마108)에 대하여는 심판대상조항으로 인한 기본권침해의 자기관련성이 인정되지 않는다는 이유로 이 사건과 같은 날 각하 결정하였다.

16 광장 벤치 흡연제한 사건

(2024.4.25. 2022헌바163 [국민건강증진법 제9조 제8항 위헌소원]) **[합헌]**

Ⅰ. 판시사항

금연구역으로 지정된 연면적 1천 제곱미터 이상의 사무용건축물, 공장 및 복합용도의 건축물에서 금연의무를 부과하고 있는 국민건강증진법 제9조 제8항 중 제4항 제16호에 관한 부분(이하 '심판대상조항'이라 한다)이 흡연자의 일반적 행동자유권을 침해하여 헌법에 위반되는지 여부(소극)

Ⅱ. 결정요지

심판대상조항은 공중 또는 다수인이 왕래할 수 있는 공간에서 흡연을 금지하여, 비흡연자의 간접흡연을 방지하고 흡연자 수를 감소시켜, 국민 건강을 증진시키기 위하여 만들어진 것이다. 실외 또는 실외와 유사한 공간이라고 하더라도 간접흡연의 위험이 완전히 배제된다고 볼 수 없고, 금연·흡연구역의 분리운영 등의 방법으로도 담배연기를 물리적으로 완벽히 차단하기 어려운 점, 심판대상조항은 특정 장소에 한정하여 금연의무를 부과하고 있을 뿐, 흡연 자체를 원천적으로 봉쇄하고 있지는 않은 점, 심판대상조항으로 인하여 흡연자는 일정한 공간에서 흡연을 할 수 없게 되는 불이익을 입지만, <u>일반적으로 타인의 흡연으로 인한 간접흡연을 원치 않는 사람을 보호하여야할 필요성은 흡연자의 자유로운 흡연을 보장할 필요성보다 더 큰 점 등을 종합하면, 심판대상조항은 과잉금지원칙에 반하여 흡연자의 일반적 행동자유권을 침해한다고 볼 수 없다.</u>

결정의 의의

헌법재판소는 2004. 8. 26. 2003헌마457 결정에서 공중이용시설의 전체 또는 일정 구역을 금연구역으로 지정하도록 한 구 국민건강증진법 시행규칙 조항에 대해 합헌결정을 하였다. 또한, 헌법재판소는 2013. 6. 27. 2011헌마315등 결정에서 인터넷컴퓨터게임시설제공업소 전체를 금연구역으로 지정하도록 한 국민건강증진법 조항이 과잉금지원칙에 반하여 인터넷컴퓨터게임시설제공업소(PC방) 운영자의 직업수행의 자유를 침해하지 않는다고 판단하였고, 2014. 9. 25. 2013헌마411등 결정에서는 공중이용시설의 소유자 등은 해당시설의 전체를 금연구역으로 지정하여야 한다고 규정한 국민건강증진법 조항이 흡연자의 일반적 행동자유권을 침해하지 않는다고 판단한 바 있다.

이 사건 결정은 위와 같은 선례의 연장선상에서 연면적 1천 제곱미터 이상의 사무용건축물, 공장 및 복합용도의 건축물로서 금연구역으로 지정된 공간은 다수인이 왕래할 가능성이 높고, 이러한 경우 간접흡연으로부터의 보호를 관철할 필요성이 더욱 크다는 점 등을 고려하여 합헌결정을 하였다.

17 회계관계직원의 국고손실 가중처벌 사건

(2024.4.25. 2021헌바21등 [특정범죄 가중처벌 등에 관한 법률 제5조 위헌소원]) **[합헌]**

Ⅰ. 판시사항

1. 회계관계직원의 국고손실을 처벌하는 '특정범죄 가중처벌 등에 관한 법률' 제5조 중 '회계관계직원 등의 책임에 관한 법률 제2조 제1호 카목에 규정된 사람이 국고에 손실을 입힐 것을 알면서 그 직무에 관하여 형법 제355조 제1항의 죄를 범한 경우'에 관한 부분(이하 '이 사건 특정범죄가중법 조항'이라 한다)과 '회계관계직원 등의 책임에 관한 법률'(이하 '회계직원책임법'이라 한다) 제2조 제1호 카목의 '그 밖에 국가의 회계사무를 처리하는 사람'이 죄형법정주의의 명확성원칙에 위배되는지 여부(소극)
2. 이 사건 특정범죄가중법 조항이 형벌체계상의 균형을 잃어 평등원칙에 위배되는지 여부(소극)
3. 형법 제355조 제1항 중 횡령에 관한 부분(이하 '이 사건 형법조항'이라 한다)이 자기 영득과 제3자 영득의 법정형을 다르게 정하지 않은 것이 평등원칙에 위배되는지 여부(소극)

Ⅱ. 결정요지

1. '그 밖에 국가의 회계사무를 처리하는 사람'을 회계관계직원의 범위에 포함한 것은 회계직원책임법 제2조 제1호 가목부터 차목까지 열거된 직명을 갖지 않는 사람이라도 관련 법령에 따라 국가의 회계사무를 처리하면 회계관계직원으로서의 책임을 지도록 하기 위한 것이다. 이러한 입법 취지에 비추어 보면 '그 밖에 국가의 회계사무를 처리하는 사람'이란 회계직원책임법 제2조 제1호 가목부터 차목까지에 열거된 직명을 갖지 않는 사람이라도 실질적으로 그와 유사한 회계관계업무를 처리하는 사람으로, 그 업무를 전담하는지 여부나 직위의 높고 낮음은 불문함을 예측할 수 있다. 따라서 회계직원책임법 제2조 제1호 카목 및 이를 구성요건으로 하고 있는 이 사건 특정범죄가중법 조항은 죄형법정주의의 명확성원칙에 위배되지 아니한다.
2. 형법상 횡령죄나 업무상횡령죄의 보호법익은 타인의 재물에 관한 소유권 등 본권인 데 반하여 이 사건 특정범죄가중법 조항의 보호법익에는 국가의 재물에 관한 재산권뿐만 아니라 국가 회계사무의 적정성도 포함되므로 보호법익이 서로 동일하다고 보기 어렵다. 이 사건 특정범죄가중법 조항은 회계직원책임법이 정하고 있는 회계관계직원의 횡령행위를 그 구성요건으로 하는 것으로, 형법상 횡령죄나 업무상횡령죄와 죄질이 동일하다고 할 수 없고, 이 사건 특정범죄가중법 조항의 대상인 1억 원 이상의 국고손실을 일으키는 횡령행위는 그로 인한 국가경제적 파급효가 크다. 따라서 이 사건 특정범죄가중법 조항이 형법상 횡령죄나 업무상횡령죄의 법정형보다 가중처벌을 하도록 한 것에는 합리적 이유가 있으므로 형벌체계상의 균형을 잃어 평등원칙에 위배된다고 할 수 없다.
3. 이 사건 형법 조항은 재물의 소유권 등을 보호하기 위한 재산범죄인바, 타인의 재물을 보관하는 자가 자기의 이익을 위하여 횡령행위를 하는 '자기 영득'과 제3자의 이익을 위하여 횡령행위를 하는 '제3자 영득'은 모두 타인의 재물에 대한 소유권 등을 침해한다는 점에서 죄질과 보호법익이 동일하다. 따라서 이를 동일한 법정형으로 처벌하더라도 합리적 이유 없는 차별로서 평등원칙에 위배된다고 할 수 없다.

이 사건에서는 '그 밖에 국가의 회계사무를 처리하는 사람'을 회계관계직원으로 규정한 회계직원책임법 조항, 위 회계관계직원이 국고 손실을 입힐 것을 알고서 횡령의 죄를 범하고 손실이 1억 원 이상인 경우 가중처벌을 하는 특정범죄가중법 조항 및 이 사건 형법 조항이 타인의 재물을 보관하는 자가 제3자의 이익을 위하여 횡령행위를 하는 경우를 자기의 이익을 위하여 횡령행위를 하는 경우와 동일한 법정형으로 처벌하는 점에 대하여 판단하였다.

헌법재판소는 이 사건 회계직원책임법 조항과 이 사건 특정범죄가중법 조항이 죄형법정주의의 명확성원칙에 위반되지 아니하고, 이 사건 특정범죄가중법 조항이 형벌체계상의 균형을 잃어 평등원칙에 위배된다고 할 수 없으며, 이 사건 형법조항이 평등원칙에 위배되지 않는다고 보아, 재판관 전원일치 의견으로 합헌결정을 하였다.

18 한국방송공사 수신료 분리징수 사건

(2024.5.30. 2023헌마820등 [방송법 시행령 입법예고 공고 취소]) **[기각, 각하]**

Ⅰ. 판시사항

1. 2023. 6. 16. 방송통신위원회공고 제2023-50호 방송법 시행령 일부개정령(안) 입법예고 중 의견제출 기간을 10일로 규정한 부분에 대한 심판청구의 이익을 인정할 수 있는지 여부(소극)
2. 수신료 징수업무를 지정받은 자가 수신료를 징수하는 때 그 고유업무와 관련된 고지행위와 결합하여 이를 행해서는 안 된다고 규정한 방송법 시행령 제43조 제2항(이하 "심판대상조항"이라 한다)이 법률유보원칙에 위배되는지 여부(소극)
3. 심판대상조항이 입법재량의 한계를 위반하여 청구인의 방송운영의 자유를 침해하는지 여부(소극)
4. 심판대상조항이 적법절차원칙을 위반하는지 여부(소극)
5. 심판대상조항이 신뢰보호원칙을 위반하는지 여부(소극)

Ⅱ. 결정요지

1. 이 사건 입법예고기간은 그 기간만료일 경과로 종료되었고, 입법예고된 심판대상조항이 시행되었으므로 이 사건 입법예고를 다툴 권리보호이익이 소멸하였다. 청구인이 이 사건 입법예고기간에 대한 심판청구를 통하여 종국적으로 다투고자 하는 것은 심판대상조항으로 인한 기본권 침해 여부인바, 청구인의 주장취지 및 권리구제의 실효성 등을 종합적으로 고려할 때, 심판대상조항에 대하여 본안 판단에 나아가는 이상, 이 사건 입법예고기간에 대하여는 심판청구의 이익을 인정하지 아니한다. 따라서 이 사건 입법예고기간에 대한 심판청구는 부적법하다.

2. 심판대상조항은 수신료의 구체적인 고지방법에 관한 규정인바, 이는 수신료의 부과·징수에 관한 본질적인 요소로서 법률에 직접 규정할 사항이 아니므로 이를 법률에서 직접 정하지 않았다고 하여 의회유보원칙에 위반된다고 볼 수 없다. 심판대상조항은 수신료의 징수를 규정하는 상위법의 시행을 위하여 수신료 납부통지에 관한 절차적 사항을 규정하는 집행명령이다. 집행명령의 경우 법률의 구체적·개별적 위임 여부 등이 문제되지 않고, 다만 상위법의 집행과 무관한 독자적인 내용을 정할 수 없다는 한계가 있다. 심판대상조항은 청구인이 방송법 제65조, 제67조 제2항에 따라 수신료 징수업무를 위탁하는 경우 그 구체적인 시행방법을 규정하고 있을 뿐이라는 점에서 집행명령의 한계를 일탈하였다고 볼 수 없다.

3. 심판대상조항은 수신료의 통합징수를 금지할 뿐이고, 수신료의 금액이나 납부의무자, 미납이나 연체 시 추징금이나 가산금의 금액을 변경하는 것은 아니므로, 규범적으로 청구인의 수신료 징수 범위에 어떠한 영향을 끼친다고 볼 수 없다. 공법상 의무인 수신료 납부의무와 사법상 의무인 전기요금 납부의무는 분리하여 고지·징수하는 것이 원칙적인 방식이고, 미납이나 연체된 수신료에 대한 추징금 및 가산금의 징수 및 강제가 가능하며, 지난 30년간 수신료 통합징수 시행을 통하여 수상기 등록 세대에 대한 정보가 확보된 점, 30년 전 통합징수가 실시되기 이전과는 달리 현재는 정보통신기술의 발달로 각종 요금의 고지 및 납부 방법이 전산화·다양화된 점 등을 고려할 때 심판대상조항으로 인하여 곧 청구인의 재정적 손실이 초래된다고 단정할 수 없다. 통합징수방식이 공영방송의 재원에 기여한 측면은 있으나, 수신료와 전기요금의 통합징수방식으로 인한 수신료 과오납 사례가 증가함에 따라 이를 시정할 필요가 있고, 청구인은 필요시 수신료 외에도 방송광고 수입이나 방송프로그램 판매수익, 정부 보조금 등을 통하여 그 재정을 보충할 수 있는 점을 고려할 때, 심판대상조항은 공영방송의 기능을 위축시킬 만큼 청구인의 재정적 독립에 영향을 끼친다고 볼 수 없다.

4. 심판대상조항의 개정 절차를 살펴보면, '국민 불편을 해소하고 국민의 권리를 보호하기 위해 신속한 개정이 필요'하다는 이유로 방송통신위원회 위원장은 법제처장과 입법예고기간을 10일로 단축할 것을 협의한 사실을 인정할 수 있고, 이는 행정절차법 빚 법제업무 운영규정에 따른 것으로 절차상 위법한 내용이 없다. 관련 방송통신위원회의 의결도 재적위원 3인 중 2인의 찬성으로 의결이 된 것으로 '방송통신위원회의 설치 및 운영에 관한 법률'상 절차를 위반한 사실을 인정하기 어렵다. <u>심판대상조항은 법률에서 정하는 수신료 징수방법의 절차를 구체화하는 것으로서, 규제의 신설이나 강화에 해당한다고 보기 어려워 규제영향분석 대상도 아니므로 적법절차원칙에 위배되지 않는다.</u>

5. 개정 전 법령이 전기요금과 수신료를 통합하여 징수하는 방식만을 전제로 하였다거나 그러한 수신료 징수방식에 대한 신뢰를 유도하였다고 볼 수 없으며, 청구인과 한국전력공사 간 TV 방송수신료 징수업무 위·수탁 계약서도 관련 법률의 개정 등 사유를 예정하고 있는 점, <u>심판대상조항으로 인하여 청구인이 징수할 수 있는 수신료의 금액이나 범위의 변경은 없고 수신료 납부통지 방법만이 변경되는 점</u> 등을 고려할 때 심판대상조항이 신뢰보호원칙에 위배된다고 볼 수 없다.

결정의 의의

이 사건에서 헌법재판소는 수신료의 분리징수를 규정하는 심판대상조항이 법률유보원칙, 적법절차원칙, 신뢰보호원칙을 위반하지 않고, 입법재량의 한계를 일탈하지 않아 청구인의 방송운영의 자유를 침해하지 않는다고 판단하였다.

헌법재판소는 공영방송이 민주적인 여론을 매개하고, 시민의 알 권리를 보장하며, 사회·문화·경제적 약자나 소외계층이 마땅히 누려야 할 문화에 대한 접근기회를 보장하여 인간다운 생활을 할 권리를 실현하는 기능을 수행하므로 우리 헌법상 그 존립가치와 책무가 크고, 이러한 기능을 보장하기 위하여 공영방송의 재정적 독립성이 유지되어야 한다는 점을 확인하였다.

심판대상조항에 관하여 수신료 납부통지 방법의 변경은 공영방송의 기능을 위축하거나 축소시킬 만큼 청구인의 재정적 독립에 영향을 끼친다고 볼 수 없다고 판단하였다.

2023헌사672 효력정지가처분 사건은 같은 날 기각되었다.

19 세월호 사고에 대한 대한민국 정부의 구호조치 사건

(2024.5.30. 2014헌마1189등 [신속한 구호조치 등 부작위 위헌확인]) **[각하]**

Ⅰ. 판시사항

2014. 4. 16. 세월호가 전남 진도군 조도면 병풍도 북방 1.8마일 해상에서 기울기 시작한 때부터 피청구인 대한민국 정부가 행한 구호조치(이하 '이 사건 구호조치'라 한다)에 대한 헌법소원심판청구에 권리보호이익과 심판청구이익을 인정할 수 있는지 여부(소극)

Ⅱ. 결정요지

세월호 사고는 2014. 4. 16. 발생하였고, 세월호 사고에 관한 이 사건 구호조치는 이 사건 심판청구가 제기되기 전에 종료되었으므로, 이 사건 심판청구는 권리보호이익이 없다. 다만, 이 사건 심판청구에 있어 예외적으로 심판청구이익을 인정할 것인지 문제되는바, 세월호 사고와 같은 대형 해난사고로부터 국민의 생명을 보호할 국가의 포괄적 의무가 있음은 종래 헌법재판소가 해명한 바 있고, 다만 구체적인 구호조치의 내용은 관련 법령의 해석·적용의 문제로서 이미 법원을 통해 구체적인 위법성이 판단되어 그 민·형사적 책임이 인정된 상황이므로, 이 사건에서 헌법적 해명의 필요성을 이유로 예외적인 심판청구이익을 인정하기 어렵다.

(2024.5.30. 2022헌바189등 [구 종합부동산세법 제7조 제1항 등 위헌소원]) **[합헌]**

Ⅰ. 판시사항

1. 2020년 귀속 종합부동산세의 납세의무자를 과세기준일 현재 주택분 재산세의 납세의무자로서 국내에 있는 재산세 과세대상인 주택의 공시가격을 합산한 금액이 6억 원을 초과하는 자로 규정한 구 종합부동산세법(이하 연혁에 상관없이 종합부동산세법은 '종부세법', 종합부동산세는 '종부세'라 각 칭한다) 제7조 제1항 중 '공시가격' 부분이 조세법률주의에 위반되는지 여부(소극)

2. 종부세의 과세표준을 정하면서 '공정시장가액비율'을 대통령령으로 정하도록 규정한 종부세법 제8조 제1항, 제13조 제1항, 제2항 중 각 '공정시장가액비율' 부분이 포괄위임금지원칙에 위반되는지 여부(소극)

3. 주택분 종부세의 세율을 정하고 있는 종부세법 제9조 제1항 각호 중 '조정대상지역' 부분이 과세요건명확주의에 위반되는지 여부(소극)

4. 주택 수 계산 등에 관하여 필요한 사항을 대통령령으로 정하도록 규정한 종부세법 제9조 제4항 중 '주택 수 계산' 부분이 포괄위임금지원칙에 위반되는지 여부(소극)

5. 주택분 및 토지분 종부세의 과세표준, 세율 및 세액, 세부담 상한 등을 규정한 종부세법 제7조 제1항, 제8조 제1항, 제9조 제1항, 제3항 내지 제7항, 제10조, 제13조 제1항, 제2항, 제14조 제1항, 제3항, 제4항, 제6항, 제7항, 제15조(이하 합하여 '심판대상조항'이라 한다)가 과잉금지원칙에 위반되어 재산권을 침해하는지 여부(소극)

6. 심판대상조항이 조세평등주의에 위반되는지 여부(소극)

7. 주택분 및 토지분 종부세의 세율을 규정한 종부세법 제9조 제1항, 제14조 제1항, 제4항, 주택분 종부세의 세부담 상한을 규정한 제10조가 신뢰보호원칙에 위반되는지 여부(소극)

Ⅱ. 결정요지

1. 종부세법 및 지방세법 등에서 정하고 있는 '공시가격'의 의미, '부동산 가격공시에 관한 법률'에서 정하고 있는 표준주택가격·공동주택가격의 조사·산정 절차 및 개별주택가격의 결정 절차, 중앙부동산가격공시위원회 및 시·군·구부동산가격공시위원회의 심의 절차, 토지 및 주택 소유자 등에 대한 의견청취 및 이의신청 절차 등에 관한 규정들의 내용을 종합하여 보면, 법률이 직접 공시가격의 산정기준, 절차 등을 정하고 있지 않다고 보기 어렵고, 국토교통부장관 등에 의해 공시가격이 자의적으로 결정되도록 방치하고 있다고 볼 수 없다. 따라서 종부세법 제7조 제1항 중 '공시가격' 부분은 조세법률주의에 위반되지 아니한다.

2. 부동산 시장은 그 특성상 적시의 수급 조절이 어렵고, 종부세 부과를 통한 부동산 투기 억제 및 부동산 가격 안정을 도모하기 위해서는 부동산 시장의 상황에 탄력적으로 대응할 필요가 있으므로, 종부세 과세표준 산정을 위한 조정계수인 '공정시장가액비율'을 하위법령에 위임할 필요성이 인정된다. 종부세법은 공정시장가액비율을 부동산 시장의 동향과 재정 여건 등을 고려하여 100분의 60부터 100분의 100까지의 범위 내에서 정하도록 하고 있으므로, 하위법령에 정해질 공정시장가액비율의 내용도 충분히 예측할 수 있다. 따라서 종부세법 제8조 제1항, 제13조 제1항, 제2항 중 각 '공정시장가액비율' 부분은 포괄위임금지원칙에 위반되지 아니한다.

3. 주택법 및 주거기본법 등에서 정하고 있는 '조정대상지역'의 의미, 주거정책심의위원회의 구성 등에 관한 사항 등을 종합하여 보면, '조정대상지역'은 주택 분양 등이 과열되거나 과열될 우려 등이 있는 경우 주택 시장 안정 및 부동산 가격의 형평성 제고 등을 위해 국토교통부장관이 주거정책 관련 전문가들로 구성된 주거정책심의위원회의 심의를 거쳐 지정하는 지역이라고 해석된다. 따라서 종부세법 제9조 제1항 각 호 중 '조정대상지역' 부분은 과세요건명확주의에 위반되지 아니한다.

4. 주택의 종류는 매우 다양하고, '주택 수 계산'의 문제는 주택이 갖는 고유의 특성, 주택 시장의 동향 등을 고려하여 탄력적으로 규율할 필요성이 크므로, '주택 수 계산'에 관한 사항을 하위법령에 위임할 필요성이 인정된다. '주택'의 의미 및 주택분 종부세의 과세표준 합산대상에서 제외되는 주택의 범위를 규정한 종부세법 조항들과 더불어 지방세법 및 주택법상의 관련조항들에 비추어 보면, 하위법령에 규정될 주택 수 계산의 범위도 충분히 예측할 수 있다. 따라서 <u>종부세법 제9조 제4항 중 '주택 수 계산' 부분은 포괄위임금지원칙에 위반되지 아니한다.</u>

5. 종부세는 일정 가액 이상의 부동산 보유에 대한 과세 강화를 통해 부동산 가격 안정을 도모하고 실수요자를 보호하려는 정책적 목적을 위해 부과되는 것으로서, 2020년 귀속 종부세 과세의 근거조항들인 심판대상조항의 입법목적은 정당하다.

   주택분 종부세와 관련하여, 그 세율은 소유 주택 수 및 조정대상지역 내에 주택이 소재하는지 여부에 따라 1천분의 5부터 1천분의 27까지, 1천분의 6부터 1천분의 32까지로 구분되는데 이는 총 6개의 과세표준 구간별로 점차 세율이 높아지는 초과누진세율 체계인 점, 2020년 공시가격 현실화율은 공동주택의 경우 69%, 단독주택의 경우 53.6%였던 점, 일정 요건을 갖춘 임대주택, 사원용 주택, 미분양주택, 가정어린이집용 주택 등은 과세표준 합산대상에서 제외되는 점, 종부세액에서 재산세가 공제되고 세부담 상한도 정해져 있는 점, 1세대 1주택자는 과세표준 추가 공제 및 고령자 · 장기보유 공제를 받을 수 있는 점 등을 종합하여 보면, 주택분 종부세로 인한 납세의무자의 세부담 정도가 그 입법목적에 비추어 지나치다고 보기는 어렵다.

   토지분 종부세와 관련하여, 종합합산과세대상 토지에 대해서는 1천분의 10부터 1천분의 30까지의 세율, 별도합산과세대상 토지에 대해서는 1천분의 5부터 1천분의 7까지의 세율이 각 적용되고 이 역시 초과누진세율 체계를 갖추고 있는 점, 가용 토지 면적이 절대적으로 부족한 우리나라의 현실에 비추어 볼 때 토지분 종부세의 세율 그 자체가 지나치게 높다고 보기는 어려운 점, 재산세 공제 및 세부담 상한에 관한 규정 등을 고려해 볼 때, 토지분 종부세로 인한 납세의무자의 세부담 정도 역시 과도하다고 보기는 어렵다.

   <u>심판대상조항에 의한 종부세 부담의 정도와, 부동산 가격 안정을 도모하여 실수요자를 보호하고 국민 경제의 발전을 도모한다는 공익을 비교해 보면, 이와 같은 공익은 제한되는 사익에 비하여 더 크다고 할 것이므로, 심판대상조항은 과잉금지원칙을 위반하여 재산권을 침해하지 아니한다.</u>

6. 주택과 토지의 사회적 기능, 특히 주택은 개인이 행복을 추구하고 인격을 실현할 기본적인 주거공간인 점 등을 고려해 보면, 심판대상조항이 주택 및 토지 소유자와 그 이외의 재산 소유자를 달리 취급하는 것에는 합리적 이유가 있다. 또한 일정한 수를 넘는 주택 보유는 투기적이거나 투자에 비중을 둔 수요로 간주될 수 있는 점, 조정대상지역은 주택 분양 등이 과열되어 있거나 과열될 우려가 있는 지역인 점 등을 고려해 보면, 심판대상조항이 2주택 이하 소유자와 3주택 이상 또는 조정대상지역 내 2주택 소유자를 달리 취급하는 데에도 합리적 이유가 있다. 따라서 <u>심판대상조항은 조세평등주의에 위반되지 아니한다.</u>

7. 2005. 1. 5. 종부세법이 제정된 이래 종부세의 세율 및 주택분 종부세의 세부담 상한은 여러 차례 조정되어 온 점, 변동성이 큰 부동산 가격 등 우리나라의 경제상황, 조세우대조치로 납세의무자가 한 번 혜택을 보았다고 하여 그것이 지속되어야 한다고 볼 수도 없는 점 등에 비추어 볼 때, 청구인들이 종전과 같은 내용의 세율과 세부담 상한이 적용될 것이라고 신뢰하였다고 하더라도, 이는 특별한 보호가치가 있는 신뢰이익으로 보기 어려운 반면, 부동산 투기 수요의 차단을 통한 부동산 시장의 안정 및 실수요자의 보호라는 정책적 목적의 실현은 중대한 공익에 해당한다. 따라서 <u>종부세법 제9조 제1항, 제10조, 제14조 제1항, 제4항은 신뢰보호원칙에 위반되지 아니한다.</u>

헌법재판소는 종부세와 관련하여 헌재 2008. 11. 13. 2006헌바112등 결정(이하 '선례'라 한다)을 통해 2005. 1. 5. 제정 종부세법 조항들과 2005. 12. 31. 개정 종부세법 조항들에 대하여 일부 합헌, 일부 위헌, 일부 헌법불합치 결정을 선고한 바 있다. 선례에서는 주택분 종부세 부과의 근거규정들 및 종합합산과세대상 토지분 종부세 부과의 근거규정들로 인한 납세의무자의 세부담 정도가 과도하지 않다고 보면서도(합헌), 주택 및 종합합산과세대상 토지에 대한 세대별 합산과세 방식은 헌법 제36조 제1항에 위반되고(단순 위헌), 주택분 종부세 부과의 근거규정들이 주거 목적의 1주택 장기보유자, 혹은 장기보유자가 아니더라도 과세대상 주택 외에 별다른 재산, 수입이 없는 자에 대한 과세조정장치를 두지 않은 점에 대해서는 재산권을 침해한다(2009. 12. 31. 시한 계속적용 헌법불합치)고 보았다(전부 합헌의견, 헌법불합치 부분에 대한 일부 합헌의견 있음).

⇒ 위 결정 이후 세대별 합산과세 방식을 규정한 조항은 선고일인 2008. 11. 13. 그 즉시 효력을 상실하였고, 2008. 12. 26. 법률 제9273호 개정을 통해 1세대 1주택자에 대한 과세조정장치가 신설되었으며, 주택분 및 토지분 종부세 세율, 세부담 상한 등이 완화되었다.

⇒ 이번 결정은 선례 이후 종부세 부과의 주요 근거조항들에 대한 헌법재판소의 두 번째 결정에 해당한다. 2008. 12. 26. 개정 이후 큰 변화 없이 유지되어 오던 종부세법은 2018. 12. 31. 법률 제16109호 개정을 통해 다소 큰 변화를 맞이하였다.

⇒ 종부세법 제정 이후 처음으로 주택분 종부세와 관련하여 소유 주택 수 및 조정대상지역 내에 주택이 소재하는지 여부에 따라 세율 차등 적용 + 주택분 종부세 세율, 세부담 상한 인상 + 종합합산과세대상 토지분 세율의 상향 조정 등.

+ 이와 동시에 입법자는 1세대 1주택자에 대해서는 과세조정장치 보강을 통해 종부세 부담을 보다 완화시켰다.

이번 결정은, 헌법재판소가 2008년 선례에서 위헌 및 헌법불합치라고 선언한 부분 이외에는 주택분 종부세 및 종합합산과세대상 토지분 종부세의 주요 근거조항들이 모두 합헌이라고 판시한 이후로 2018년 종부세법 개정 내용의 상당 부분을 담고 있는 심판대상조항은 헌법에 위반되는지 여부, 1세대 1주택자에 대한 과세조정장치들이 선례의 취지를 잘 반영하고 있는지 여부, 선례에서는 심판대상이 아니었던 별도합산과세대상 토지 관련 종부세제의 위헌 여부 등을 종합적으로 검토한 결정이다. 특히, 이번 결정에서는 ① 주택분 종부세와 관련하여 소유 주택 수 및 조정대상지역 내에 주택이 소재하는지 여부 기준으로 세율, 세부담의 상한 등을 차등화한 것, ② 주택분 종부세의 세율 및 세부담 상한의 인상, ③ 종합합산과세대상 토지분 종부세의 세율 인상 등이 재산권에 과도한 제한을 불러오는지 여부 등이 중점적으로 문제되었다. 이에 대하여 헌법재판소는 심판대상조항이 조세법률주의, 포괄위임금지원칙, 과잉금지원칙, 조세평등주의, 신뢰보호원칙에 위반되지 않는다고 판단하였다.

한편, 조정대상지역 내 2주택 소유자(개인에 한함)에 대한 종부세 중과가 재산권을 침해한다는 재판관 3인의 반대의견은, 조정대상지역 지정 이전부터 해당 지역 내에 2주택을 소유해 온 자에게 투기적 목적을 인정하기 어려운 점, 부모 부양, 자녀 학업 등의 이유로 2주택을 소유한 자에 대한 입법적 배려가 전혀 없는 점 등을 이유로 일부 위헌 의견을 개진하였다.

21 2021년 귀속 종합부동산세에 관한 사건

(2024.5.30. 2022헌바238등 [종합부동산세법 제8조 제1항 등 위헌소원]) **[합헌]**

Ⅰ. 판시사항

1. 2021년 귀속 종합부동산세의 과세표준을 납세의무자별로 각 과세대상 물건의 공시가격을 합산한 금액을 기준으로 정하도록 규정한 구 종합부동산세법 제8조 제1항, 종합부동산세법 제13조 제1항, 제2항(이하 연혁에 상관없이 종합부동산세법은 '종부세법', 종합부동산세는 '종부세'라 각 칭한다) 중 각 '공시가격' 부분이 조세법률주의에 위반되는지 여부(소극)

2. 종부세의 과세표준을 정하면서 '공정시장가액비율'을 대통령령으로 정하도록 규정한 종부세법 제8조 제1항, 제13조 제1항, 제2항 중 각 '공정시장가액비율' 부분이 포괄위임금지원칙에 위반되는지 여부(소극)

3. 주택분 종부세의 세율을 정하고 있는 종부세법 제9조 제1항 각호 및 제2항 각 호 중 각 '조정대상지역' 부분이 조세법률주의에 위반되는지 여부(소극)

4. 주택 수 계산, 주택분 및 토지분 재산세로 부과된 세액의 공제 등에 관하여 필요한 사항을 대통령령으로 정하도록 규정한 종부세법 제9조 제4항, 제14조 제7항이 포괄위임금지원칙에 위반되는지 여부(소극)

5. 주택분 및 토지분 종부세의 과세표준, 세율 및 세액, 세부담 상한 등을 규정한 종부세법 제8조 제1항, 제9조, 제10조, 제13조 제1항, 제2항, 제14조 제1항, 제3항, 제4항, 제6항, 제7항, 제15조(이하 합하여 '심판대상조항'이라 한다)가 과잉금지원칙에 위반되어 재산권을 침해하는지 여부(소극)

6. 심판대상조항이 조세평등주의에 위반되는지 여부(소극)

7. 주택분 종부세의 과세표준, 세율 및 세액, 세부담 상한을 규정한 종부세법 제8조 제1항, 제9조, 제10조가 신뢰보호원칙에 위반되는지 여부(소극)

Ⅱ. 결정요지

2020년 귀속 종부세에 관한 사건(2022헌바189등) '결정요지' 내용 참조

⇒ 2020년 귀속 종부세에 관한 사건(2022헌바189등) '결정의 의의' 내용 참조.

2020년 귀속 종부세에 관한 사건(2022헌바189등)에서는 주로 2018년 종부세법 개정 내용의 상당 부분을 담고 있는 종부세법 조항들이 합헌인지 여부, 1세대 1주택자에 대한 과세조정장치들이 선례의 취지를 잘 반영하고 있는지 여부, 선례에서는 심판대상이 아니었던 별도합산과세대상 토지 관련 종부세제의 위헌 여부 등을 종합적으로 검토하였다.

2021년 귀속 종부세제의 경우, 2020년 귀속 종부세제와 비교할 때, 주택분 세율의 인상, 조정대상지역 내 2주택 소유자에 대한 세부담 상한의 인상, 법인에 대한 주택분 종부세의 과세표준 기본공제 및 세부담 상한 폐지 및 단일세율로의 전환을 통해 특히 다주택자 및 법인에 대한 주택분 종부세를 보다 강화한 반면, 1세대 1주택자에 대한 과세표준 기본공제액 인상(3억 원 → 5억 원), 고령자 공제율 및 고령자·장기보유 공제의 중복적용 범위의 상향 조정, 부부 공동명의 주택에 대한 1세대 1주택자 특례 적용을 통해 1세대 1주택자에 대한 종부세 부담은 보다 완화시켰다는 특징이 있다.

이번 2021년 귀속 종부세 결정은, 2020년 들어서도 부동산 가격이 안정되지 아니하자 부동산 투자 내지 투기적 수요의 억제를 목적으로 이루어진 2020년~2021년 사이의 종부세법 개정 내용들에 관한 것으로서, 주로 2020. 8. 18. 법률 제17478호 개정 조항들을 대상으로 하고 있다. 특히, 이번 결정에서는 다주택자 및 법인에 대한 주택분 종부세의 강화 내용의 재산권 침해 여부가 중점적으로 문제되었다. 이에 대하여 헌법재판소는 심판대상조항들이 조세법률주의, 포괄위임금지원칙, 과잉금지원칙, 조세평등주의, 신뢰보호원칙에 위반되지 않는다고 판단하였다.

한편, 조정대상지역 내 2주택 소유자(2020년 귀속과 마찬가지로 개인에 한함)에 대한 종부세 중과가 재산권을 침해한다는 재판관 3인의 반대의견은, 조정대상지역 지정 이전부터 2주택을 소유해 온 자에게 투기적 목적을 인정하기 어려운 점, 부모 부양, 자녀 학업 등의 이유로 2주택을 소유한 자에 대한 입법적 배려가 전혀 없는 점, 2020년 6월부터 같은 해 12월 사이에 조정대상지역이 세 차례나 추가 지정된 점 등을 이유로 일부 위헌 의견을 개진하였다.

22 공무원의 직권남용권리행사방해 사건

(2024.5.30. 2021헌바55등 [형법 제123조 위헌소원]) **[합헌, 각하]**

Ⅰ. 판시사항

1. 형법 제123조 중 '직권을 남용하여 사람으로 하여금 의무없는 일을 하게 하거나'에 관한 부분(이하 '이 사건 형법조항'이라 한다)이 죄형법정주의 명확성원칙에 위반되는지 여부(소극)
2. 이 사건 형법조항이 책임과 형벌 간의 비례원칙에 위반되는지 여부(소극)

Ⅱ. 결정요지

1. 헌법재판소는 2006. 7. 27. 2004헌바46 결정을 통해 이 사건 형법조항과 동일한 내용의 형법조항 중 '직권', '남용', '의무없는 일'에 대하여 죄형법정주의 명확성원칙에 위반되지 아니한다고 판단한 바 있고, 이 사건에서 이러한 선례의 판단을 변경할 사정이 있다고 할 수 없으며, 이 사건 형법조항 중 '사람'의 의미에 공무원이 배제되지 않는다는 점도 충분히 예측할 수 있으므로, 이 사건 형법조항은 죄형법정주의 명확성원칙에 위반되지 아니한다.

2. 직권남용행위의 폐해를 고려할 때 이 사건 형법조항의 입법목적인 국가기능의 공정한 행사에 대한 사회 일반의 신뢰 보호 및 개인의 자유와 권리 보호를 위하여 가능한 수단들을 검토하여 그 효과를 예측한 결과, 행정상 제재보다 단호한 수단을 선택하는 것이 필요하다고 본 입법자의 판단이 현저히 자의적이라고 보이지 아니하고, 형의 하한을 두고 있지 아니하여 법관이 제반 사정을 고려하여 형을 선택하고 적절히 양형을 정할 수 있는 점 등을 고려할 때, 이 사건 형법조항은 책임과 형벌 간의 비례원칙에 위반되지 아니한다.

결정의 의의

이 결정은 2004헌바46 결정 이후 이 사건 형법조항이 죄형법정주의 명확성원칙에 위반되지 아니함을 다시금 확인하면서 직권남용행위의 상대방인 '사람'에 관한 해석도 명확하다고 판단하였고, 공무원의 직권남용행위를 행정상 제재가 아닌 형사처벌로 규율하는 것이 책임과 형벌 간의 비례원칙에 위반되지 않는다고 처음으로 판단한 사건이다.

23 선박 감항성 결함의 미신고행위에 대한 형사처벌 사건

(2024.5.30. 2020헌바234 [선박안전법 제84조 제1항 제11호 등 위헌소원]) **[합헌]**

Ⅰ. 판시사항

1. 누구든지 선박의 감항성의 결함을 발견한 때에는 해양수산부령이 정하는 바에 따라 그 내용을 해양수산부 장관에게 신고하여야 한다고 규정한 구 선박안전법 제74조 제1항 중 '선박의 감항성의 결함'에 관한 부분(이하 '신고의무조항'이라 한다)이 죄형법정주의의 명확성원칙에 위배되는지 여부(소극)

2. 선박소유자, 선장 또는 선박직원이 신고의무조항을 위반한 경우 처벌하는 구 선박안전법 제84조 제1항 제11호 중 제74조 제1항의 '선박의 감항성의 결함'에 관한 부분(이하 '벌칙조항'이라 한다) 및 신고의무조항(이하 신고의무조항과 벌칙조항을 합하여 '심판대상조항'이라 한다)이 책임과 형벌 간의 비례원칙에 위배되는지 여부(소극)

Ⅱ. 결정요지

1. 선박안전법 제2조 제6호에서는 감항성을 '선박이 자체의 안정성을 확보하기 위하여 갖추어야 하는 능력으로서 일정한 기상이나 항해조건에서 안전하게 항해할 수 있는 성능'이라고 정의하고 있고, 같은 법 제1조에서는 위 법의 목적을 '선박의 감항성 유지 및 안전운항에 필요한 사항을 규정함으로써 국민의 생명과 재산을 보호'하는 것이라고 규정하고 있다. 또한 선박안전법은 선박이 건조되어 운항하는 동안 받아야 하는 여러 검사들을 규정하고 있으므로, 어떤 선박이 위와 같은 검사들의 합격기준을 충족하지 못하는 경우에는 감항성의 결함이 존재한다고 볼 수 있다.

   그렇다면 신고의무조항의 '선박의 감항성의 결함'이란 '선박안전법에서 규정하고 있는 각종 검사 기준에 부합하지 아니하는 상태로서, 선박이 안전하게 항해할 수 있는 성능인 감항성과 직접적인 관련이 있는 흠결'이라는 의미로 명확하게 해석할 수 있으므로, 신고의무조항은 죄형법정주의의 명확성원칙에 위배되지 않는다.

2. 신고의무조항의 '선박의 감항성의 결함'의 의미를 위와 같이 명확하게 해석할 수 있는 이상, 선박의 감항성과 직접적인 관련이 없는 매우 경미한 결함을 발견한 경우까지 신고의무가 발생한다고 볼 수는 없다. 또한 해운업계의 잘못된 관행에 경각심을 주기 위한 심판대상조항의 개정이유를 고려한다면, 선박소유자의 관계인에게도 신고의무를 부담시키는 것이 과도하다고 보기도 어렵다.

   한편 선박 사고는 막대한 인명피해와 물적 손실이 발생할 위험성이 크므로 이를 철저히 예방할 필요가 있는바, 과태료 등 행정상의 제재수단만으로 이와 같은 위험을 충분히 방지할 수 있다고 단정하기 어렵다.

   따라서 심판대상조항은 책임과 형벌 간의 비례원칙에 위배되지 않는다.

결정의 의의

이 결정은 '선박의 감항성의 결함'을 발견하고도 신고하지 아니한 선박소유자 등을 1년 이하의 징역 또는 1,000만 원 이하의 벌금에 처하도록 한 구 선박안전법 규정들의 위헌 여부에 대하여 헌법재판소에서 처음 판단한 사건이다.

헌법재판소는 '감항성'의 의미에 관한 선박안전법의 정의규정 및 '선박의 감항성 유지 및 안전운항에 필요한 사항을 규정'하고자 하는 선박안전법의 목적, 선박이 건조되어 운항하는 동안 받아야 하는 각종 검사에 관한 선박안전법 조항의 내용 등을 종합하면 '선박의 감항성의 결함'의 의미가 무엇인지 명확하게 해석할 수 있고, 막대한 인명피해를 초래할 위험성이 큰 선박 사고를 예방하여야 할 필요성 등에 비추어 보면 '선박의 감항성의 결함'을 발견하고도 이를 신고하지 아니한 행위를 형사처벌하는 것이 부당하다고 볼 수도 없다고 보아 재판관 6:3의 의견으로 합헌 결정을 하였다.

24 검사에 대한 탄핵심판 사건

(2024.5.30. 2023헌나2 [검사(안동완) 탄핵]) **[기각]**

Ⅰ. 판시사항

1. 피청구인이 2014. 5. 9. 유○○에 대하여 외국환거래법위반 혐의로 공소를 제기한 행위(이하 '이 사건 공소제기'라 한다)가 헌법 또는 법률을 위반한 것인지 여부 및 (법위반이 인정된다면) 피청구인에 대한 파면 결정을 정당화하는 사유가 인정되는지 여부(소극)

2. 이 사건 공소제기가 공소권남용에 해당한다는 이유로 공소를 기각한 항소심판결에 대하여 상고한 행위(이하 '이 사건 상고'라 한다)와 관련하여 피청구인의 헌법 또는 법률 위반을 인정할 수 있는지 여부(소극)

Ⅱ. 결정요지

피청구인은 유○○의 외국환거래법위반 혐의에 관한 재수사가 필요하다고 판단하여 수사를 개시하였고, 유○○이 외당숙과 공모하여 적극적으로 '환치기' 범행에 가담한 점, 사실은 중국 국적의 화교임에도 이를 숨기고 북한이탈주민으로 인정받은 후 각종 범행을 저지른 점 등 종전 기소유예처분을 번복하고 유○○을 기소할 만한 사정이 밝혀져 이 사건 공소제기를 하였으므로, 이 사건 공소제기가 형법 제123조, 구 검찰청법 제4조 제2항, 국가공무원법 제56조를 위반한 것으로 볼 수 없다.

결정의 의의

이 사건은 우리 헌정사 <u>최초의 '검사에 대한 탄핵심판청구'</u> 사건이자, 대통령(2인)과 법관, 행정안전부장관 탄핵에 이은 5번째 탄핵심판청구 사건이다.

피청구인은 종전 기소유예사건을 재기한 후 유○○의 외국환거래법위반 혐의를 다시 수사하여 이 사건 공소제기를 하였는데, 항소심법원은 이 사건 공소제기가 공소권남용에 해당한다는 이유로 공소를 기각하는 판결을 선고하였고, 대법원은 이에 대한 검사의 상고(이 사건 상고)를 기각하는 판결을 선고하였다. 이 사건은 이 사건 공소제기 및 이 사건 상고가 법률을 위반하였는지 여부 및 법률을 위반하였다면 파면 결정을 선고할 것인지 여부가 문제되었다.

헌법재판소 전원재판부는 <u>재판관 5:4의 의견으로 이 사건 탄핵심판청구를 기각</u>하였다.

재판관 5인은 이 사건 탄핵심판청구를 기각하는 데 의견이 일치하였으나, 그 이유에 있어서는 2가지로 나뉘었다. 재판관 3인은 이 사건 공소제기가 어떠한 법률도 위반하지 않은 것이라고 본 반면, 재판관 2인은 이 사건 공소제기가 구 검찰청법 제4조 제2항 및 국가공무원법 제56조를 위반한 것이라는 점은 인정하면서도 형법 제123조 위반을 인정하지 않고, 피청구인에 대한 파면결정을 정당화하는 사유가 존재하지 않는다고 보아 이 사건 탄핵심판청구를 기각하여야 한다는 결론에 이르렀다.

반면, 재판관 4인은 이 사건 공소제기가 형법 제123조, 구 검찰청법 제4조 제2항, 국가공무원법 제56조를 모두 위반하였고, 이는 피청구인의 파면을 정당화할 수 있을 정도로 중대한 법률 위반이므로, 피청구인을 그 직에서 파면하여야 한다고 보았다.

각 의견은 이 사건 공소제기와 관련하여 의견을 달리하였으나, 이 사건 상고와 관련하여 피청구인의 헌법 또는 법률 위반을 인정할 수 없다는 점(피청구인이 이 사건 상고에 관여하였음을 인정할 수 없음)에서는 의견이 일치하였다.

한편, 재판관 4인은 탄핵소추시효 또는 탄핵심판의 청구기간에 관한 규정을 입법할 필요가 있다는 취지의 기각의견에 대한 보충의견을 제시하였다.

(2024.6.27. 2020헌마237등 [노동조합 및 노동관계조정법 제29조 제2항 등 위헌확인]) **[합헌, 기각]**

Ⅰ. 판시사항

1. 교섭창구 단일화 심판대상조항이 과잉금지원칙을 위반하여 단체교섭권을 침해하는지 여부(소극)
2. 교섭창구 단일화 심판대상조항이 과잉금지원칙을 위반하여 단체행동권을 침해하는지 여부(소극)

Ⅱ. 결정요지

1. 교섭창구 단일화 제도는 근로조건의 결정권이 있는 사업 또는 사업장 단위에서 복수 노동조합과 사용자 사이의 교섭절차를 일원화하여 효율적이고 안정적인 교섭체계를 구축하고, 소속 노동조합이 어디든 관계없이 조합원들의 근로조건을 통일하고자 하는 데 그 목적이 있는바, 그 목적의 정당성은 인정되고, 교섭창구를 단일화하여 교섭에 임하는 경우 효율적으로 교섭을 할 수 있으며, 통일된 근로조건을 형성할 수 있다는 점에서 수단의 적합성도 인정된다.
   노동조합법이 규정한 개별교섭 조항(제29조의2 제1항 단서), 교섭단위 분리 조항(제29조의3 제2항), 공정대표의무 조항(제29조의4) 등은 모두 교섭창구 단일화를 일률적으로 강제할 경우 발생하는 문제점을 보완하기 위한 것으로서, 노동조합의 단체교섭권 침해를 최소화하기 위한 제도라 볼 수 있고, 한편 제2조항은, 사업장 내 보다 많은 근로자를 대표하는 노동조합으로 하여금 교섭대표노동조합이 되어 사용자와 교섭에 나아가게 하려는 것으로 그 자체로 합리적인 방법이라 할 것이고, 이 때 과반수 노동조합은 2개 이상의 노동조합이 위임 또는 연합 등의 방법으로 구성하는 것도 가능하므로, 제1조항 및 제2조항은 침해의 최소성 요건을 충족하였다.
   또한 교섭창구 단일화를 이루어 교섭에 임하게 되면 효율적이고 안정적인 교섭체계를 구축할 수 있게 됨은 물론, 교섭대표노동조합이 획득한 협상의 결과를 동일하게 누릴 수 있어 소속 노동조합에 관계없이 조합원들의 근로조건을 통일할 수 있게 됨으로써 얻게 되는 공익은 큰 반면, 이로 인해 발생하는 교섭대표노동조합이 아닌 노동조합의 단체교섭권 제한은 교섭대표노동조합이 그 지위를 유지하는 기간 동안에 한정되는 잠정적인 것이고, 노동조합법이 제1조항 및 제2조항에 따른 교섭창구 단일화로 인해 일부 노동조합의 단체협약 체결을 위한 단체교섭권 행사가 제한되는 것을 보완하기 위한 장치를 두고 있으므로 제1조항 및 제2조항은 법익의 균형성 요건도 갖추었다 할 것이다.
   따라서 제1조항 및 제2조항은 과잉금지원칙을 위반하여 청구인들의 단체교섭권을 침해하지 아니하며 단체교섭권의 본질적 내용을 침해하지도 아니한다.
2. 단체행동권은 근로조건에 관한 근로자들의 협상력을 사용자와 대등하게 만들어주기 위하여 쟁의행위 등 근로자들의 집단적인 실력행사를 보장하는 기본권이다. 교섭창구 단일화 제도 하에서 단체협약 체결의 당사자가 될 수 있는 교섭대표노동조합으로 하여금 쟁의행위를 주도하도록 하는 것은 교섭절차를 일원화하여 효율적이고 안정적인 교섭체계를 구축하고 근로조건을 통일하고자 하는 목적에 부합하는 적합한 수단이 된다.
   노동조합법 제41조 제1항은 노동조합법 제29조의2에 따라 교섭대표노동조합이 결정된 경우에는 교섭대표노동조합이 쟁의행위를 하기 위하여 교섭창구 단일화 절차에 참여한 노동조합의 전체 조합원의 직접·비밀·무기명투표에 의한 조합원 과반수의 찬성으로 결정하지 아니하면 이를 행할 수 없도록 하였는바, 이와 같이 노동조합법이 교섭창구 단일화 절차와 관련된 노동조합의 투표 과정 참여를 통해 쟁의행위에 개입할 수 있는 장치를 마련함으로써 이 사건 제3조항이 교섭대표노동조합이 아닌 노동조합과 그 조합원들의 단체행동권을 제한하는 데에 침해의 최소성 요건을 갖추었다고 할 수 있고, 법익의 균형성 요건도 충족하였다.
   따라서 제3조항은 과잉금지원칙을 위반하여 청구인들의 단체행동권을 침해하지 아니한다.

결정의 의의

제1조항에 대하여는 헌재 2012. 4. 24. 선고된 2011헌마338 결정에서 전원 일치의 의견으로 합헌 판단을 받은 바 있고, 제2조항 및 제3조항의 위헌 여부에 대하여는 이 결정에서 헌법재판소가 처음으로 판단하였다. 헌법재판소는 하나의 사업 또는 사업장에 복수 노동조합이 존재하는 경우 '교섭대표노동조합'을 정하여 교섭을 요구하도록 하는 제1조항과, 자율적으로 교섭창구를 단일화하지 못하거나 사용자가 단일화 절차를 거치지 아니하기로 동의하지 않은 경우 과반수 노동조합이 '교섭대표노동조합'이 되도록 하는 제2조항이 과잉금지원칙을 위반하여 청구인들의 단체교섭권을 침해하지 아니하며 단체교섭권의 본질적 내용을 침해하지도 아니하고, '교섭대표노동조합'에 의하여 주도되지 아니한 쟁의행위를 금지하는 제3조항이 과잉금지원칙을 위반하여 청구인들의 단체행동권을 침해하지도 아니한다고 보아 재판관 5:4의 의견으로 합헌 결정을 하였다.

(2024.6.27. 2022헌바106등 [형법 제305조 제2항 위헌소원]) **[합헌]**

I. 판시사항

1. 심판대상조항이 과잉금지원칙에 위반하여 19세 이상인 자의 성적 자기결정권 및 사생활의 비밀과 자유를 침해하는지 여부(소극)
2. 심판대상조항이 형벌체계상의 정당성이나 균형성을 상실하여 평등원칙에 위반되는지 여부(소극)

II. 결정요지

1. 심판대상조항은 아직 성적 자기결정권을 온전하게 행사하기 어려운 13세 이상 16세 미만의 사람을 부적절한 성적 자극이나 침해행위로부터 보호하여 건전하고 자율적인 사회구성원으로 성장할 수 있도록 하기 위한 것이다.

형법은 제정 이래로 지금까지 '13세 미만의 사람'에 대한 성행위를 강간죄 등의 예에 따라 처벌하도록 규정하고 있다. 최근 13세 이상 16세 미만의 청소년을 대상으로 한 성범죄의 비중이 급속히 증가하고 있고, 계획적으로 청소년에게 접근하여 자연스러운 이성교제인 것처럼 환심을 산 뒤에 성행위에 응하도록 하는 그루밍 성범죄도 만연하고 있다. 이에 2020. 5. 19. 법률 제17265호로 개정된 형법은 제305조 제2항을 신설하여 미성년자의제강간죄 등의 피해자 연령기준을 13세에서 16세로 상향하고, 동의 여부와 무관하게 13세 이상 16세 미만의 사람에 대한 성행위를 강간죄 등의 예에 따라 처벌하도록 규정하였다.

결국 심판대상조항은 13세 이상 16세 미만의 사람도 13세 미만의 사람과 마찬가지로 성적 자기결정권을 온전히 행사할 수 없고, 설령 동의에 의하여 성적 행위에 나아간 경우라 하더라도 그것은 성적 행위의 의미에 대한 불완전한 이해를 바탕으로 한 것으로 온전한 성적 자기결정권의 행사에 의한 것이라고 평가할 수 없다는 전제에서 해당 연령의 아동·청소년의 성을 보호하고자 하는 입법적 결단이라고 할 수 있다. 일본, 미국, 독일 등 세계 각국의 입법례를 살펴보더라도 아동뿐만 아니라 일정 연령 미만의 청소년까지 절대적 보호대상의 범주 안에 포함시킴으로써 아동·청소년을 성범죄로부터 폭넓게 보호하고 있음을 알 수 있다.

심판대상조항은 아동·청소년의 개별적이고 구체적인 상황을 고려함이 없이 피해자가 '13세 이상 16세 미만의 사람'에 해당하면 그 상대방인 '19세 이상인 자'를 일률적으로 처벌하도록 규정하고 있다. 13세 이상 16세 미만의 아동·청소년은 상대방의 행위가 성적 학대나 착취에 해당하는지 여부를 제대로 평가할 수 없는 상태에서 성행위에 나아갈 가능성이 높아 절대적 보호의 필요성이 있는 사람들이다. 반대로 19세 이상의 성인에게는 미성년자의 성을 보호하고 미성년자가 스스로 성적 정체성 및 가치관을 형성할 수 있도록 조력할 책임이 인정된다. 개인의 성숙도나 판단능력, 분별력을 계측할 객관적 기준과 방법이 존재하지 아니하므로 입법자로서는 가해자와 피해자의 범위를 연령에 따라 일의적·확정적으로 유형화하는 것이 불가피하다.

심판대상조항은 행위주체를 '19세 이상의 자'로 한정하고 있어서 '19세 미만의 자'가 13세 이상 16세 미만의 사람과 합의에 의하여 성행위를 한 경우는 처벌대상에서 제외된다. 연령이나 발달정도 등의 차이가 크지 않은 미성년자 사이의 성행위는 심리적 장애 없이 성적 자기결정권을 행사한 것이라 보고 이를 존중하여 줄 필요가 있음을 고려한 것이다. 일본 형법은 16세 미만인 사람과의 성행위를 처벌하되, 피해자가 13세 이상 16세 미만인 경우에는 가해자가 5세 이상 연장자인 경우에만 처벌하도록 규정하고 있다. 미국 각 주의 형법은 이른바 '로미오와 줄리엣법(Romeo and Juliet law)'이라고 하여, 피해자와 가해자의 연령 차이가 적은 경우에는 불처벌 또는 면책되거나 적극적 항변사유로 주장할 수 있는 등의 예외조항을 두고 있다. 독일 형법은 14세 미만의 아동에 대한 성행위를 원칙적으로 처벌하되, 당사자 사이에 합의가 있었고 서로 연령·발달단계·성숙도의 차이가 경미한 경우에는 법원이 형을 면제할 수 있도록 규정하고 있다.

심판대상조항은 단순히 주변 지인이나 특정 관계에 있는 사람에 의한 성적 착취로부터 아동·청소년을 보호하는 데에만 그치는 것이 아니라, 날이 갈수록 그 수법이 정교해지고 있는 온라인 성범죄나 그루밍 성범죄로부터 16세 미만의 청소년을 두텁게 보호하려는 데에 그 입법취지가 있으므로, 피해자의 범위를 '업무·고용·양육·교육 등'의 특정 관계가 있는 사람으로 한정하여서는 그 입법취지를 달성하기 어렵다.

심판대상조항은 13세 이상 16세 미만인 사람에 대한 간음 또는 추행을 강간죄, 유사강간죄, 강제추행죄와 동일한 법정형으로 처벌하고 있다. 19세 이상의 성인이 아동·청소년을 간음 또는 추행한 행위는 19세 이상의 성인이 다른 성인을 폭행·협박으로 간음 또는 추행한 행위보다 그 불법과 책임의 정도가 결코 가볍다고 볼 수 없다. 구체적인 사안에서 비난가능성이 경미한 경우에는 법관이 양형재량권을 적절히 활용함으로써 그 책임에 상응하는 수준으로 형벌을 부과할 수 있다.

그렇다면 심판대상조항은 과잉금지원칙에 위반하여 19세 이상인 자의 성적 자기결정권 및 사생활의 비밀과 자유를 침해하지 아니한다.

2. 심판대상조항은 '13세 미만의 사람'을 간음 또는 추행한 자를 처벌하는 형법 제305조 제1항의 죄와 동일한 법정형을 정하고 있다. 심판대상조항과 형법 제305조 제1항은 입법목적이 동일하고 간음 또는 추행에 강제성이 개입되지 않는다는 점에서 행위태양도 동일하므로, 피해자의 연령이 13세 미만인지 아니면 13세 이상 16세 미만인지에 따라 그 보호법익이나 죄질에 큰 차이가 있다고 보기 어렵다.

형법 제302조는 '미성년자에 대하여 위계 또는 위력으로써 간음 또는 추행을 한 자'는 5년 이하의 징역에 처하도록 규정하고 있다. 그런데 형법 제302조가 보호의 대상으로 삼고 있는 '미성년자'는 형법 제305조에서 성범죄의 상대방으로 규정하지 아니한 '16세 이상 19세 미만의 사람'을 가리키는 것으로 보는 것이 타당하므로, 심판대상조항과 형법 제302조는 비교대상이 될 수 없다.

청소년성보호법 제8조의2 제1항은 19세 이상의 사람이 13세 이상 16세 미만인 아동·청소년의 '궁박한 상태를 이용하여' 해당 아동·청소년을 간음한 경우에 3년 이상의 유기징역에 처하도록 규정하고 있는바, '궁박한 상태를 이용하여' 간음한 경우와 이러한 행위요소 없이 간음한 경우의 법정형이 결과적으로 동일하게 되었다. 그러나 두 범죄는 모두 아동·청소년의 미성숙함과 부족한 자기방어능력을 이용한 것이라는 점에서 보호법익이나 비난가능성에 큰 차이가 없고, 심판대상조항은 흉포화·집단화·지능화·저연령화되고 있는 아동·청소년 대상 성범죄에 적절히 대처하기 위한 것이므로, 청소년성보호법에 비하여 법정형을 가볍게 정하지 아니하였다고 하여 형벌체계상의 균형성을 상실하였다고 볼 수 없다.

그렇다면 심판대상조항은 형벌체계상의 정당성이나 균형성을 상실하여 평등원칙에 위반되지 아니한다.

결정의 의의

이 사건은, 2020. 5. 19. 법률 제17265호로 개정된 형법에서 미성년자 의제강간죄의 피해자 연령기준이 13세에서 16세로 상향된 후, 헌법재판소에서 처음 판단한 사건이다.

헌법재판소는 19세 이상의 사람이 13세 이상 16세 미만인 사람을 상대로 성행위를 한 경우, 설령 그것이 피해자의 동의에 의한 것이라 하더라도, 강간죄, 유사강간죄 또는 강제추행죄의 예에 따라 처벌하도록 한 것이 헌법에 위반되지 아니한다고 판단하였다.

국회의원 출석정지 징계에 관한 권한쟁의 사건

(2024.6.27. 2022헌라3 [국회의원과 국회의장 간의 권한쟁의]) **[기타]**

Ⅰ. 판시사항

권한쟁의심판절차가 2024. 5. 30. 청구인의 제21대 국회의원 임기만료로 종료된 사건

Ⅱ. 결정요지

청구인은 제21대 국회의원의 자격에서, 그 임기 중 이 사건 징계로 인하여 자신의 국회의원으로서의 권한이 침해되었다고 주장하며 이 사건 권한쟁의심판을 청구하였다. 그런데 제21대 국회의원의 임기는 2020. 5. 30.부터 2024. 5. 29.까지로, 이 사건 권한쟁의심판절차 계속 중 만료되었다. 따라서 청구인이 이 사건 징계로 인한 권한침해를 주장하며 제기한 이 사건 권한쟁의심판청구는 국회의원 임기만료와 동시에 당연히 그 심판절차가 종료되었다.

결정의 의의

이 사건은 헌법재판소가, 국회의원인 청구인이 자신에 대한 출석정지의 징계안이 가결선포된 것을 다투며 제기한 권한쟁의심판청구의 심판절차 중 제21대 국회의원 임기가 만료되어 그 심판절차가 종료되었음을 선언한 사건이다.

한편, 헌법재판소는 2022. 6. 3.에 피청구인이 청구인에 대하여 한 '30일 국회 출석정지 처분'의 효력정지를 구하는 가처분신청에 대한 인용 결정(2022헌사448)을 하여, 청구인에 대한 출석정지 처분은 정지된 상태이었다.

부록

판례색인

[헌법재판소]

MEMO

MEMO